LA COMÉDIE

DE NOTRE TEMPS

L'auteur et les éditeurs déclarent réserver leurs droits de traduction et de reproduction à l'étranger.

Ce volume a été déposé au ministère de l'intérieur (section de la librairie en décembre 1873.

PARIS. TYPOGRAPHIE DE E. PLON et Cie, RUE GARANCIÈRE, 8.

LA COMÉDIE
DE NOTRE TEMPS

LA COMÉDIE
DE NOTRE TEMPS

LA CIVILITÉ — LES HABITUDES
LES MŒURS — LES COUTUMES — LES MANIÈRES
ET LES MANIES DE NOTRE ÉPOQUE

ÉTUDES AU CRAYON ET A LA PLUME

PAR

BERTALL

PARIS

E. PLON et Cⁱᵉ, IMPRIMEURS-ÉDITEURS

RUE GARANCIÈRE, 10

1874

AVANT-PROPOS

UEL que soit le jugement qui plus tard sera porté sur notre époque, cette époque possède évidemment un caractère particulier, que la plume seule ne saurait rendre, et qui réclame nécessairement l'intervention du crayon.

Les vêtements des femmes notamment ont arboré, de nos jours, des audaces d'invention maladive, des fioritures de décorations, des recherches de bric-à-brac et de passementeries tourmentées qui lassent la description et sollicitent le croquis.

Les manières et les habitudes marchent d'accord avec les passementeries : cela devait être et cela est.

A qui? à quoi notre époque doit-elle ce goût contestable, qui conduit les femmes à se costumer comme pour aller jouer un rôle dans une comédie de

genre, une féerie, une revue ou un opéra-comique? Comment se fait-il qu'une
femme que l'on rencontre trottinant sur le boulevard, semble toujours sur le
point de s'arrêter pour débiter un couplet de facture? D'où vient cela? A vrai
dire, ce n'est pas le moment de toucher à de si graves questions. Nous vivons
en un temps fantaisiste, et la fantaisie nous a pris de chercher à en fixer le
souvenir à l'aide de ce double moyen, dont l'un complétera ce que l'autre
n'aurait pu parvenir à exprimer.

Telle est l'idée de ce volume.

Album, recueil, livre; quelque nom que l'on veuille bien lui donner, il
n'a pas d'ambitions bien hautes.

Décrire ou dessiner tour à tour une silhouette, un trait fugitif de mœurs,
d'habitudes, de tournure ou de caractère, voilà sa raison d'être; faire de tous
ces croquis une sorte d'esquisse générale de notre temps, voilà son but.

Pas de drame, pas de mélodrame, pas de tragédie; de la comédie seulement, si la chose se peut, avec une pointe de vaudeville :

Arthur y épouse Caroline, il ne la poignarde pas; puis Caroline trompe
Arthur sans jamais l'empoisonner. Un programme du Gymnase. Ni Médée ni
Borgia, mais Cassandre, Arlequin, Colombine et Pierrot, ces types éternels,

présentés à la mode du jour, habit noir, paletot, veston court, et chignon au
vent; la gaieté des choses et non leur tristesse.

Qui ne se rappelle les éclats de rire provoqués par l'exhumation de quelques
vieux chapeaux de nos grand'mères retrouvés dans des armoires oubliées?

Le temps est-il bien loin où ce qui nous paraît séduisant, au moment
actuel, nous semblera peut-être avoir atteint les dernières limites du ridicule? Je ne saurais le dire.

Les habitudes, les façons, la manière d'être qui sont de mise aujour-
d'hui, paraîtront-elles plus tard aussi étranges que les costumes dont s'enve-

loppent les acteurs de cette comédie perpétuelle qui se joue sous nos yeux?
Tout cela est possible; mais les mœurs d'une époque, ses habitudes de civilité, de savoir-vivre, ont un intérêt voisin de celui de l'histoire, et c'est ce
petit intérêt qui nous sert de guide.

Comment on salue, comment on s'habille, comme on marche, comme on
entre, comme on sort, on dîne, on soupe, on aime, on travaille, on danse,
on se marie, etc., etc., dans le temps où nous vivons : voilà ce que nous
voulons essayer de représenter.

C'est une sorte de vie contemporaine au crayon dont jusqu'alors on n'avait
jamais pensé à grouper les éléments épars.

Il y a deux planches de Debucourt, le Palais-Royal et les Tuileries au
temps du Directoire, — deux chefs-d'œuvre d'observation et de comédie.
C'est une porte ouverte, avec un esprit charmant et une vérité saisissante,
sur ce temps perdu dans le passé. Quel aimable et précieux livre Debucourt
aurait pu faire, en développant, dans une série de dessins commentés, les
richesses de ce programme! Mais ce livre n'existe pas.

Sous Louis XV et Louis XVI, rien que quelques croquis et gravures semés
dans les œuvres de Moreau, Greuze, Chardin et Fragonard.

Sous Louis XIV, aucun souvenir intime, rien que la pompe et le guindé
des fêtes de la cour.

Sous Louis XIII, quelques planches merveilleuses, mais en trop petit
nombre, d'Abraham Bosse, où l'on ne fait qu'entrevoir quelques échappées
des habitudes et de la vie d'intérieur.

Mais encore quelle satisfaction et quelle surprise pour le curieux, d'étudier
et d'analyser ces vivants mais trop rares souvenirs du passé trop oublié!

En se rapprochant de nous, rien sous le premier Empire, rien sous la Restauration.

Ce livre que nous regrettons si fort de ne pouvoir feuilleter, pour retrouver quelques silhouettes de la vie humaine en ces temps disparus, notre pensée est de le faire *de visu*, pour le temps actuel, qui doit disparaître à son tour.

Il s'agit de faire défiler sous les yeux du lecteur la revue des acteurs et actrices qui ont un rôle dans la comédie du jour, — avec leurs costumes, leurs manières, leurs tics, leurs prétentions, leurs habitudes. Ce que nous avons vu, nous allons essayer de le rendre, et cela avec toute la sincérité, la franchise et la bonhomie qui sont en nous, — une exactitude photographique, autant que faire se pourra. Et si au milieu de tout cela il se glisse par hasard un peu de philosophie, — tant pis pour elle.

BERTALL.

LA CIVILITÉ

N beau jour, les hommes et les femmes se sont lassés de vivre à l'état sauvage et isolés, ils se sont réunis en société.

La nécessité de vivre en commun et en bonne intelligence, autant que possible, conduisit bientôt à établir certaines règles, dont la réunion forme le code des gens civilisés.

On a fabriqué des lois de toute espèce, pour prévenir et réprimer les crimes contre la société et contre les individus.

Puis on a déterminé certaines conventions et certaines habitudes sociales, pour rendre polis, agréables et satisfaisants les rapports des individus entre eux.

Voilà l'origine de la civilité.

Les mœurs se sont, petit à petit, polies par le frottement. A mesure qu'une agglomération d'hommes se perfectionne, la politesse des individus devient plus grande et plus répandue ; les rapports étant plus fréquents entre les différentes classes, deviennent aussi plus entourés de précautions et de recherches, et il s'établit des coutumes et des règles auxquelles chacun convient de ne pas se soustraire ; aussi ce qu'on appelle les bonnes manières et le savoir-vivre, c'est le résultat de la tradition et de l'expérience des temps passés.

Les bonnes manières viennent d'en haut, et s'infiltrent petit à petit dans la masse sociale, dont les assises sont nécessairement à l'état plus ou moins brut et grossier.

Il est de règle, en architecture, de ne prodiguer les richesses de la sculpture et de l'ornementation qu'à mesure qu'on s'élève vers les sommets.

Il en est de même dans l'édifice social.

A mesure qu'il se perfectionne, les ornementations descendent, mais d'une manière de plus en plus sobre, jusqu'à la base, qui peut et doit être élégante, même dans sa simplicité.

Le premier fondement de la société, en général, est celui-ci :

« Ne faites pas aux autres ce que vous ne voudriez pas qu'on vous fît à vous-même. »

« Faites aux autres ce que vous voudriez qu'on vous fît. » Voilà la civilité.

Il faut savoir se gêner pour les autres, afin que les autres consentent à se gêner pour vous. Voilà la politesse.

En se guidant sur cette règle première, il sera fort difficile de se tromper, puisqu'on possède continuellement son propre juge en soi-même et sous la main.

C'est avec la civilité et avec la politesse, ces deux armes courtoises, que l'on doit arriver sur le terrain difficile qu'on appelle le monde.

La civilité et la politesse varient suivant les temps et les milieux.

La civilité de 1873 n'est pas celle qui régnait un siècle plus tôt, ni même celle qui florissait en 1830.

La politesse de celui qui se traînait en patache n'est pas la politesse de celui qui roulait en diligence, ni de celui qui dévore l'espace en chemin de fer.

La politesse a depuis longtemps interdit de se moucher sur sa manche. Il est intéressant de savoir comment aujourd'hui la manche est faite.

Nous nous occuperons beaucoup de la manche.

FEMME DU MONDE.

LE MONDE

NE femme jolie, élégante, ou laide, ou prétentieuse, peu importe, passe sur le boulevard ou
au Bois. Vous demandez à votre ami qui elle est,
et l'on vous répond : C'est une femme que j'ai
vue dans le monde. Le riche banquier du premier va dans le monde tous les soirs. M. le
comte du troisième et l'employé du cinquième y
vont également. Votre portier lui-même, s'il
s'est absenté la veille, nous dira tranquillement, le lendemain : Hier, j'ai été
obligé d'aller dans le monde.

Qu'est-ce donc que le monde et qu'entend-on par le monde?

Par le temps de bigarrure, de fusion et de confusion où il nous est donné
de vivre, il est assez difficile de préciser. Au dix-huitième siècle, la noblesse,
le clergé, la bourgeoisie, le peuple, partageaient la masse française en catégories bien déterminées, où il n'y avait plus qu'à saisir les nuances.

Depuis 1789, qui a tué la noblesse par l'abolition du droit d'aînesse et le
partage égal dans les successions, plus que par la radiation de priviléges
séculaires, la noblesse, à vrai dire, n'existe plus qu'à l'état de souvenir
historique et précieux.

La misère, cette lèpre, s'attache aux anciennes et aristocratiques familles,
par la subdivision des héritages. Les représentants des glorieux noms de la
vieille France sont condamnés à laisser périr leur race, par l'observation
étudiée des idées de Malthus, s'ils ne veulent pas un jour la voir disparaître
dans les angoisses de la faim.

2

M. le comte de X..., qui possède cinquante mille francs de rente et cinq
enfants, au soleil, partagera, le jour de sa mort, dix mille livres à chacun.
— M. le comte de X... n° 2, s'il a cinq enfants, leur en laissera à chacun
deux mille. — M. le comte de X... n° 3, s'il a deux enfants, laissera à chacun
tout au plus *une mille livres* de rente; ce qui véritablement paraît quelque
peu insuffisant pour faire bonne figure au Bois. — Il est facile de voir
où conduit cette marche funèbre.

En attendant, un blason quelque peu régulier et un nom qui sonne bien,
sont encore un capital qui, durant quelques années, se pourra placer à gros
intérêts. M. Poirier, pendant quelque temps encore, ne sera pas fâché de
couronner son édifice, bâti par la mousseline de laine, le sucre, la teinture,
la banque ou le chocolat, de quelque couronne aristocratique dédorée par le
rude frottement de notre siècle, et que sa fille ramassera dans le coin de son
mouchoir.

Mais le charme n'est-il pas rompu? Et si la mousseline de laine est infidèle,
si la batiste a des retours, le petit-fils de M. Poirier rayonnera-t-il du même
prestige vis-à-vis des filles de M. Pommier, son confrère?

Dans trente ans, sauf quelques rares familles héroïquement entêtées, qui
donc pourra se trouver à même de prouver comme jadis les quartiers réclamés
pour être chevalier de Malte, ou chanoinesse d'un chapitre allemand?

La spéculation est évidemment tuée dès la troisième génération.

Une noblesse qui ne peut plus faire ses preuves, n'est pas une noblesse;
c'est une noblesse de carton, comme disent les coulissiers de la Bourse, et
avant qu'il soit longtemps, le titre sera offert sur la place et ne trouvera plus
preneurs.

La fille d'un coulissier enrichi éprouvera chaque jour moins d'entraînement pour pénétrer dans une noble et illustre famille, avec laquelle elle doit
faire en même temps l'acquisition de plusieurs oncles et grands-oncles qui
vendent des lorgnettes dans les théâtres, ou des cousines égrillardes qui
débitent des éponges sur la voie publique.

LE BARON.

Aimé des femmes, ami des chevaux, fait courir.

La vieille noblesse est donc condamnée à disparaître par la misère ou à s'annuler par la richesse.

Il est cependant un troisième moyen, qui est celui de se jeter dans la mêlée et de se soutenir par le travail. Moyen violent, brutal, et qui, faute de traditions, répugne à un grand nombre. Quelques-uns cependant ont déjà tenté l'aventure.

Il en est qui écrivent, qui labourent, qui dessinent, qui sculptent, qui plaident pour vivre; d'aucuns sont devenus éleveurs de bestiaux, ingénieurs, médecins, maçons, fermiers, et même photographes. Il est vrai que vis-à-vis de la foule imbécile, l'auréole perd son éclat; mais ce troisième parti, le parti du travail, n'est-il pas le parti des forts, des intelligents et des courageux, qui savent deviner la justice du temps? Ceux-là sont en tout petit nombre.

Il y a la noblesse de fabrication récente, et qui date du règne dernier. Celle-là, nous n'en parlons que pour mémoire. Notre époque de simili-pierre, de simili-marbre et simili-bronze, devait se compléter par des simili-titres.

Le chef de l'État personnellement élu, au nom de l'égalité, par le suffrage universel, et créant des inégalités qu'il proclamait héréditaires, au nom de cette même égalité, était à coup sûr un homme spirituel et gouailleur, sachant sur le bout des doigts les hommes et les choses de son temps.

Je suis certain qu'il en riait fortement dans sa moustache, en tout petit comité.

Bons bourgeois, mes amis, semblait-il leur dire, vous êtes arrivés par l'égalité, vous avez la haine de l'égalité, c'est tout naturel. Eh bien! voilà des titres, des charges, des duchés, des comtés, etc., etc. Vous êtes contents, j'en suis bien aise. Dénichez, si vous pouvez, des filles de M. Poirier pour Messieurs vos fils, des fils de croisés pour Mesdemoiselles vos filles, tout ira bien!

« Mais, en vérité, je vous le dis, et veuillez bien vous le rappeler sans cesse : Non-seulement c'est à moi que vous devez tout cela, ce qui, je le sais, ne suffirait guère, mais encore, moi parti, tout cela filerait avec moi aux quatre vents du ciel. Ainsi donc, attention ! l'œil ouvert, et gare aux points noirs ! »

C'est là de l'esprit véritable, de l'esprit pratique, et du meilleur.

Mais M. Poirier et ses filles ont peine à se décider et n'arrivent pas encore.

***

Comme conclusion, nous dirons : La noblesse s'en va, si l'on ne revient pas au plus tôt sur les bases de 89, en rétablissant le droit d'aînesse et les priviléges, chose évidemment fort douteuse.

***

A moins pourtant que tous les Poirier, bourgeois, marchands et hauts boutiquiers de la Chambre, étant successivement nommés ducs, comtes et barons, dans une promotion générale, la proposition ne vienne à passer d'enthousiasme à une majorité imposante, — ce qui alors pourrait bien être.

***

En tout cas, osons le dire comme correctif, quand il ne resterait pendant quelque temps encore de la vieille aristocratie qu'un peu de sa politesse et de ses manières, ce serait toujours quelque chose de bon et de bien

***

Mais ce qu'il y a de certain jusqu'alors, c'est que les filles de banquiers, sucriers, manufacturiers, coulissiers, etc., ont envahi le turf nobiliaire et donnent le ton. Un ton quelque peu tapageur, couleurs criardes et crues.

***

Le flot de la bourgeoisie monte, et la vieille noblesse s'y noie. C'est écrit. Les entêtés et les convaincus dont le courage lutte encore sont sur le radeau de la *Méduse.*

***

Quant au clergé, depuis la proclamation de l'égalité des cultes, il a cessé d'être, comme caste ; il n'existe plus qu'à l'état de profession.

LE GÉNÉRAL COMTE DE TROIS-ÉTOILES ET MADAME LA COMTESSE.

ENTRÉE AU BAL.

« Alfred, mon ami, voyez si ma robe tombe bien. »

MADAME ÉLOA DE SAINT-PHAR.

Chez elle les samedis. On y taille un petit bac de famille à un louis la fiche.

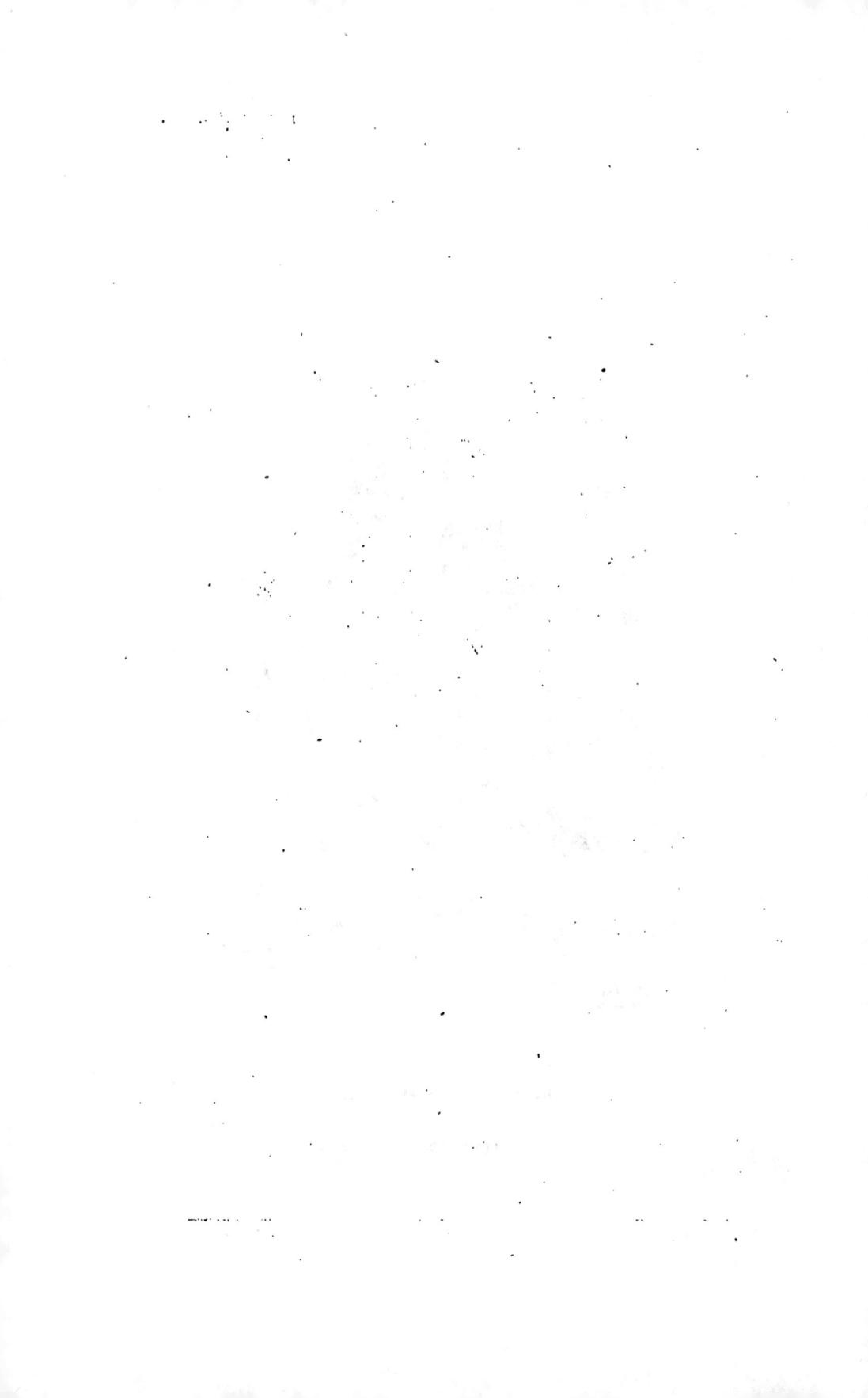

A tout prendre, il n'y a plus que le peuple, car la bourgeoisie n'est autre chose que le peuple — qui a travaillé pour s'acheter des rentes et un habit noir.

Les vieilles délimitations qui partageaient la société au temps jadis ayant disparu, on s'est efforcé de créer des catégories. On dit généralement : le grand monde, — le monde, — le petit monde, — le demi-monde. Où finit le grand? où commence le petit? où les uns et les autres se partagent-ils par moitié?

REVUE DES DEUX MONDES.

Le monde dans lequel nous nous agitons est un monde unique et bourgeois; tout au plus se diviserait-il en monde officiel et non officiel, — comme jadis les *Moniteurs*.

Il est vrai de dire que, dans notre société française actuelle, ivre d'égalité, dit-on, où la division par castes n'existe plus, il n'en subsiste pas moins, par tradition et aussi par vanité, une soif inextinguible de hiérarchie.

On crée des mondes à n'en plus finir, et ces différents mondes se classent eux-mêmes par le mépris qu'ils affichent pour ceux qu'ils se jugent inférieurs. C'est une cascade de mépris universel, du haut en bas de l'échelle sociale.

Le monde des ducs anciens méprise le monde des ducs nouveaux, — qui méprise celui des comtes et des barons, — qui méprise celui des banquiers, lequel méprise celui des agents de change et des courtiers; — le monde des rentiers méprise le monde des gens qui vivent de leur travail; — le monde des chocolatiers (remarquons ici combien, de notre temps, le chocolat mène aux honneurs), le monde des chocolatiers méprise le monde des confiseurs et des marchands de thé; — le monde des *militaires* méprise le monde des *pékins;* — le monde des notaires méprise le monde des avoués, qui méprise le monde des hommes d'affaires et des huissiers; — le monde des magistrats méprise le monde des avocats; — le monde des fonctionnaires méprise le monde des journalistes, qui le lui rend généreusement; — le monde des marchands de denrées coloniales méprise le monde des épiciers; — le monde des tailleurs méprise le monde des marchands d'habits; — le monde des quincaillers méprise le monde des rétameurs; — le monde des Auvergnats méprise le monde des Savoyards, etc. , etc.

Dans le monde des littérateurs et des artistes, qui est pris en pitié, ou peut-être en envie par tous les mondes, ceux qui écrivent des livres méprisent ceux qui écrivent des journaux; ceux qui écrivent dans les grands journaux méprisent ceux qui écrivent dans les petits. Les peintres d'histoire méprisent les peintres de genre, qui méprisent les paysagistes, lesquels méprisent les sculpteurs, lesquels n'ont pas assez de mépris pour les architectes.

Telle est la loi générale, par le temps qui court.

*
* *

Nous ne tiendrons pas compte de ces classifications. Que les hommes aient du mépris les uns pour les autres, ils sont dans leur droit et souvent dans la justice; ce n'est pas de cela qu'il convient de les blâmer, bien que personne ne doive être juge dans sa propre cause.

*
* *

A vrai dire, il n'y aurait peut-être que deux mondes, en ce temps de positivisme : le monde des gens qui ont de l'argent, et le monde des gens qui n'en ont pas. Et encore, il arrive très-souvent que les gens qui n'en ont pas font exactement comme s'ils en avaient.

*
* *

Dans ce monde qui a de l'argent, ce nerf de la paix, ou qui fait semblant d'en avoir, ce qui revient au même pour la galerie, il n'y a pas d'autre distinction à établir que celle de l'élégance, de l'éducation, des bonnes manières et du savoir-vivre. — Le reste des vieilles traditions de la politesse française appliqué aux usages modernes, c'est là ce que nous avons à étudier.

MONSIEUR AUGUSSE.

Ouvre les portières, vend les contre-marques, ramasse les bouts de cigare,
est souvent lui-même ramassé par le sergent de ville

Un homme du monde est celui qui porte correctement son habit, sait saluer, se présenter, entrer et sortir avec à-propos; se conduit avec conve-

nance et politesse, et se conforme avec discrétion aux usages établis et au langage à la mode du jour.

* *

Une femme du monde est une femme qui sait se mettre avec une certaine élégance, sans trop de retard et sans trop d'avance sur les modes

courantes, sachant danser, valser et parler un peu des dernières pièces en vogue et du prédicateur en réputation.

* *

Une femme du monde doit être notoirement et officiellement mariée; le plus possible accompagnée de son mari. Quand le mari est suffisamment connu sur la place, il lui est permis d'être veuve. Veuve ou mariée, elle doit se conduire avec discrétion, convenance et régularité.

Les femmes ni mariées ni veuves, qui ne peuvent plus prétendre à passer pour des demoiselles à marier, et qui veulent cependant être femmes du monde, n'ont d'autre ressource que de se faire nommer chanoinesses.

***

Une femme du monde peut parfaitement s'être vendue à son mari, ce qui est très-accepté. Une liaison est quelquefois tolérée, pourvu que la chose n'ait pas d'éclat, et que les points ne soient pas mis sur les *i*, avec un caractère officiel.

***

La classification de monde et de demi-monde n'existe que pour les femmes ;

les hommes sont du monde   ou n'en sont pas.

***

Une femme qui appartient notoirement à d'autres que son mari, et qui le quitte, passe immédiatement au demi-monde ; elle y reste tant qu'elle choisit et limite ses adorateurs.

***

Si ce choix ou cette limite n'existe plus, une femme cesse d'appartenir à un monde quelconque ; elle appartient à tout le monde.

Point de départ.

PREMIÈRE PARTIE

LE VÊTEMENT, LE COSTUME ET LA TOILETTE

A notre époque, où l'apparence est tout, ou pour le moins joue un rôle considérable, le costume doit prendre la première place dans les préoccupations de notre livre, comme dans celles du public. Il faut avoir su s'imposer par beaucoup de talent ou par un peu de génie, pour braver certaines irrégularités extérieures. — Le costume de l'homme et la toilette de la femme sont donc choses primordiales : ils fixent le caractère de notre temps et servent de point de départ.

4

L'HABIT.

DEPUIS de longues années, un vieux proverbe crie sur les toits : « L'habit ne fait pas le moine. » Ce proverbe a vieilli. De notre temps, si l'habit ne fait pas le moine complétement, il en fait au moins les trois quarts.

« O mon habit, que je vous remercie! » s'écriait Béranger, dans un élan de reconnaissance. Béranger est un philosophe qui a su deviner toutes les fascinations de notre siècle.

L'habit vert et la redingote grise de Napoléon I⁽er⁾ sont restés dans la mémoire des masses, autant que les victoires d'Austerlitz et d'Iéna; et Napoléon III leur a dû beaucoup plus qu'à la création du Code et du Conseil d'État.

Qui niera le prestige d'un habit bien fait et bien coupé?

Un habit dont le collet s'adapte bien aux épaules, dont les manches ne sont ni trop longues ni trop courtes, ni trop étroites ni trop larges, dont les basques tombent gracieusement, sans se croiser comme les branches d'une paire de ciseaux, ni s'entr'ouvrir convulsivement comme les ailes d'un hanneton qui s'envole; un tel habit est un talisman qui exerce son pouvoir sur les autres, et sur celui-là même qui le porte.

La sécurité se fait dans l'esprit, l'intelligence prend son aplomb, les idées jaillissent facilement du cerveau, et les mots naissent sur les lèvres avec justesse et clarté. L'homme est en possession de lui-même et rayonne.

Mettez le même homme dans un habit étriqué, dont le collet, trop bas ou trop haut, se soulève en bâillant, dont les coutures blanchissent, dont les basques s'arrêtent avant l'endroit prescrit, ou le dépassent outrageusement; supposez des boutons dont l'un se balance ne tenant plus qu'à un fil, tandis que d'autres semblent retenir avec peine, de leurs bords usés, le moule blanc qui a fait éclater l'étoffe comme un fruit mûr.

Vous verrez cet homme inquiet, tourmenté, ramenant péniblement son bras sur les coutures indiscrètes, étudiant le jeu des revers pour masquer le bouton subversif, dépensant les trésors de son énergie à vaincre les résistances de son collet. Son esprit est confisqué, son intelligence vacille; s'il parle, ses idées sont vagues et interrompues; la parole est timide et embarrassée, le mot est trouble, l'esprit brumeux, comme une lampe qui fume et menace de s'éteindre.

Voilà l'influence de l'habit

Étonnez-vous donc, maintenant, de l'énorme fortune que font MM. les tailleurs !

* * *

Et quand je parle de l'habit, j'y joins ses complices : le pantalon, le gilet, la cravate et le reste.

Un homme dont le vêtement est correct et irréprochable est comme celui dont la santé est sans atteinte. Celui qui ne souffre ni de son habit, ni de ses souliers, ni de son pantalon, est comme celui qui ne souffre ni de son bras, ni de sa tête, ni de son rhumatisme : *Mens sana in corpore sano.* Il ne sent pas le travail de la vie, il est une intelligence et une lumière.

* * *

L'habit moderne est d'importation anglaise. Soixante années d'usage l'ont naturalisé Français, et semblent en avoir fixé la forme et la coupe. Le collet, il est vrai, s'abaisse ou s'élève quelque peu, de temps en temps, suivant la marée de la mode et la fantaisie du tailleur ; les basques s'allongent ou se raccourcissent de quelques doigts, la taille se marque un peu plus, un peu moins haut, et les revers ont plus ou moins de largeur. Mais la base est toujours la même et repose sur des données immuables. — La queue de morue est l'arche sainte à laquelle on n'osera plus désormais toucher, et qui semble immobiliser définitivement les idées d'élégance et de comfort.

Habit du gros commerçant arrivé. Habit de l'homme de loi. Habit du vieil employé. Habit du maraicher. Habit du danseur.

L'habit est, par excellence, le vêtement du soir. Le même habit, le même pantalon noir, la même cravate blanche, qui sont l'élégance suprême et inévitable à la lueur des bougies et du gaz, sont burlesques et ridicules dans la journée et avant le coucher du soleil. Cela ne se discute pas, c'est un fait.

Habit du valseur.

Habit du général.

Habit du colonel.

Habit du professeur.

Habit de l'ancien ministre.

Habit du fonctionnaire important.

Habit de l'orateur.

Les notaires en fonctions, les hommes d'affaires, les huissiers et les employés des pompes funèbres, sont les seuls qui persistent à porter l'habit noir et la cravate blanche avant l'heure du dîner. Chez eux, c'est une... raison d'état; aussi la plupart s'en vengent le soir en mettant une redingote bleue et un pantalon jaune.

Celui qui, par hasard, en dehors des fonctions susdites, paraît durant le jour sur la voie publique revêtu de cette livrée du soir, glisse le long du mur d'un air inquiet. Il se fait un visage de tristesse et de circonstance. S'il n'appartient pas à quelqu'une des professions ci-dessus indiquées, ce qui suffirait pour expliquer son air lugubre, vous pouvez être certain qu'il est de mariage ou d'enterrement, ces deux conclusions finales.

Habit de l'officier de cavalerie.

Habit du négociant en liquides ou en denrées coloniales.

Comme nous l'avons dit, les grandes lignes de l'habit sont toujours les mêmes, mais les nuances et les délicatesses de coupe sont variées à l'infini. La queue de morue en arrière, — pour couvrir convenablement la retraite; — en avant, l'échancrure bien accusée pour faire voir la finesse de la taille, si l'on est un danseur ou un époux élégant, la majesté de l'abdomen et la carrure de la poitrine si l'on est un homme sérieux.

Habit de l'entrepreneur de menuiserie.

Habit du docteur.

L'habit est noir nécessairement. Quelques audacieux ont tenté l'habit bleu à boutons d'or. Ils ont été repoussés avec perte. Un habit marron serait aussi impossible qu'un habit rose ou qu'un habit jaune.

M. Auguis, député sous Louis-Philippe, avait arboré un habit vert qui est resté célèbre.

Un artiste seul peut saisir les nuances et les varier habilement suivant les sujets. Il en existe maintenant trois ou quatre à Paris, tout au plus, parmi les tailleurs, qui sachent comprendre toutes les finesses de l'habit.

Et le connaisseur distinguera facilement que tel habit doit être signé Renard, comme il reconnaît tel dessin pour être un Gavarni, ou telle aquarelle pour un Eugène Lami.

L'habit doit suivre moelleusement les contours de la forme, si elle est satisfaisante, et la corriger avec art, si elle est défectueuse.

Un habit ne doit pas se plaquer brutalement comme une cuirasse, ni faire des plis comme une draperie. Il faut qu'il tombe avec grâce, et que son ampleur, habilement calculée, devine le mouvement probable et possible, pour ne pas lui donner une entrave, si légère qu'elle puisse être.

Un tailleur qui vous livre un habit capable de craquer dans le dos, est déshonoré. L'homme dont l'habit vient de craquer dans le dos, au milieu d'un salon où il doit réussir, est un homme perdu.

Supposez un diplomate dans une conférence importante, ou un orateur dont l'habit craque dans le dos au milieu d'un mouvement oratoire : quelle cause ne serait immédiatement une cause ruinée?

Offenbach, Meilhac et Halévy ont chanté les malheurs de l'habit qui a craqué dans le dos.

Cet hymne à la fatalité vient de faire le tour du monde.

L'habit du jeune homme, beau danseur, conducteur de cotillon, habitué des balcons aux premières et aux stalles des théâtres à femmes, gandin, cocodès, petit crevé ou gommeux, découvre largement et à deux battants les deux perspectives du gilet à trois boutons et des plastrons éclatants de blancheur, illustrés parfois de bouillons, jabots délicats ou broderies.

Le revers, plat et large, reçoit à la boutonnière une brindille de lilas blanc, un bouton de rose, ou un camélia. Souvent un petit flacon de vermeil, délicatement ciselé, accroché à la boutonnière et dissimulé dans le revers, reçoit la tige de la fleur, qui s'y baigne et y puise la fraîcheur et la vie, comme le corps épuisé dans le sein de la douce Revalescière.

A mesure que le porteur de l'habit avance en âge, l'habit revêt une attitude plus sérieuse et plus solennelle. Le revers diminue de largeur.

C'est la rosette rouge et non la fleur des champs qui fleurit à sa boutonnière.

Ainsi dit le poëte, mais il se trompe quant à l'habit. Le ruban ne se porte plus le soir, qu'en petit comité. En temps de réception ou de gala, une

petite chaînette d'or, qui va de la première à la deuxième boutonnière, récolte les différents ordres du porteur.

Si le porteur est bien posé, la chaînette va de la première à la troisième, et les croix se suspendent à la chaînette comme un chapelet d'honneur et de considération.

Une croix seule pendue à une chaîne ferait un triste effet. Mais, ainsi que la boutonnière appelle la croix, la croix appelle une autre croix : *Abyssus abyssum invocat.*

Les plaques et les crachats étincellent à l'ombre des revers de l'habit, qui se fait de plus en plus petit pour moins nuire à leur rayonnement.

Le ruban de quelques commanderies fait bien autour de la cravate, et les

ordres s'enchevêtrent harmonieusement au-dessus du nœud. Enfin, lorsqu'un grand cordon traverse de droite à gauche les lignes du gilet et du plastron, la petite fête de la devanture est complète.

Tels sont les habits dans le monde officiel et diplomatique.

Les uniformes et costumes officiels et de cour pourraient être l'objet d'un chapitre à part. Pour mémoire :

LE PETIT CHOSE.

TENUE DE PREMIÈRE.

Qu'on l'appelle daim, gandin, cocodès, petit crevé ou gommeux, peu lui importe pourvu qu'on soit *épaté de son chic.*

UN GROS BONNET.

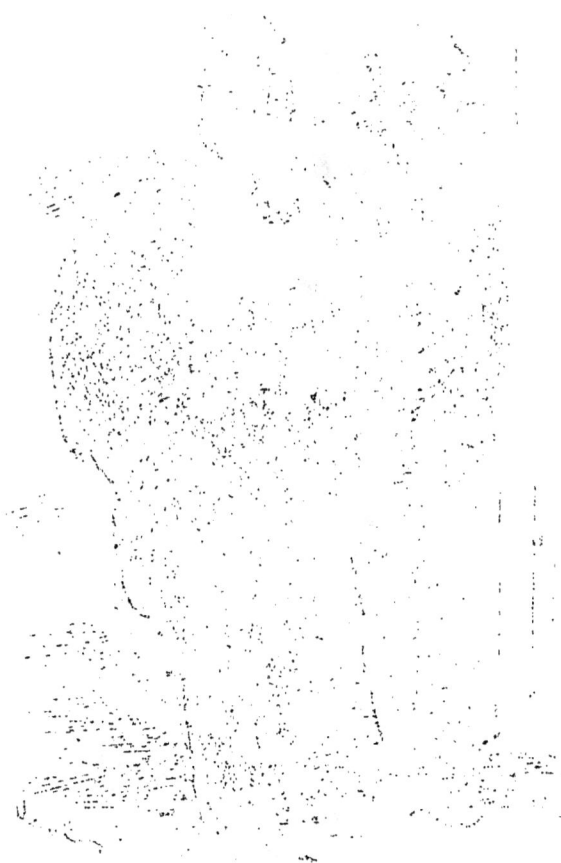

Quelques-uns sont dans la nécessité de porter au moins une croix à leur boutonnière, pour ne pas être pris fatalement pour des domestiques. Avec quelques connaissances dans les ambassades étrangères, on peut arriver facilement à ce résultat. Une pareille ambition n'a rien de blâmable.

* * *

L'habit du magistrat découvre moins le buste, et s'avance avec gravité sur la poitrine.

L'habit du professeur, de l'orateur et de l'économiste, se croise et se boutonne hermétiquement, comme pour contenir des élans tumultueux.

L'habit du gros banquier va comme il veut. Il serait habillé dans un sac qu'il n'en serait pas plus mal vu, et il le sait bien.

L'habit du savant ne va pas du tout.

L'habit du militaire moule les formes.

L'habit de l'employé n'en a pas.

L'habit de l'artiste est varié, il prend toutes les physionomies. Mais le type de Cabrion, ce vieux rapin, est mort avec Eugène Süe. Parmi les artistes, quelques-uns affectent les allures d'officiers de cavalerie, d'autres se costument adroitement en diplomates, d'autres préfèrent la gravité du notariat, mais la tenue militaire est plus demandée. Horace Vernet a fait moins école parmi les artistes comme peintre que comme colonel.

L'habit du littérateur et du journaliste flotte de l'élégance suprême à l'insouciance complète. Enveloppez une intelligence cotée et faisant prime dans quelques mètres de drap noir, coupez et taillez comme il vous plaira, le paquet sera demandé et bien reçu partout.

Quelques-uns ont la faiblesse de barder et ficeler tout cela de rubans et de croix. Il est vrai de dire qu'ils en rient eux-mêmes, en petit comité. Mais il est une partie du public sur lequel l'effet se produit. C'est leur excuse.

L'homme qui fait profession d'être élégant n'aime pas à porter un habit complétement et tout battant neuf. Le beau d'Orsay, dit-on, faisait casser et assouplir les plis par son domestique. Cela me semble une extrémité.

* *

Généralement, quand votre habit aura pris ses grades et qu'il aura paru pendant un an sur le champ de bataille parisien, alors seulement confiez-le à votre domestique, qui s'en fera du bien.

Quelques hommes se font faire un habit tous les dix ans seulement, mais ils l'endossent trois fois par an, dans les circonstances solennelles; d'autres conservent toute leur vie l'habit de leur mariage. Si leur étoile ne les condamne pas au veuvage, et par suite à se marier une seconde fois, ils ne connaissent jamais les splendeurs d'un second habit. Ceux-là, il est vrai, n'appartiennent pas au Jockey-Club.

HOMME SÉRIEUX.

Politique en activité de service.

GENTILHOMME DU SPORT.

Tenue de sportsman extra-muros.

LA REDINGOTE.

La redingote est aussi une importation anglaise. Voyez un peu ce que nous autres, Français ingrats, nous devons à cette île généreuse : *Riding-coat,* — vêtement de cheval; voilà ce que portent les hommes.

La redingote est le vêtement du matin, comme l'habit est le vêtement du soir.

Paraître en habit, le matin, dans les rues et promenades de Paris, est un ridicule; se montrer en redingote dans une soirée est certainement une énormité.

La redingote, en sa qualité de vêtement de fantaisie, accepte les couleurs les plus variées, comme elle supporte les coupes les plus extraordinaires.

L'embryon de la redingote est la veste que portent les moutards en rupture de jupe écossaise, les aspirants à la *huitième* universitaire.

Du moment que la veste commence à arborer des pans, si petits qu'ils soient, elle passe immédiatement à l'état de redingote. Cependant elle conserve encore, pendant quelques centimètres, le nom de *veston court* ou de *jaquette;* c'est le vêtement favori de ceux qu'on nommait naguère les *gandins* ou les *petits crevés,* qu'on nomme maintenant les *gommeux.*

Quelques centimètres de plus à la jupe constituent la redingote normale qui court les rues et les affaires dans tout Paris, depuis le lever jusqu'au coucher du soleil.

* * *

Depuis la veste jusqu'à la houppelande, la longueur des pans de la redingote mesure le degré de science, d'âge et de considération auquel vise et a droit celui qui en est revêtu.

Il est facile d'en suivre la gradation, depuis le *veston court,* qui recouvre à peine les sommités du pantalon, jusqu'à la redingote *à la propriétaire,* qui enveloppe majestueusement tout son possesseur dans de vastes pans qui rappellent ceux d'un mur mitoyen; — jusqu'à la redingote-douillette qui drape la majesté des prélats et des sénateurs sur le retour.

Il est aussi difficile d'imaginer un président de sixième chambre en veston court, qu'un conducteur de cotillon ou un attaché d'ambassade en douillette de soie puce.

6

La redingote de coupe ordinaire possède des pans qui sont coupés un peu au-dessus de la hauteur du genou.

Un homme doit pouvoir s'agenouiller où cela lui fait plaisir, à l'église ou ailleurs, sans que la redingote fasse connaissance avec le sol.

Finances.

·La redingote du député sérieux et celle de l'homme d'État dépassent légèrement ce niveau, pour ne pas donner prise à des interprétations erronées.·

La redingote du professeur et celle du magistrat dépassent de trois centimètres environ la ligne du genou, qui alors ne se montre plus qu'au sommet de l'individu, — comme l'observait judicieusement M. de Tillancourt.

Grosse banque.

Ce genre de redingotes cesse d'éblouir les yeux par les couleurs variées du prisme, et n'arbore plus que des couleurs foncées.

Si le pan de la redingote s'accroît encore de trois centimètres, elle prend alors un caractère clérical.

Journalisme.

Les curés, les vicaires en tenue de ville, et les rédacteurs de feuilles religieuses en tenue de gala, portent ces redingotes discrètes, qui se signalent souvent par l'absence de collet et par leur couleur invariablement noire.

Coulisse.

* *

Les redingotes des propriétaires viennent ensuite, puis enfin celles des ecclésiastiques, des sénateurs, des pensionnaires des Petits-Ménages, des hospices et de l'hôtel des Invalides.

Il y a, comme exception,

Magistrature.

la longue redingote dite *ratapoil,* celle de l'ancien militaire, celle de l'agent de la sûreté; cette dernière contraste généralement par sa couleur bleu foncé, et s'accompagne d'un vigoureux rotin.

L'HIVER

d'un homme politique.

PAIR DE FRANCE EN NON-ACTIVITÉ.

LE DIRECTEUR DE CES DAMES.

LE PALETOT ET LE PARDESSUS.

Ces vêtements étant destinés à recouvrir les autres, sont par conséquent d'une structure moins délicate et moins soignée.

La fantaisie se donne plus facilement carrière dans la confection du pardessus que dans toutes les autres.

Il y a le pardessus riche à large collet de velours, à parements opulents, usité parmi les gens de haute finance.

Le pardessus enrichi de fourrures pour aller au Bois et se promener sur le boulevard par les fortes gelées.

Le pardessus *mac-intosh* contre la pluie.

Le pardessus russe à ceinture, qui n'a pas encore grand crédit.

Le pardessus polonais à brandebourgs, qui a complétement perdu le sien.

Le manteau espagnol, qui est presque démodé.

Le cafetan turc, qui n'a pas beaucoup d'avenir.

Le pardessus ou twine large, pour le printemps ou pour l'été.

Le pardessus redingote à la propriétaire.

Le pardessus ecclésiastique.

Règle générale, en grande soirée ou au bal, si vous n'êtes pas assez fortuné, — ce qui peut arriver à bien d'autres qu'à vous, — pour ne pas avoir à l'antichambre Baptiste ou Pierre qui garde sur son bras votre paletot ou pardessus de sortie, ne mettez jamais que votre paletot de l'année précédente. Les erreurs involontaires ou voulues sont devenues trop fréquentes.

LE FAUX-COL ET LA CRAVATE.

La cravate et le faux-col accentuent la toilette de l'homme, et sont comme la dernière touche qui lui donne sa complète signification; c'est la signature au tableau.

Ainsi que nous l'avons fait observer précédemment, à mesure que les pans

de la redingote s'abaissent, le sérieux, la position et l'âge de l'homme s'affirment de plus en plus; ici, c'est tout le contraire.

Le point de départ est très-bas. — Le premier faux-col est une sorte de collerette, puisée, pour ainsi dire, dans l'arsenal maternel. Lorsque le jeune homme paraît, le faux-col remonte légèrement, puis un peu plus, puis plus encore.

Puis il prend, en même temps que la considération entoure davantage l'adolescent fait homme, un développement de plus en plus sérieux; puis il envahit les régions supérieures, s'élance au delà des parages du menton, qu'il dépasse bientôt, pour ne plus s'arrêter qu'à la limite des oreilles, qui sont les colonnes d'Hercule du faux-col.

La cravate suit nécessairement et fatalement tous ces développements progressifs.

LA CRAVATE.

Les nœuds du mariage.

Au départ, simple ruban, presque un fil, noué négligemment à la base du col, elle devient successivement, à mesure que le faux-col prend son essor, un ornement, une enveloppe protectrice, un rempart, finalement, un soutien.

Certaines têtes d'hommes en place ou bien posés simulent, grâce aux faux-cols opulents et aux cravates qui les enserrent, ces riches bouquets de fleurs qu'on admire aux vitres des fleuristes en renom, solennellement placés dans leur enveloppe de papier.

En dehors des nécessités d'âge et de position, les faux-cols d'une coupe et d'un format exagérés sont un signe infaillible de prétention.

« *Comme tu lâches de la toile !* » se dit fort bien, dans le style boulevardier le plus pur, à un ami qui arbore trop de faux-col.

« *Se pousser du col* », dans le langage familier du gamin, est synonyme de vanité ou de forfanterie.

Littérature
et journalisme,

Toi, qui te poussais tant de col,
Nous t'avons pris Sébastopol.

Administration,

Tel était le refrain d'une chanson populaire chantée dans les carrefours de Paris, et dont le héros n'était autre que le czar Alexandre II.

L'homme prudent saura se tenir dans les limites raisonnables que lui assignent son âge, sa position, et son plus ou moins de disposition aux angines et aux bronchites. — Consulter son chemisier après son docteur.

Courtage et bourse.

Professorat.

Peinture et beaux-arts.

Notariat.

En retraite.

Commission
et commerce.

Magistrature.

Bibliothèques.

DU GANT ET DE LA MAIN.

CONSULTEZ les chirographes, les chiromanciens les plus célèbres, voyez d'Arpentigny, voyez Desbarolles, ils sont tous du même avis.

La main est une sorte de prospectus dans lequel sont exposés clairement la nature, les tendances, les aptitudes, l'origine, le passé, et jusqu'à l'avenir de celui ou celle à qui elle appartient.

Les lignes tracées dans la paume de la main, de même que les lignes qui en circonscrivent et en arrêtent les formes extérieures, sont comme des lignes écrites dans lesquelles chacun peut lire et juger le sujet en connaissance de cause.

Le gant est une dissimulation qui sert non-seulement à voiler les imperfections, mais plus encore à entraver l'observateur dans les révélations indiscrètes que la main peut et doit lui faire.

On porte des gants, comme les hommes d'affaires, de finance et de justice, portent des lunettes vertes ou noires, afin de ne pas laisser lire dans son jeu.

* * *

C'est dans la main que l'inégalité de race, d'éducation, d'intelligence et de savoir-faire semble plus flagrante et plus accusée. Notre époque, où l'égalité paraît être le rêve caressé avec le plus d'amour, est celle qui a donné le plus d'importance à ce voile égalitaire qui tend à faire que toutes les mains se ressemblent.

Sauf la conformation générale qui constate la présence de quatre doigts et du pouce opposé aux autres doigts, rien ne ressemble moins à une main qu'une autre main.

Donnez un coup d'œil aux quelques mains ci-dessous tracées.

1. *Main pratique.* Cette main appartient à l'entrepreneur de bâtisse, ou

au marchand de vin en gros, ou au commissionnaire en marchandises. Le propriétaire a le ventre proéminent, le visage éclatant et fleuri, le favori large et épais; il ne craint pas le déjeuner en ville.

2. *Main spéciale.* Main d'homme d'affaires ou banquier. Cette main, providentiellement ornée de la spatule anti-artistique et du nœud philosophique, appartient généralement à un personnage grêle, un peu jaune, barbe rare, coudes et genoux pointus, estomac vigoureux, quelques prédispositions aux maladies de cœur.

3. *Main d'ouvrier.* A été fort à la mode : « J'ai toujours aimé presser « dans ma main la main calleuse de l'ouvrier. » (*Souvenirs de* 1848.)

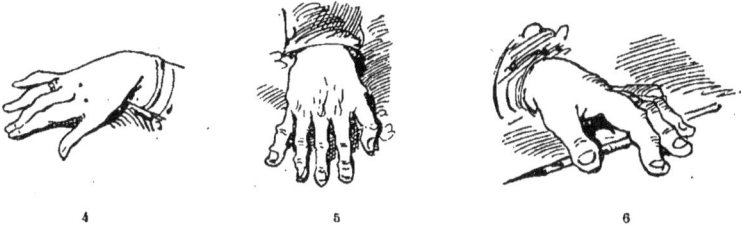

4. *Main de jolie femme de trente à trente-cinq ans.* Cette main indique un corsage richement garni, une nature portée aux délicates gourmandises. Madame supportera facilement l'absence de crinoline; ne serait pas bien en costume de hussard.

5. *Main d'homme de loi, de chicane, ou d'huissier.*

6. *Main d'employé.* Peu de chose à faire entre les repas, trop de temps pour se ronger les ongles.

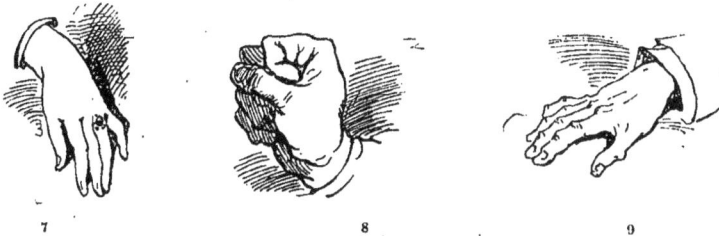

7. *Main de madame la comtesse.* Indique une heureuse harmonie de formes. Madame porte bien le châle long.

8. *Main d'homme d'action.* Indique chez son possesseur un biceps assez développé, le cou court, la poitrine large, le teint coloré. Tàchez d'être de son avis, ou de ne pas trop le heurter, quand vous dînez à table d'hôte, surtout en province.

9. *Main d'homme de Bourse.* Est aussi un homme d'action. Prenez garde à vos poches.

10. *Main de race.* On ne s'est livré à aucun travail manuel depuis quarante générations.

11. *Main de bourgeoise.* La propriétaire peut être jolie; quelques tendances aristocratiques. Couture, broderie, un peu de tapisserie, raccommodage de chaussettes.

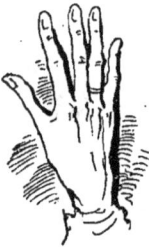

12. *Main de femme de lettres.* Indique un œil noir et profond. Le cou élégant montre seulement un peu trop la corde. Sécheresse dans les relations. Le bas, souvent bleu, quoique bien tiré, fait quelques plis sur la jambe.

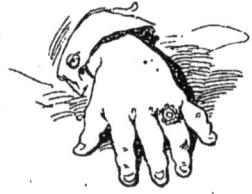

13. *Main sensuelle.* Appartient souvent à la riche charcuterie parisienne. Les femmes de banquiers ou de notaires arrivent parfois à arborer ce genre de mains, vers les quarante-huit ans, — lorsqu'elles ne tournent pas au maigre.

14. *Main psychique.* Main d'écrivain ou d'artiste. Ne lui conseillez pas de s'occuper d'affaires.

15. *Main de campagne.* Artisan ou laboureur.

16. *Main de jeune fille cherchant un mari.* Romance : « Vous voulez pos- « séder mon cœur... » air connu. Bien, en costume de bains de mer.

17. *Main de cocotte.* Accompagne une jambe bien faite, des bottines à cœur et à glands; l'œil noir et un appartement au troisième rue Taitbout.

19

18

18. *Main de madame la duchesse.* Son père était dans la droguerie en gros. Madame soigne beaucoup ses mains. Rien n'y fait. Heureusement on a inventé les gants.

19. *Main folichonne.* Appartient à mademoiselle Pichenette. Prenez garde à votre cœur, et à votre nez.

20. *Mains de gens d'affaires.* Main d'un homme qui a *le sac,* enrichi dans les alcools ou les farines; et main d'une demoiselle sans dot. Faites avancer M. le maire.

21. *Main de demoiselle excessivement forte sur le piano.* Vitesse moyenne, quatorze notes par seconde.

22. *Main paresseuse.* Facile à prendre.

23. *Main soigneuse.* Habile à prendre, et à garder.

24. *Main de monseigneur.*

25. *Main aristocratique.*

26. *Main canaille.*

21

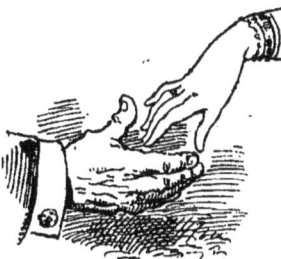

20

23

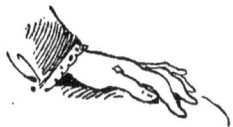

22

25

24

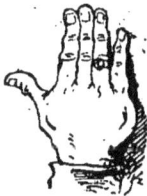

26

Couvrez toutes ces mains du même voile en peau de chevreau, vous arriverez à leur donner comme une vague ressemblance générale, que les intéressés seuls s'efforceront de trouver parfaite.

Une belle main bien faite, élégante, sagement proportionnée, est plus rare à coup sûr qu'un joli pied.

Le gant, cet étui de peau, fait disparaître les inégalités trop choquantes, voile les articulations noueuses, les peaux fripées, les ongles mal disposés, ou rongés, ou difformes.

La main bien gantée paraît, ou moins épaisse, ou moins tourmentée.

Dans le jour, on porte des gants de couleur plus ou moins foncée, suivant le goût et le temps.

Le soir, des gants d'un jaune clair ou d'un blanc léger. Les gants gris-perle se montrent parfois. Mettre des gants foncés serait considéré comme une énormité.

Les hommes de haute élégance changent de gants quatre ou cinq fois par jour. Gant de cheval, le matin, gant de demi-toilette pour aller déjeuner, gant de toilette pour visite, chevreau ou peau de Suède, gants de peau de chien pour conduire au Bois, gants pour aller dîner en ville, gants pour aller au bal, au théâtre, ou au club le soir.

Mais il en est peu qui puissent ou daignent s'astreindre à de pareilles obligations, les gantiers seraient trop riches.

Je connais un grand seigneur dont les mains sont admirables de forme, de couleur et d'élégance, qui tient toujours ses gants à la main, et ne les met jamais, prétendant que les gens di ormes sont seuls forcés d'en mettre... Je le crois dans son tort.

Quelle que soit votre prédilection ou votre antipathie pour les gants, ne donnez jamais le bras à une femme dans la rue sans avoir une main gantée et l'autre gant au moins dans la main.

Ne portez jamais de gant verts.

LE BRÉSILIEN.

Bijouterie, lingerie, horlogerie, piastres et dollars.

LA CHEMISE.

ᴀɴꜱ la toilette de l'homme, la chemise possède, à coup sûr, une importance de premier ordre.

Il n'est pas de tenue complète et élégante sans linge irréprochable.

La chemise doit se prêter aux mouvements du corps et des bras sans résistance et sans tyrannie.

Elle ne doit pas se courber et se casser en plis irréguliers, ou s'entr'ouvrir et bâiller sans discrétion.

Les manchettes doivent dépasser légèrement la manche de l'habit, et peuvent être ornées de boutons élégants, pourvu qu'ils n'attirent pas trop violemment les regards.

Pour le soir surtout, le plastron de la chemise doit être éclatant de blancheur.

Trois petits boutons peuvent être avantageusement placés sur la devanture.

Évitez avec soin ce qui est voyant et prétentieux. On pourrait vous prendre pour un commerçant en vins du Midi ou un marchand de billets.

Quelques personnes abusent de la chemise brodée, tuyautée, couverte de fioritures et d'arabesques. Ces exagérations sont tout au plus tolérées en faveur des jeunes mariés, et des Mexicains ou Brésiliens nouvellement débarqués à Paris.

Belle toile fine et nette, blanc immaculé, plis discrètement et finement disposés, peu de bijouterie : voilà l'idéal à consulter et à suivre.

Dans le jour, les chemises de couleur sont acceptées. Les étoffes unies ou bien à raies sont préférables. Les gens de goût ne se laisseront pas aller à mettre des chemises illustrées de chasses, d'oiseaux, de gibiers ou de portraits du schah de Perse.

* ** *

Pour la nuit, absence complète d'empois, qui durcit les plis et prépare des rigidités hostiles au sommeil — ou blessantes dans les rapports — sociaux.

Quelques-uns affectionnent les chemises en soie écrue rattachées avec des torsades du même ton. Mais, croyez-le, cette affection ne peut être que passagère, et l'on revient toujours à la toile, lorsque le temps de *la pose* est passé.

LE GILET.

Le gilet avait jadis un rôle éclatant et vainqueur ; le temps de son règne est fini.

Les velours verts ou cramoisis, à larges raies, à dessins opulents ou à rosaces fantastiques, ont disparu de la circulation depuis un certain nombre d'années, avec les lourdes chaînes et les monumentales breloques qui s'y prélassaient victorieusement.

L'étoffe du gilet est maintenant sobre, timide, et s'harmonise le plus possible avec le reste du costume.

Souvent le pantalon, le gilet et la redingote ou le veston sont taillés dans la même pièce d'étoffe.

Le gilet est alors ou droit et fermant hermétiquement un peu au-dessous du nœud de cravate, ou à revers de châle croisés, et montant à peu près à la même hauteur que le gilet droit.

Pour le soir, le gilet est presque invariablement noir. Souvent un léger parement blanc en borde les revers et assouplit la ligne qui les sépare de la chemise. Quelquefois ce transparent est rouge ou bleu, suivant la fantaisie du porteur. Mais ces couleurs trop voyantes sont à éviter, et ne conviennent qu'aux excentriques.

Le gilet du *gandin*, du *petit crevé* ou du *gommeux*, ainsi qu'on appelle les fils de ceux qui s'intitulaient jadis *lions*, *fashionables* ou *gants jaunes*; ne possède que trois boutons placés à sa base, et s'évase le plus largement et le plus gracieusement possible pour laisser l'entier développement au plastron de la chemise étincelant de blancheur, roidi par un savant empois, et sur lequel se détachent seulement trois petits boutons, presque imperceptibles, d'or, ou de corail, ou de diamant.

A mesure que la gravité augmente, le nombre des boutons du gilet augmente dans la même proportion.

Les gilets complétement décolletés ne conviennent qu'aux jeunes gens, beaux valseurs ou conducteurs de cotillon, habitués des premières aux théâtres *chic*.

Un député bien posé, ou un ancien ministre, ou un académicien, peut à la rigueur porter un gilet noir à peu près montant.

Les autres doivent se tenir dans ces limites discrètes de décolletage, que les robes des femmes sur le retour, sans beauté et sans prétention, savent ne point dépasser.

LE PANTALON.

LE pantalon est, comme le chapeau tuyau de poêle, une invention du génie moderne; depuis l'abolition de la culotte, qui était un legs de l'ancienne monarchie, le pantalon, d'invention anglaise, de même que l'habit noir et la redingote, est venu passer son niveau démocratique sur la jambe élégante et bien tournée, comme sur les épaisseurs, les lourdeurs, ou les indigences de la jambe mal équarrie.

Les splendeurs du mollet et les finesses des malléoles disparaissent sous les plis jaloux du pantalon, qui descend comme un voile discret sur les imperfections du plus grand nombre.

La culotte courte reste l'apanage des suisses de cathédrale et des domestiques de grande livrée.

Sous l'Empire, la culotte courte avait reparu pour les bals et les grandes réceptions officielles. Avec les culottes courtes, les mollets n'avaient pu reparaître en vertu d'un décret ou d'une règle. Mais comme on les croyait obligatoires, l'art venait le plus souvent au secours de la nature, et le coton ou la soie, convenablement disposés, suppléaient charitablement à certaines absences.

La légende de la culotte courte de M. Darimon est restée célèbre dans les fastes de la cour impériale et dans les annales des Dangeau modernes. La culotte courte de M. Darimon lui a sans nul doute confisqué son siége à la Chambre, et motivé la résistance de M. Ollivier, son confrère en députation, qui, nommé ministre un jour, ne voulut point abandonner le pantalon de ses pères, et résista héroïquement aux séductions de la culotte courte, préférant trouver ailleurs un motif de n'être plus député de Paris.

Le pantalon du soir est toujours noir, sauf en quelques circonstances exceptionnelles, durant l'été, où le gris-perle et le ventre de biche sont acceptés volontiers.

Le pantalon doit suivre facilement et à quelque distance la forme de la jambe et pas d'assez près pour ne pouvoir la rectifier. Un grand tailleur sait donner à ses pantalons ces coupes fines et savantes qui prêtent à la tournure et à la démarche un cachet d'élégance et de distinction.

Il doit tomber gracieusement sur la botte ou la bottine, en laissant le pied à moitié découvert, et ne dépassant pas les origines du talon. Au genou il ne

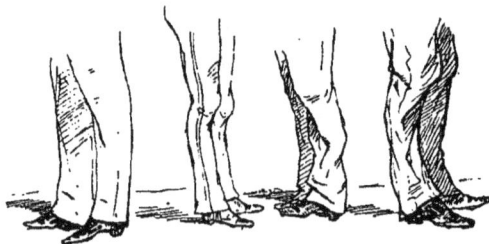

doit pas être trop serré, ce qui amène des poches fâcheuses lorsqu'il a été replié quelque temps.

Il vaut mieux que le pantalon puisse se fixer sans bretelles au-dessus de la

CULOTTES COURTES.

Honneurs — fidélité — diplomatie.

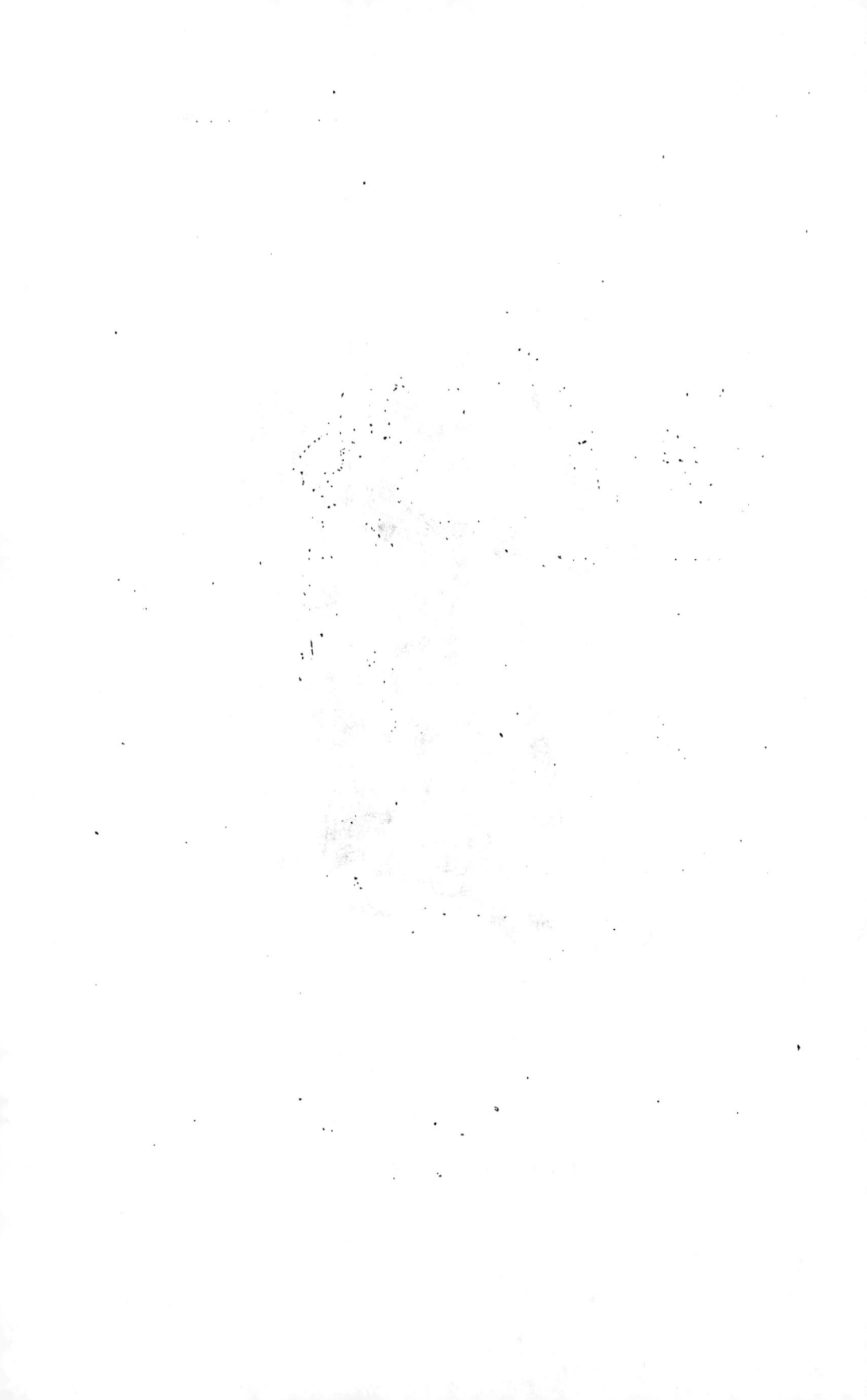

hanche ; mais lorsque le ventre commence à prendre quelque importance, il est bon d'appeler les bretelles à son secours, ce qui devient nécessaire si le ventre acquiert plus de gravité, indispensable s'il tourne décidément à la majesté.

Il faut éviter les pantalons à plis, dits à la hussarde, et qui sont plus particulièrement l'apanage des majors de table d'hôte, des piliers d'estaminet et des commis-voyageurs en tournée.

Un pantalon trop large est ridicule.

Un pantalon trop étroit est ou mesquin ou prétentieux. Il y a quelque trente ans, Gavarni pouvait faire dire au *lion* dont il nous donnait une si fine silhouette : « Je vous avertis que si j'entre dans mon pantalon, je ne le prends pas. »

De nos jours, sauf dans les drames de l'Ambigu, ou pour monter à cheval, le pantalon collant n'est plus de mise. Et maintenant, quand on n'entre pas dans son pantalon, cela passe pour une raison assez plausible de le renvoyer à son tailleur.

La mode varie légèrement d'un peu plus à un peu moins de largeur, et c'est tout.

Les grands et vastes carreaux ont été délaissés pour les pantalons comme pour les gilets. L'étoffe du pantalon est souple et généralement unie. Quelques gris mélangés, ou à carreaux très-ténus, ou à raies rapprochées, sont encore bien portés.

Les pantalons blancs et les pantalons de nankin apparaissent de plus en plus rares sur les asphaltes de Paris.

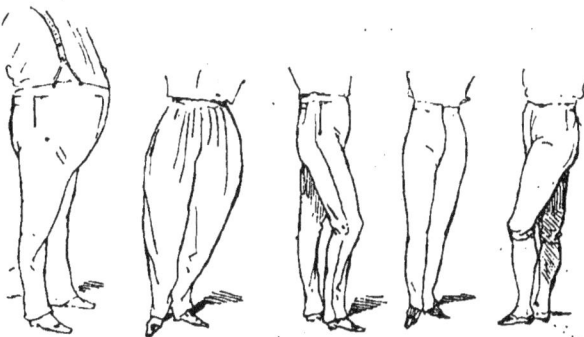

Pantalon d'homme   Major de table   Qui veut arriver.   Petit jeune   Cour ou anti-
sérieux et arrivé   d'hôte.   homme.   chambre.
à l'embonpoint.

LA CHAUSSURE.

Il vaudrait encore mieux être porteur d'un pantalon blanchi aux coutures, d'un habit râpé, d'un chapeau fatigué, que de chaussures avachies, éculées et déformées.

En tout il faut soigner la base, cela est vrai en sculpture, en architecture, comme en peinture et en toilette.

Une chaussure fine et élégante répare bien des erreurs ou des défaillances dans le reste du costume.

Si vos pieds sont d'une mauvaise forme, envahis par des bosses étranges et des nodosités fantaisistes, n'espérez jamais passer pour avoir une tenue irréprochable.

On peut avoir la goutte, cette maladie passe pour une maladie assez *chic* et parfaitement avouable; mais il n'est pas permis d'étaler, sans vergogne, en public, des pieds grossiers, raboteux et canaille.

Si la nature vous a gratifié de tels pieds, sachez vous confiner dans une attitude modeste, et menez une vie exempte de prétentions puisées autre part que dans la science ou l'art, ou bien encore l'agriculture.

Si votre pied jouit d'une conformation à peu près satisfaisante, ne cédez ni à la tentation de paraître posséder un pied trop petit, ce qui vous conduirait à passer votre vie dans un supplice perpétuel, en prenant des chaussures trop étroites qui vous donnent l'aspect d'un homme marchant sur des œufs, ni à la satisfaction d'être trop à l'aise, ce qui vous ferait passer pour un homme sans goût et complétement négligé.

Les chaussures doivent varier suivant l'âge et les professions.

Voici les différentes chaussures en usage de nos jours.

COTÉ DES HOMMES.

Le petit collégien.　　　　Le vieil employé.　　　　M. le curé.

Trottoir du boulevard des Italiens.

Maraîcher.

Facteur rural.

Commune ou gendarmerie.

Garçon de café.

Souliers de castor. Le chef de division a la goutte.

Sportsman et jockey.

Chasseur.

Visite.

COTÉ DES DAMES.

Quand on n'a plus de prétention, qu'on a soixante ans, pas de voiture, et des cors.

Quelque prétention.

Préméditations.

Hum!

Pour balayer les rues ou vendre des légumes, il n'y a pas besoin de tant de façons.

De la mariée.

Littérature.

Comment cela tournera-t-il?

Tranquille.

La mère de Javotte.

Veuve de colonel. N'a jamais été mariée.

Cordon, s'il vous plaît !

Mère de famille.

Mais, qui que vous soyez, si vous vous apercevez que le talon se contourne, que la semelle faiblit et s'arrache en s'effilochant, ou qu'un léger bâillement se manifeste en un endroit quelconque, sachez mettre impitoyablement le serviteur à la retraite. Ou bien restez courageusement chez vous.

Pas d'observations

DU CHAPEAU.

L E couronnement de l'édifice de la toilette est le chapeau.

Personne jusqu'ici ne s'est encore avisé de prétendre que le chapeau tel que nous le portons en l'an de grâce 1873, puisse être réellement de quelque utilité matérielle. Sa forme élevée le livre sans défense à tous les vents ; ses bords petits et étroits sont inhabiles à abriter du soleil ou de la pluie. Tout au plus si la rigidité de sa structure lui permet de garantir quelque peu la tête qu'il enserre, du choc des pots de fleurs, des tuiles, et même des couvreurs, que l'imprévoyance sème de temps en temps à Paris sur la voie publique.

Ce chapeau est triste, noir et laid, chacun en convient, et cependant jusqu'alors il a été impossible d'en débarrasser notre répertoire. Maintes fois on a essayé de l'expulser, on s'est ligué, insurgé contre lui. Nulle insurrection n'a pu prévaloir ; il continue de trôner inébranlable sur le chef même de ses blasphémateurs. Pourquoi? C'est qu'il est la personnification égalitaire du dix-neuvième siècle. M. Prudhomme n'a-t-il pas dit qu'il était une des glorieuses conquêtes de 89?

*   *   *

Le chapeau, qui, au dix-huitième siècle, brillait de broderies et de galons, se constellait de diamants, se panachait de plumes, s'est dépouillé tout à coup de tous ces oripeaux inutiles, désormais apanages des valets grands ou petits, et se dresse dans une nudité sévère comme une protestation de la simplicité et de l'égalité modernes.

Sa forme, qui varie insensiblement du cylindrique au cône tronqué ou cylindro-conique, nous paraît être la formule mathématique de notre expression sociale au dix-neuvième siècle.

Son aspect rappelle non-seulement le tuyau de poêle, cette utilité, mais encore le tuyau de la machine et de la locomotive, ces véritables puissances de notre âge.

Il sait complaisamment se marier à l'habit noir élégant sorti des mains de Renard, comme au paletot échappé des bas-fonds de la Belle-Jardinière.

Légitimité.

Radicalisme.

Gandinisme.

Administration et commerce.

Banque.

Épicerie.

Bals et soirées.

Imbécillité.

Propriétariat.

Prolétariat.

Ouverture de portières.

* * *

Il est gentleman et il est peuple.

* * *

Le chapeau est l'incarnation du génie moderne; il est le couronnement de l'édifice.

* * *

On aura beau faire, il vivra.

* * *

Madame de Girardin disait : « Votre chapeau tuyau de poêle est bien laid, « bien incommode, mais gardez-le. Il est difficile à bien porter.

« C'est le dernier détail où puissent se marquer la distinction et le savoir- « vivre. »

Et c'était profondément vrai. Que de choses, en effet, dans le chapeau, et dans le maniement du chapeau !

M. LE COMTE.

Membre d'un grand club (rien de la rue Grôlée), conseiller général dans son département,
primé pour ses bœufs, ses cochinchinois et ses volailles.

ANCIEN JEUNE FRANCE 1838.

Souvenirs et regrets du vrai libéralisme, de la jeunesse vraie, du vrai chapeau.

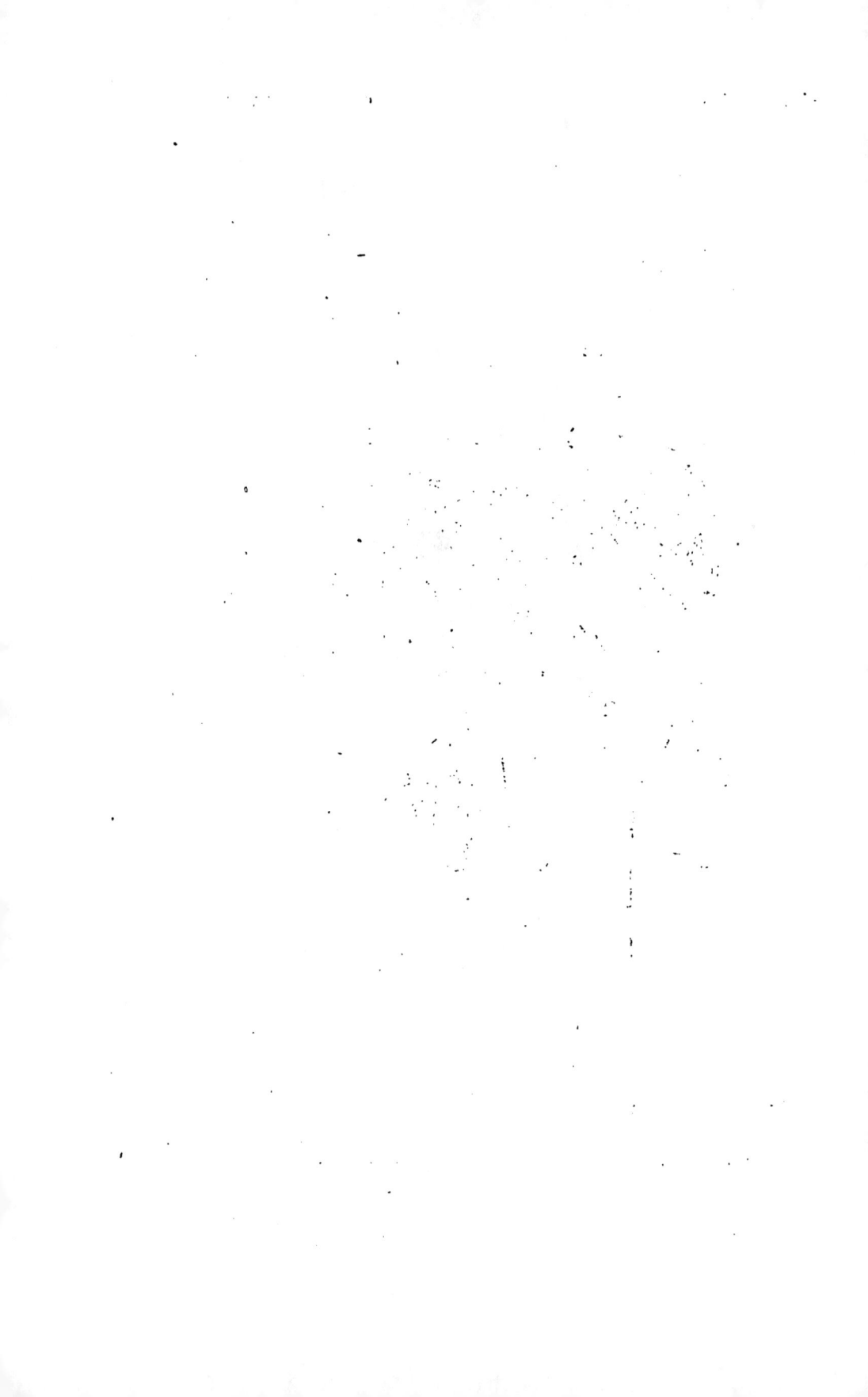

Quelle que soit l'uniformité apparente de son aspect, le chapeau présente
néanmoins une foule de nuances qui ne sauraient échapper à l'observateur.

Le crâne humain étant le siége par excellence de toutes les dispositions
physiologiques, le chapeau qui l'enserre étroitement semble s'y mouler d'une
façon toute particulière; de là cette variété de formes et de lignes qui con-
courent à révéler au spectateur les différents types dont foisonne notre
civilisation parisienne.

Chapeau de politique, du
statisticien et de l'agronome.

Chapeau
du petit crevé.

Chapeau
du général.

Chapeau du bibliothécaire
ou botaniste.

Chapeau
du commandant.

Chapeau
triste.

Chapeau du médecin
ou savant.

Chapeau
du jeune homme *chic*.

Chapeau
du cultivateur.

Chapeau
du faubourien.

Chapeau
du flâneur de barrière.

Chapeau
de M. le curé.

Chapeau
de M. Prudhomme.

Chapeau de bourgeois, petit rentier, commerce de bonneterie, liqueurs ou coutellerie.

Chapeau d'homme politique.

Chapeau de sculpteur, rapin vieux style, ou photographe.

Chapeau de bains de mer.

Capitaine en bourgeois.

Banlieue.

Grand propriétaire, élève des chevaux, fait courir.

Petit propriétaire, — a trois rosiers et quatre dahlias à Nanterre.

Du canotier parisien.

Du ramasseur de bouts de cigares.

L'avenir de la démocratie.

John.

Ne portez pas votre chapeau sur le nez, ce qui donne l'air soucieux.

Ni sur la nuque, ce qui donne l'air abruti.

Ni trop sur le côté, ce qui donne l'air casseur.

Ni trop droit, ce qui donne l'air niais.

Veillez à ce que votre chapeau ne soit pas trop enfoncé sur votre tête.

GENTILHOMME DU SPORT.

Tenue de sport extra-muros.

DU SALUT.

Si le chapeau présente réellement peu d'utilité, soit pour garantir, soit pour abriter son propriétaire, nous croyons, en revanche, qu'il possède une réelle importance dans les rapports sociaux... je veux parler du salut, dans lequel le chapeau joue un rôle d'une valeur incontestable.

C'est alors que le bord petit, sec et rigide, commence à montrer et sa valeur et son but. La main le saisit facilement; comme il est ferme, la forme du chapeau l'accompagne aisément, avec légèreté et précision, sans dévier, sans fléchir.

Avec le feutre mou des barrières ou des faubourgs, on salue peu ou on ne salue pas.

Lui se prête merveilleusement, au contraire, à toutes les nuances délicates que l'usage enseigne aux gens bien appris, car il faut se conduire, ou plutôt conduire son chapeau suivant la position, l'âge, le sexe, la fortune des personnes que l'on est appelé à saluer, ou bien encore suivant la nature des avantages que l'on espère retirer de ces mêmes personnes.

Nous allons donner quelques renseignements et quelques indications sur les différents saluts que l'on peut avoir à exécuter.

Salut au petit X..., du club.

Ce salut peut être convenablement accompagné de : Bonjour, cher, ou très-bon.

Salut froid et empesé.

Ce salut est celui qu'il faut employer lorsque l'on veut tenir les gens à distance.

Exemple. Vous êtes orné de cinquante mille francs de rente, et vous vous promenez sur le boulevard. Tout à coup, vous voyez se diriger vers vous un ancien ami, ou simple employé dans un ministère, avec lequel vous ne

11

pouvez avoir aucune affaire, ou petit commerçant, ou bien dont vous ne connaissez nullement la position. Seulement vous voyez du coin de l'œil un paletot quelque peu fripé, un chapeau rougissant, des bottes sans jeunesse : passez froidement et avec calme, ne ralentissez ni ne pressez le pas, levez

lentement votre chapeau, en faisant légèrement pencher le bord antérieur jusqu'à la hauteur de l'œil. Posez-vous de trois quarts, les yeux vaguement fixés à quinze pas. Votre ancien ami se gardera bien d'approcher. S'il approche néanmoins, c'est qu'il va demander à vous emprunter cent sous.

Salut jovial.

N'employez ce salut qu'avec les gens que vous êtes bien aise de rencontrer.

Vous pouvez sans crainte saluer ainsi l'homme aimable qui vous a donné rendez-vous sur le boulevard pour vous annoncer un joli petit dîner de garçons à la Maison d'Or, ou même chez Bignon. On peut sans inconvénient joindre à ce salut, si l'on est entre deux âges, la locution familière : Bonjour, mon gros! ou : Bonjour, mon petit! suivant les circonstances. Si l'on est jeune : Bonjour, ma vieille! Salut, mon petit trognon !

Salut de cavalier.

Ce salut, qui se fait généralement à cheval, peut encore se faire à pied, — si l'on porte des éperons. Le chapeau s'élève perpendiculairement à trois centimètres au-dessus de la tête, et s'écarte brusquement environ dix centimètres à gauche sur une ligne parallèle. Évitez avec soin l'exagération, pour ne pas ressembler à un écuyer de manége.

Salut d'un employé à son chef,

Surtout s'il est de cinq minutes en retard, ou bien au moment où il est question de distribuer l'avancement et les gratifications.

Salut quémandeur.

A employer si l'on demande un secours de vingt-cinq francs ou une place aux Petits-Ménages.

Salut gracieux

A une dame : — Toujours fraîche, toujours charmante! — un bouton de rose!

Le salut folichon et littéraire

Chers goîtreux et crétins très-précieux, salut!

Salut protecteur.

Salut qu'il faut savoir faire lorsque l'on occupe une haute position et qu'on a la conscience d'une éminente supériorité.

Ce salut se fait en touchant avec une certaine dignité ferme le bord antérieur du chapeau, vers le milieu. Se bien garder de lever le chapeau, se contenter de le faire basculer presque insensiblement. Rester de profil.

Salut à une jolie femme.

Pour exécuter ce salut, on prend le chapeau d'une main pour le baisser respectueusement à la hauteur du genou, puis ramenant la seconde main au secours de la première, on remonte le chapeau par un mouvement gracieux vers la région du cœur, les bras relevés en aile de colombe.

En se redressant avec tout le charme que l'on est capable de déployer, il est assez convenable de porter la jambe gauche en arrière, en se balançant avec un frémissement légèrement épileptique, lequel n'est pas sans grâce.

Salut bon enfant.

Se fait généralement en venant dîner.

Ce salut peut facilement se joindre à des paroles bien simples et bien sans façon, comme celles-ci :

— Tas de galopins, sur mon cœur, — quand on s'adresse à des messieurs.

Salut gourmé.

— On ne dit donc rien à son gros trésor, petite Niniche ! — quand on s'adresse à une dame.

* * *

Dans un salon, le salut se complique d'une attitude, le chapeau n'étant plus qu'un accessoire secondaire, puisqu'il reste à la main et sous le bras.

Partout ailleurs, son rôle est de premier ordre, puisque le caractère du salut résulte de la façon dont le chapeau quitte la tête, dépendant du plus ou moins de courbe qu'il décrit après l'avoir quittée, et du plus ou moins de temps qu'il met à reprendre sa place.

Dans un salon, le chapeau ne devant plus sous aucun prétexte recouvrir la tête de son propriétaire, il s'ensuit naturellement que le rôle du chapeau devient un rôle effacé.

C'est le jeu des bras, de la tête, des mains et de l'échine, qui doit suppléer à l'insuffisance du chapeau.

SALUT TIMIDE.

Venu pour solliciter une place de surnuméraire.

Salut à la femme
du ministre de
qui dépend votre
situation, ou au
directeur de l'ad-
ministration dont
vous désirez faire
partie.

Salut à la maîtresse
de la maison.

Trois pas en avant, salut
au roi, ou au président
de la république, ou à
l'empereur, ou au dic-
tateur, ou à n'importe
qui premier.

Salut au maître
de la maison.

SALUT A VOTRE DANSEUSE.
Mademoiselle, voulez-vous me faire l'honneur
de m'accorder cette contredanse?

Salut à une dame qui
reçoit beaucoup, en lui
demandant la permission
de la conduire au buffet.

Il est encore bien d'autres saluts qu'il serait trop long d'énumérer.

Somme toute, saluer est une étude, bien saluer est une habileté, mal saluer est une maladresse, quelquefois ne pas saluer est une vertu.

Dans le chapeau, dans le salut, réside peut-être toute la science des relations sociales.

Salut enthousiaste.

Dans les cercles, tous plus ou moins façonnés suivant le *rite* anglais, la question du chapeau est résolue ainsi : Chacun en fait ce qu'il veut.

Tout membre d'un cercle est considéré comme étant chez lui, et dès lors ôte ou garde, à son gré, son chapeau.

Partout ailleurs, il en est tout autrement. Celui qui entre dans un appartement et qui vient faire une visite, doit se découvrir immédiatement, mais il ne doit jamais abandonner son chapeau.

C'est à lui de trouver la pose gracieuse, ou simple, ou confortable, qui convient le mieux à son caractère et à son attitude.

Il n'est pas de bonne compagnie de se précipiter sur le visiteur *pour le débarrasser de son chapeau.*

Les luttes de politesse, pour prendre le chapeau du visiteur et le poser sur une console, le refus opiniâtre du visiteur de donner un pareil soin au visité, constituent une bonne petite scène, que l'on voit trop souvent reproduire, et qu'il est nécessaire d'éviter avec soin.

On ne doit abandonner son chapeau que lorsque la visite se prolonge au delà du quart d'heure réglementaire, et qu'elle prend un caractère d'intimité.

Il est de mauvais ton de laisser son chapeau dans l'antichambre. Le chapeau étant tout particulièrement une machine à saluer, il est indispensable de l'avoir à la main pour faire son entrée dans le salon et saluer le maître et la maîtresse de la maison qui vous font l'honneur de vous recevoir.

A la campagne, quelques personnes, au lieu de s'acharner à *vous débarrasser de votre chapeau*, ne manquent pas au contraire de vous dire : Couvrez-vous, je vous en prie; et l'on se livre aux mêmes luttes de politesse que signale l'opération contraire.

* * *

Dans la grande maison des ducs de Lévis, dont la tradition et la prétention sont de descendre de l'antique famille de Lévi, on conserve pieusement une vieille peinture; elle représente un ancêtre de la famille, un Lévis, en visite chez la sainte Vierge, qui était, comme on le sait, de la tribu de Lévi.

L'ancêtre a ôté son chapeau.

— Couvrez-vous, mon cousin, dit la sainte Vierge.

— Je vous remercie, ma cousine; c'est pour ma commodité, — dit le visiteur.

* * *

Vous pouvez répondre comme l'ancêtre des ducs de Lévis-Mirepoix; mais si vous craignez la lutte, résignez-vous, et faites comme ceux parmi lesquels vous vous trouvez, ce sera une politesse de plus.

GENTLEMAN.

Courses, bains de mer et tir au pigeon.

Au bal, vous avez un chapeau gibus qui s'aplatit et se jette élégamment sous le bras, à la façon du chapeau claque de nos pères. Ne le quittez pas, sauf au moment de la contredanse ou de la valse. Le chapeau déposé sur la banquette où vous avez récolté votre danseuse, sert d'instrument conservateur pour désigner ou reconnaître sa place.

Excepté dans cette circonstance, vous ne devez point vous en séparer, si vous ne voulez être pris pour le maître de la maison, — ou pour un de ses domestiques.

* * *

Les chapeaux tuyau de poêle, qu'ils restent droits et fermes dans leur forme, ou qu'ils se replient passagèrement sur eux-mêmes comme une lorgnette ou un accordéon, sont les seuls chapeaux qui aient droit de cité.

On voit encore quelques chapeaux gris de haute forme. Ils naissent de juin à septembre, et s'observent principalement sur le chef d'hommes d'un âge sérieux et à lunettes d'or.

A la campagne, aux bains de mer, à certaines solennités du sport, comme les courses ou les tirs au pigeon, le chapeau à forme ronde est bien venu, ainsi que le petit chapeau de paille, dont les bords s'étendent à mesure que le propriétaire s'élargit et s'arrondit.

Mais le chapeau mou possède une allure *sui generis* qui en fait une parure ultra-démocratique.

Calotte de M. le vicaire.

Casquette de loutre du citoyen marchand de vin.

Casquette de voyage de mon propriétaire.

Calotte du général.

Le choix des casquettes, qui varient à l'infini, est livré au goût du porteur.

La casquette de loutre est encore portée par quelques vieux marchands de vin.

Se méfier des casquettes qui se rejettent en arrière.

Il y a encore la calotte grecque, qui ne se porte plus qu'au Marais, et le fez, qu'affectionnent ceux qui ont quelque peu voyagé dans le Midi, ou le bonnet persan, que le succès de certains officiers du schah a mis à la mode dans quelques cabinets de travail.

Mais, en somme, toutes ces coiffures sont de fantaisie, et pour la politesse française, qui veut saluer et indiquer son savoir-vivre, il n'est qu'une coiffure, le chapeau.

Ne saluez dans la rue, sur les boulevards ou dans n'importe quelle promenade, que les femmes de votre connaissance intime, et ne les accostez que si elles s'arrêtent pour vous parler. Pour toutes les autres femmes que vous auriez vues au bal, au concert ou dans une rencontre quelconque, vous devez attendre qu'un signe d'elles vous y autorise.

L'homme bien élevé qui rencontre une femme dans un escalier ne doit pas la laisser passer à côté de lui sans se ranger et saluer.

A plus forte raison si la femme est âgée.

C'était Legouvé l'ancien qui disait :

Tombe aux pieds de ce sexe à qui tu dois ta mère.

Il n'est pas strictement nécessaire de tomber à ses pieds, surtout dans un escalier, mais on peut au moins saluer quand le hasard vous réunit sous le même toit, dans la même hospitalité, inconsciente ou non.

L'hommage de l'homme à la femme en pareil cas est, malgré certaines dissidences, de bonne et valable tradition française.

Nestor Roqueplan, entre autres, avait des idées arrêtées sur ce point.

La politesse des femmes s'étant fortement altérée, disait-il, on n'imite plus nos pères, qui, dans un escalier, saluaient invariablement toute femme qui passait devant eux.

LE BONNET DE COTON

se changera l'année prochaine pour un chapeau.

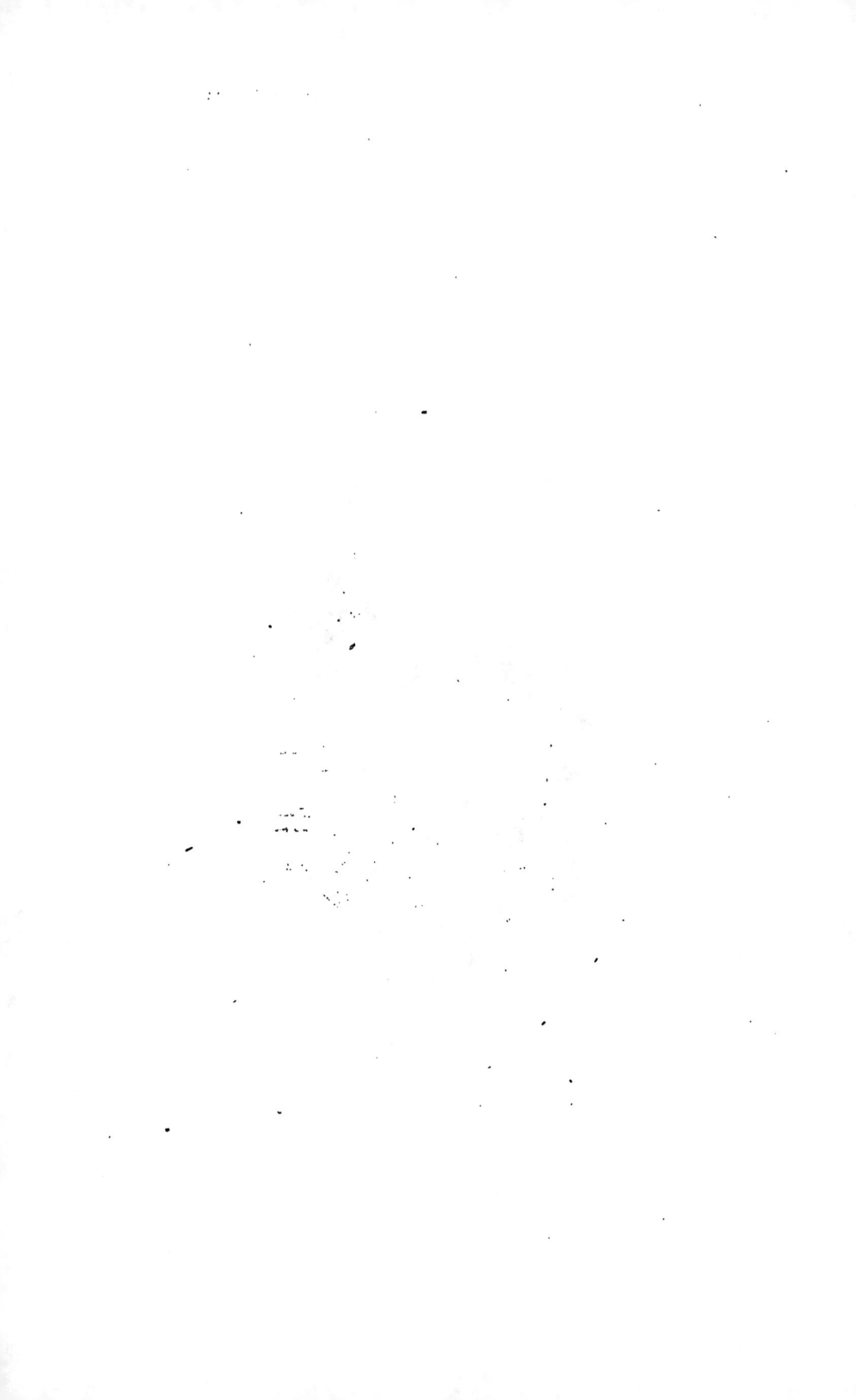

Comme la plupart de ces saluts ne vous attirent pas la plus légère inclinaison de tête, on se contente de s'arrêter pour favoriser l'épanouissement des jupes.

Roqueplan, il l'avoue lui-même, n'était plus dans la tradition. Obéissait-il à quelque ressentiment caché? Nous penchons à le croire.

Il faut saluer les femmes avec son chapeau, dit-il autre part, après avoir attendu qu'elles aient, par leur regard, témoigné qu'elles vous permettent de les saluer, et les aborder le chapeau à la main; bien mieux, ne replacer son chapeau sur la tête que sur un petit geste qui vous y autorise.

Il y a beaucoup de femmes distraites et impolies.

Pour la première fois, on ne se décourage pas, on s'enrhume; si l'on est chauve, on fait voir son crâne à tous les passants.

On rattrape ces dames une autre fois.

Évidemment, notre charmant et regretté Roqueplan y mettait de l'amertume.

***

Le chapitre de la coiffure doit être nécessairement clos par le paragraphe de la coiffure de nuit.

Beaucoup d'hommes s'en passent absolument, et placent tout simplement sur l'oreiller leur tête recouverte de son rempart naturel contre les vents coulis et les courants d'air.

Ceux qui, par calvitie ou pour toute autre raison, ne peuvent supporter une simplicité si radicale, et qui veulent cependant conserver une certaine élégance au profit de leurs relations de nuit, recouvrent leur tête d'un foulard dont ils combinent les nœuds avec art.

Quelques-uns, qui se mettent ou se font mettre des papillotes le soir afin d'exhiber durant le jour des cheveux qui frisent naturellement, se servent de petits serre-tête légers en toile fine ou en filet, qui conservent plus précieusement que le foulard le dépôt de la papillote, et ne lui permettent pas de déserter le poste qui lui a été assigné.

Mais quand la période inflammatoire de la coquetterie, de la galanterie, est décidément et irrévocablement passée, et qu'on ne recherche autre chose que le confort et la sécurité, on revient tout bonnement au bonnet de coton de nos pères, celui qu'on a porté au collége, le seul qui se prête aux formes du crâne, descende à volonté sur les oreilles, ou le front, ou la nuque, ou se relève facilement suivant les exigences quelconques du temps ou du lieu.

C'est le bonnet de nuit réservé à ceux qui n'ont pas atteint l'âge de prétention ou qui l'ont franchement dépassé.

Le bonnet de coton est d'origine normande, et fleurit encore sur le sommet de la tête de quelques vigoureuses pêcheuses ou fermières. Il en est même, parmi celles-ci, qui trouvent moyen d'être belles avec le bonnet de coton.

Mais il faut le dire, soit du côté des hommes, soit du côté des femmes, — c'est là une rareté.

LA BARBE ET LE CHEVEU.

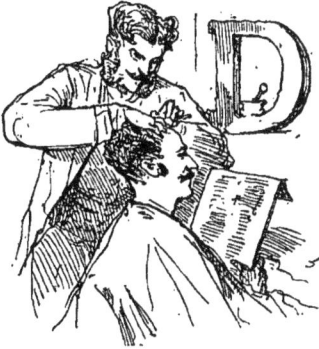

u côté de la barbe est la toute-puissance, a dit le poëte.

D'aucuns prétendent, au contraire, que les visages roses, délicats et sans barbe, sont les seuls tout-puissants en ce monde.

Quelles que soient les controverses à cet égard, la prétendue toute-puissance que réclame la barbe se manifeste de plusieurs façons très-caractéristiques.

Jadis, au temps de la poudre, il était indispensable de promener ou faire promener le rasoir sur la face tout entière, afin de supprimer toute trace de barbe.

Les moustaches, à la suite des armées du premier Empire, ont commencé à paraître sur les lèvres des *civils*.

Nos pères ont assisté aux luttes homériques des calicots, qui prêchaient alors pour la liberté de la moustache et de l'éperon, comme certains prêchent maintenant pour la liberté du banquet et du balcon.

Vers 1817, nul ne pouvait se produire en public avec un poil de fantaisie, s'il n'était costumé en militaire.

Il fallait se raser le menton et la lèvre supérieure, et se contenter des favoris en côtelette.

Maintenant, la liberté de la barbe a été conquise : chacun désormais laisse pousser sa barbe comme il lui plaît, et peut y faire dessiner à sa guise, par la puissance du rasoir, les îlots et les taillis les plus fantaisistes.

Les magistrats, les avocats et les marins, sont encore exclus de cette tolérance générale. Aussi les vacances et les congés sont pour eux le signal de la délivrance; et le jour même où commence le congé, les jeunes avocats et les lieutenants de vaisseau s'empressent d'arborer des promesses de moustaches. Les vieux magistrats et les amiraux à poil rare, ou gris ou blanc, résistent encore à cet entraînement pileux, mais ils ne tarderont pas à être vaincus. La barbe victorieuse régnera bientôt sur toute la ligne, au gré des habitudes ou du caprice de chacun, et, quelle que soit sa position, l'homme affirmera sa toute-puissance et sa barbe comme il voudra, et en toute liberté.

13

Voici la tournure et la forme qu'affectionnent les différentes barbes usitées de nos jours.

Coupe de cheveux et barbe du gommeux (petite gomme).

Coupe de cheveux et barbe du remisier, associé d'agent de change, chef de rayon (gomme).

Politique et diplomatie (haute gomme).

Coupe de cheveux et barbe de l'officier de cavalerie ou du paysagiste.

Libéralisme et rationalisme.

Coulisses et parquet.

Commissionnaire en gros. Esprits et liquides.

Le marquis du Boutoir, chasseur et propriétaire foncier.

Monsieur le colonel, — ou peintre de batailles, — huile ou aquarelle.

ASSOCIÉ D'AGENT DE CHANGE

et conducteur de cotillon.

PROPRIÉTAIRE

PÈRE DU PRÉCÉDENT.

A commencé par être cuisinier dans une bonne maison pas regardante,
a fait ensuite son affaire dans la limonade. Prête de l'argent au fils
de son ancien maître à vingt pour cent, — avec des sûretés.

Arts libéraux et officiels.

A servi dans les bureaux.

Coupe de cheveux et barbe à l'américaine.
Archibald Smith, de l'Ohio.

Le baron, préfet.
Mûr pour la diplomatie.

Magistrature et barreau.

Sous-officier en retraite, sol-
licite une place comme
gardien de square.

Magistrature, politique.
Grande propriété, industrie.

Le vicaire.

Le marguillier

Moïse Éphraïm. Actions, obligations
et lorgnettes.

Commissionnaire
et charbonnier.

Barreau
et journalisme.

GÉNÉRAL.
Cadre de réserve.

SCIENCES.
Prodiges de la chimie et de la physique.

STRATÉGIE DU CHËVEÜ.

Commence à ramener
les cheveux de der-
rière pour faire la
raie sur la devan-
ture.

Ramène
difficilement.

N'a pas besoin
de ramener.

Appelle l'étranger
à son secours.

Renoncement
complet.

DU VENTRE.

Le phénomène du ventre est une des plus grandes malices faites à l'homme par la nature, — faites à l'homme en général et au tailleur en particulier.

Il faut que le tailleur s'ingénie à triompher, dans la mesure du possible, de cette conformation qui fait remonter le pantalon par le bas et le fait descendre par le haut, les hanches ne donnant plus de saillie pour le retenir.

Mais quelles difficultés souvent invaincues ! Et quel art de coupeur il faut pour masquer, au moins dans les commencements, cet état contraire aux préjugés de la ligne, et, quand le parti est pris, pour en utiliser les aberrations et les contours au point de vue de la dignité, de la majesté même du porteur.

Dans le monde des tailleurs, chacun sait ce qu'il faut d'art pour bien couper et bien exécuter un pantalon, surtout lorsque le sujet commence à arrondir — ses périodes.

*
* *

Pendant la jeunesse, la résistance des parties molles comprises entre la colonne vertébrale et les os du bassin suffit pour lutter contre l'agrandissement de la cavité abdominale.

Mais avec l'âge, cette résistance est vaincue. Les succulents déjeuners, les opulents dîners, les boissons de toute sorte s'accumulent et distendent à plaisir les tissus élastiques, qui se ballonnent peu à peu, et se dessinent en ronde bosse en dépassant chaque jour un peu plus l'alignement.

On commence à *bâtir sur le devant.*

C'est alors qu'à l'aide de ceintures, de pantalons artistement coupés, on empêche la poussée du ventre en bas.

De trente-cinq à quarante ans, le ventre se porte haut et reflue pour ainsi dire vers la poitrine.

14

On étouffe un peu quand on mange.

Pour rattraper son souffle, on desserre sa ceinture.

Mais cette lutte n'a qu'un temps. On finit par laisser aller les choses. Il faut se résigner. La lutte est impossible quand l'heure du ventre a sonné.

Il est vrai qu'il existe alors des compensations, et, comme disait Nestor Roqueplan, qui avait horreur des déformations abdominales et qui semblait les redouter pour ses vieux jours, il y a des obésités qui sont la source de bien des avantages.

L'obésité vous désigne à certaines positions sociales; elle donne la considération, crée la confiance, suppose la richesse, le bon sens, et dispense à l'égard des femmes des démonstrations romanesques exigées des gringalets.

De tout temps, le ventre, avec ses qualités et ses défauts, a concentré sur lui l'attention.

On disait, il n'y a pas encore longtemps, les *ventres* du pouvoir, les *ventres* de la haute bourgeoisie.

A la Chambre, ne disait-on pas le *ventre* droit et le *ventre* gauche?

Jadis on ne jurait que par le ventre.

Les bourgeois disaient : Ventre-bleu !

Les rois et les seigneurs disaient : Ventre-saint-gris ! !

* * *

Les hommes d'action brillent généralement par l'absence du ventre. Chez

SOUS-CHEF DE BUREAU.

Ne peut pas souffrir les employés qui arrivent en retard, et les artistes.

les hommes de pensée, de réflexion et de plume, hommes de portefeuille ou de cabinet, c'est tout le contraire.

Il y a des gros ventres célèbres dans la littérature : Balzac, Alexandre Dumas, Frédéric Soulié, George Sand, Eugène Süe, Jules Sandeau, Jules Janin, Eugène Briffaut, Émile Souvestre. Ils avaient renoncé ou renoncent à une lutte inégale.

Parmi ceux qui luttent encore, citons Émile Augier, About, Sarcey, Saint-Victor, Monselet, Eugène Chavette. Mais l'heure de la capitulation est écrite.

Alphonse Karr était visiblement destiné au sort de ses confrères; sans doute il a vaincu son ventre en se faisant jardinier.

Dumas fils bâtit visiblement sur le devant; il en est de même de Meilhac, dont l'abdomen commence à se profiler à l'imitation de son maître Balzac. Halévy suivra.

*
* *

Dans le monde de la politique, le petit ventre rondelet de M. Thiers sera certainement historique.

Celui de Berryer était imposant. Celui de Louis-Philippe semblait comme une flatterie habile à la bourgeoisie; celui de Louis XVIII, une concession; celui du comte de Chambord, une promesse; celui de Picard, une ironie; celui de Ledru-Rollin, une entrave; celui de Rouher, une réclamation; celui de Gambetta, une hyperbole; celui de Courbet, une injure.

Quant à Roqueplan, dont nous avons raconté les terreurs, il eut la consolation de mourir maigre. Il avait triomphé de l'ennemi, et peut-être est-il mort de sa victoire.

*
* *

L'art d'habiller ces ventres divers, et de leur donner une enveloppe satisfaisante, est des plus ardus. Il faut que l'étoffe se drape sans trop d'ampleur, et déguise quelque peu la forme sans trop l'accuser.

Le gilet doit s'avancer assez loin pour dépasser avec gravité le diamètre horizontal de la courbe gastrique. Quant à la redingote ou à l'habit, ils doivent être étoffés, et la jupe ou les pans descendre assez bas pour ne pas laisser aux jambes l'allure grêle qu'elles pourraient prendre à être surplombées par le monument qu'elles supportent.

Dans les situations politiques, ou la haute industrie, ou la haute finance, un ventre sérieux ne manque pas d'une certaine utilité pratique, et les larges revers de l'habit, destinés à en enfermer les vastes contours, reçoivent avec plus d'espace les crachats, rubans et décorations.

Un préfet gras en imposera toujours plus qu'un préfet maigre, et l'habileté de son tailleur saura lui prêter une majesté qui manquera toujours à son rival.

LE GOMMEUX.

A chaque époque de l'histoire française, un nom plus ou moins fantaisiste
a servi à désigner ceux que l'élégance,
la prétention, ou le succès, ou le *chic*,
suivant l'expression moderne, mettaient
particulièrement en évidence.

Les *mignons*, au temps de Henri II
et Henri III.

Les *beaux fils*, au temps de la
Fronde.

Les *menins*, au temps de Louis XIV.

Les *roués*, au temps de la Régence.

Les *merveilleux*, sous Louis XV.

Les *incroyables*, au temps du Directoire.

Les *fashionables*, à l'époque des alliés.

Les *dandys*, sous la Restauration.

Les *lions* et les *gants jaunes*, sous Louis-Philippe.

Sous le dernier règne, nous avons vu surgir des dénominations plus bizarres encore.

Alors que les petites dames commençaient à circuler régulièrement au Bois et recevaient la dénomination de *biches*, les jeunes beaux qui les suivaient ou poursuivaient, et ceux qui se façonnaient d'après leurs allures, ont reçu le nom de *daims*.

De *daims* est venu peu après le nom de *gandins*.

Puis les petites dames sont devenues des *cocottes*.

Et les jolis petits messieurs, des *cocodès*.

Les allures grêles et mourantes que se plaisaient à prendre les *cocodès*, ont donné à Nestor Roqueplan, ce Parisien émérite, l'idée de les intituler *petits crevés*.

Le mot a prévalu. — Les *cocottes* sont devenues dès lors des *crevettes*.

De même, que l'on s'honorait d'être appelé jadis ou *incroyable*, ou *lion*, ou *fashionable*, ou *dandy*, ou *cocodès*, on s'est honoré d'être nommé *petit crevé*.

La guerre ayant démontré que les *petits crevés* se battaient aussi bien et savaient mourir sur le champ de bataille aussi bravement que les autres, le mot qui semblait contenir une accusation de faiblesse ou d'impuissance est tombé en désuétude.

Aujourd'hui, les jeunes gens qui jouent la comédie du *chic* se nomment des *gommeux*.

C'était Léon Gozlan qui avait donné droit de cité au *lion*, Nestor Roqueplan au *petit crevé*. C'est le journal *la Vie parisienne* qui a eu la puissance d'inaugurer le *gommeux*.

Les jeunes gens élégants font partie de la *gomme*, les gens *très-chic* sont de la *haute gomme*.

On a cherché à se rendre compte du motif qui a conduit à cette dénomination *épatante*, comme on dit parmi ces messieurs.

Comme s'il était nécessaire d'avoir un motif réel pour quelque chose en France !

Certains historiens prétendent que le terme a pris naissance dans un des clubs et débordé de là sur les autres et de là dans la *Vie parisienne*, d'une habitude réglementaire, qui consiste à passer certains noms à la gomme sur les listes des joueurs, parmi les membres du club, lorsqu'il y a des observations à faire sur leur moralité.

LE GOMMEUX.

Au jeu ou ailleurs, ceux dont le nom n'a jamais été effleuré par la gomme sont des *gommeux*.

Une origine plus simple et plus naturelle a été découverte, et nous la livrons à l'érudition des linguistes futurs.

Lorsqu'un homme perd sa position, sa fortune, ou sa place, ou son rang, on dit qu'il est dégommé.

S'il est *dégommé* par suite de cette catastrophe, il faut en conclure, ce n'est pas douteux, qu'il était *gommé* précédemment.

Il était donc saturé de *gomme*, il était *gommeux*.

Le *gommé* ou *gommeux* est l'antithèse du *dégommé*.

Celui donc qui est bien en vue, qui brille, qui est envié pour sa toilette, sa position, son genre et son *chic*, est un *gommeux*.

* * *

Si cette version ne satisfait pas complétement l'ami lecteur, et il serait difficile, nous avouons ne pas en avoir d'autre à notre disposition.

Et l'on prétend qu'il est facile d'écrire l'histoire !

Quelle que soit son origine, le *gommeux*, en ce moment, est en possession incontestable de l'héritage laissé par la dynastie des *incroyables*, des *cocodès* et des *petits crevés*.

Qui sait combien de temps durera son règne, et à quel héritier bizarre et fantaisiste il passera la main !

COSTUME DE MADAME

Au moment où notre mère Ève cessa de se parer de sa simple beauté, l'antique feuille de figuier fit ses débuts en qualité de costume et d'abri.

Depuis ce temps, que de modifications et transformations de toute sorte a subies cette modeste feuille, qui, de nos jours, atteint quatorze ou quinze mètres grande largeur, sans compter les fioritures, les passementeries, les dentelles, et les condiments assortis !

N'est-ce point notre ami Alphonse Karr, parfois un peu irrévencieux sur la question féminine, qui définissait ainsi la femme :

Un être qui s'habille, babille et se déshabille.

Admettons un instant cette définition et voyons comment elle s'habille maintenant, et même comment elle se déshabille, puisque souvent c'est sa manière à elle de s'habiller.

FIGURANTE.

— Et tu fais une duchesse au second acte, et tu as des épaules comme ça, et tu as une chemise
de calicot à dix sous le mètre! Merci!

LE VÊTEMENT D'INTIMITÉ.

LE premier et indispensable vêtement, le vêtement d'intimité, c'est la chemise. Et dire que les anciens et aussi les anciennes n'en portaient pas, et que la chemise ne date que du neuvième siècle !

Ce simple fourreau de toile, de lin ou de coton, destiné à servir de premier abri au corps qui doit être protégé contre les variations atmosphériques ou les regards trop curieux, présente, malgré son obligatoire simplicité, des variantes nombreuses, qu'expliquent, ou les nécessités de la mode, ou celles de l'âge, ou celles de la situation, ou celles de la toilette, et cela depuis la brassière du premier âge jusqu'à la chemise de laine du dernier.

*
* *

Voici les principaux échantillons de ces variantes :

| Madame. | Jeanneton. | Mademoiselle. | En retraite. |

De même que la chemise de jour, la chemise de nuit possède aussi ses nombreuses variantes.

* * *

Depuis les langes qui enserrent le bébé, jusqu'aux camisoles doubles qui protégent les vieilles mamans, en passant par les chemises brodées et décorées de guipure destinées à donner du piquant et de l'attrait à la beauté des jeunes femmes.

SYMPHONIE DE LA CHEMISE DE NUIT (NOCTURNE).

Andante.

Allegretto.

Amoroso.

Dolce (moderato).

Mnestoso. (Finale.)

16

LE BAS ET LA CHAUSSURE.

Après la chemise, le vêtement le plus intime est le bas.

Le bas, lui aussi, est d'invention moderne ; il est destiné à garantir la jambe et le pied du contact de l'air et de la poussière, et la chaussure du contact direct du pied.

Selon la saison, on porte des bas de soie, de coton ou de laine.

Le bas a sa réelle valeur dans la toilette féminine.

Le prestige d'un bas bien mis embrassant étroitement la forme de la jambe, et lui prêtant comme un éclat et un rayonnement, exerce sur l'observateur un attrait de premier ordre.

Et les femmes le savent à merveille, les plus sages comme celles qui le sont le moins.

*   *   *

Il est des hommes que la contemplation toute platonique d'une jambe qui se trahit discrétement dans sa mise en scène de chaussure délicate, de bas bien blancs et de fines guipures, servant comme de cadre au tableau, entraîne pendant des heures entières à la suite de cette apparition lumineuse. Les dimanches et les jours de fête, les marches de la Madeleine offrent aux regards curieux des perspectives bien appréciées d'une quantité de gens du monde qui vien-

Monsieur, Madame et Bébé (gomme).

nent là faire leurs respectueuses observations, auxquelles les femmes les plus pieuses ne cherchent point à se soustraire.

A moins toutefois qu'elles n'aient la jambe mal faite.

Auquel cas elles font des prodiges de stratégie pour n'en rien laisser voir. En tout autre cas, elles se résignent.

« Il paraît que cela leur fait tant plaisir, et cela nous coûte si peu! » disait la belle madame de B..., qui possède une jambe de Diane chasseresse.

*
* *

On se rappelle l'excellent comique Sainville, du Palais-Royal.

Il raconte comment, dans l'escalier, il a vu passer une jolie jambe, et comment, après informations, il a découvert que cette jambe appartenait à une giletière.

Cette giletière a une jolie jambe, donc je dois avoir besoin de gilets! dit-il avec conviction; et à la fin du vaudeville, naturellement, il l'épouse.

C'était écrit.

*
* *

Autant l'aspect d'une jambe coquettement et modestement servie est une fête pour le regard et pour les yeux du promeneur, fût-il l'indifférence même au point de vue féminin, autant le spectacle d'une jambe enveloppée sans soin

Monsieur, Madame et Bébé (pas de gomme).

dans des bas sans fraîcheur, contournés en tire-bouchons, se repliant sur des bottines capricieusement déformées, encadrée dans des draperies qu'un usage

rop répété a jaunies, empoussiérées, ou fâcheusement effilochées, autant ce spectacle, dis-je, repousse et attriste le regard.

Le soin de sa personne chez une femme indique à la fois le respect des autres et de soi-même.

LE CORSET

LA CRINOLINE

ET

LE JUPON.

—

LE CORSET.

Que de dissertations n'a-t-on pas faites sur cette sorte de vêtement discret dont la présence ne devrait pas même se soupçonner, s'il est fait comme il devrait l'être !

On se souvient de cette boutique de corsetier, sise alors rue du Vieux-Colombier, aujourd'hui disparue, sur laquelle on lisait ces mots écrits en grosses lettres :

Les corsets sont-ils utiles? Oui et non...

La question est toujours restée pendante.

Les corsets ont leurs détracteurs, comme ils ont leurs apologistes.

* * *

Les médecins ont accusé les corsets de tous les maux dont souffre la société française, y compris l'abaissement de la taille, et notre infériorité dans la dernière guerre. Peut-être vont-ils un peu loin.

Le docteur R éveillé-Parise, un fin et charmant conteur, disait : « Si par un caprice de la mode le corset venait à être proscrit, combien de femmes seraient heureuses ! et si, plus tard, on infligeait, comme peine corporelle, le port d'un corset, ainsi qu'on inflige la *cangue* aux Chinois, à coup sûr les femmes pousseraient les hauts cris, et se révolteraient contre la barbarie du supplice. »

Certes il y a du vrai dans l'opinion du spirituel docteur, mais c'était vrai surtout alors que toutes les femmes luttaient à qui posséderait la taille la plus fine et la plus étranglée à sa base.

La mode était alors à la *taille de guêpe*.

Et c'était à grand renfort de baleines, de lames de fer, de lacets de haute

pression, de la force de plusieurs femmes de chambre, que l'on comprimait les côtes, le jeu de la poitrine et des épaules, celui de l'estomac, du cœur et des intestins, pour obtenir, avec la taille dite de guêpe, une foule de maladies étranges dont la nomenclature n'appartient pas à notre livre, et dont nous nous empressons de faire grâce à nos lecteurs.

Il est vrai que jamais une femme ne consentait à avouer le supplice qu'elle subissait.

Et quand on disait à une femme qui semblait à la torture dans son appareil de coutil, de fer et d'acier : « Prenez garde, vous êtes trop serrée ! » elle avait immédiatement à sa disposition une réponse qui consistait à soulever d'une certaine façon le bas du corset : « Vous voyez, disait-elle invariablement, je ne suis pas serrée du tout, on y passerait la main. »

Quitte à se trouver mal une demi-heure après ; de telle sorte qu'on était immédiatement contraint

de couper les lacets pour permettre à l'air de pénétrer dans la poitrine, où la compression exagérée l'empêchait de parvenir.

On a renoncé, ou peu s'en faut, à ces instruments barbares, et comme maintenant les longues tailles étranglées ont été déclarées, par les hommes, ridicules, laides, disgracieuses, les femmes ont pris bravement leur parti, et les caoutchoucs plus complaisants et plus souples ont pris la place de l'acier, en même temps que les lacets à haute pression cédaient le pas aux boutons et aux agrafes.

*
* *

Gavarni ne pourrait de nos jours refaire son charmant dessin. C'est le soir, un monsieur délace sa femme.

« Tiens, c'est drôle ! ce matin j'avais fait un nœud, ce soir il y a une rosette ! »

*
* *

Est-ce un bien, est-ce un mal? Nous n'avons pas à nous prononcer sur ce fait.

Constatons seulement l'avantage qui en résulte pour ces dames, et l'économie de temps qu'elles trouvent à pouvoir mettre ou défaire leur corset, attacher ou dénouer leur ceinture en un clin d'œil.

Toutes les inventions de nos jours ne semblent-elles pas, comme les chemins de fer ou l'électricité, tendre au même but : la promptitude et la plus grande facilité dans les relations sociales?

Les corsets ainsi modifiés, sont-ils utiles?

La réponse est dans ce programme rédigé comme une formule du Codex :

Je contiens les superbes, je soutiens les faibles, et je ramène les égarés.

On aurait à ajouter, comme complément : Je remplace les absents. Et la mission toute providentielle est incontestable.

*
* *

Sans corset, il faut l'avouer, une toilette n'est guère possible.

Une femme, eût-elle la beauté de la Vénus de Milo ou de la Diane de Gabies, ne songe pas à se montrer dans la simplicité du costume de ces deux déesses, et les cordons qui s'attachent et s'enguirlandent autour de sa taille ont besoin d'un soutien fixe et d'un point d'appui.

Sans cela, les étoffes se drapent mal, pleurent, et s'égarent sans harmonie autour du corps.

Les corsets d'une bonne faiseuse n'ont donc pour but que de réparer certaines imperfections, soit de nature, soit d'âge, soit de situation.

Ils se permettent certains petits mensonges, rectifient certaines erreurs, relèvent certaines chutes, et corrigent certaines vérités auxquelles le costume traditionnel ne siérait pas.

Où est le mal?

* **

Il y a bien des sortes de corsets, depuis celui de Jenny l'ouvrière, en gros coutil rouge ou gris, jusqu'au corset de moire ou de satin pour les mariées, les grandes dames ou les actrices des petits théâtres.

Depuis celui qui est bordé d'un galon gris à vingt centimes le mètre, jusqu'à celui qui est ruché de point d'Alençon à deux cents francs.

* **

Pour terminer cette monographie du corset, nous ajouterons que les femmes n'ont pas complétement le monopole de ce petit appareil protecteur.

Quelques hommes, qui n'ont pas les mêmes excuses que ces dames, en usent contre les envahissements de l'embonpoint et l'épaississement de la taille.

Et ils se font serrer vigoureusement par leur valet de chambre, qu'ils ont soin de choisir parmi les gens à poigne.

Ces hommes-là sont rares. Mais enfin il en est quelques-uns dans le monde des officiers de cavalerie légère; des sportsmen, et même dans la littérature.

LE PANTALON.

'USAGE du pantalon dans la toilette de la femme ne se perd pas dans la nuit des temps, loin de là.

C'est l'usage de la crinoline et de ses énormes cages de fer, dont l'effet était d'écarter au loin les jupes et les jupons des dames, qui a nécessité l'emploi de ces petits fourreaux de fine toile de lin ou de coton, qui sont chargés de — garantir ce que les jupes et les jupons, placés trop loin, ne garantissaient plus suffisamment.

Depuis, les cages en fer et les vastes jupons ont été supprimés, mais l'habitude du pantalon était prise, et elle a persisté.

Le vent n'a plus de ces révélations indiscrètes dont s'amusaient nos pères, et dont les dessins d'Horace et de Carle Vernet nous ont conservé le souvenir. En ce temps, certains gourmets et curieux faisaient station sur le pont Royal, à l'affût de quelque bourrasque révélatrice.

L'introduction du pantalon féminin a supprimé définitivement cette source d'indiscrétions, et il ne stationne plus de curieux *ad hoc* aux abords du pont Royal.

* * *

Le pantalon s'attache sur le corset, soit à l'aide d'un ruban-ceinture, soit à l'aide de boutons disposés pour cela.

Suivant que la dame qui porte le pantalon a la jambe plus ou moins heureusement tournée, le pantalon est plus ou moins long.

Généralement, il s'arrête un peu au-dessous du genou.

Celles qui possèdent une jambe bien faite, que dis-je! deux jambes bien faites, ornent avec plus de soin le bas du pantalon, soit d'une guipure, soit d'une broderie, soit de petits plis finement tuyautés.

Il faut bien être prête pour les éventualités de la promenade, les ascensions ou les descentes de voiture, ou les fantaisies de la brise.

Celles dont les jambes ne sont pas irréprochables donnent moins de piquant à la garniture du pantalon, afin de ne pas attirer les regards.

Généralement elles mettent un soin méticuleux à laisser tomber les draperies de leur jupe, et l'on n'aperçoit le bord timide du pantalon que dans les circonstances exceptionnelles de vent indompté ou d'orage ruisselant.

* * *

Les actrices, danseuses et figurantes, portent une sorte de pantalon en fine

— Oui, mademoiselle, c'est moi que je suis le costumier, et si je vous dis que vous portez bien le maillot, et que vous pouvez faire les pages et les travestis, c'est que ça y est!

étoffe de soie qui colle étroitement sur les formes et contient de légères additions destinées à compléter celles qui paraissent insuffisantes.

Ces pantalons, d'un rose qui se rapproche de la couleur chair, s'attachent autour de la taille et ne doivent pas faire le plus léger pli sur la jambe et le reste.

Ces pantalons s'appellent maillots.

Toutes les femmes ne peuvent pas aborder le maillot.

Les jambes trop grosses, ou trop maigres, ou cagneuses, ou en cerceau, les genoux noueux, les pieds lourds et plats, doivent les aborder en tremblant. Il n'y a que les mollets qui puissent se remplacer ou s'additionner sans trop de difficulté, encore quelquefois ils tournent.

Le mieux, pour celles de ces dames dont les accessoires sont insuffisants de ce côté, est d'avoir quelque talent ou même beaucoup de talent, de se contenter des robes à caractère, et de ne pas accepter les travestis.

* * *

Il est vrai que généralement cela rapporte moins que d'avoir tout simplement la jambe bien faite.

Les danseuses portent en outre par-dessus le maillot, pour servir d'intermédiaire à la jupe de dessus, un autre petit pantalon très-court excessivement léger, en délicate mousseline, qui est destiné à tromper le regard et à nuager délicatement les formes au moment des effets de pied et des vertigineuses pirouettes.

Ce pantalon se nomme un *tutu*.

MADEMOISELLE.

SORTIE DU COUVENT AUX VACANCES DERNIÈRES,

Accepterait volontiers un mari brun, assez grand, mais avec de petites moustaches noires.

MÂDÂMË.

Quand on a été mariée seulement pendant trois ou quatre ans, qu'un mari soit brun,
blond, ou même gris pommelé, c'est bien indifférent, pourvu qu'il ait des chevaux
et une voiture.

LA CRINOLINE.

ALLUT-IL de protestations, d'écrits, de dessins, pour obtenir cette modification dans les engins de guerre féminins !

Mais enfin le règne de la crinoline a passé, le règne des cages de fer, dans lesquelles les Vulcains de nos jours semblaient vouloir renfermer les Vénus modernes, a cessé d'être en vigueur.

Les jupes si prodigieuses d'envergure ont rétréci leurs contours, le fer a disparu, le crin seul est resté, mais si peu ! Dans une de ces crinolines que l'on portait il y a dix ans, on taillerait une demi-douzaine de celles qui se portent actuellement.

*
* *

Il ne s'agit plus d'exagérer le côté droit, le côté gauche, l'avant et l'arrière-train ; ce dernier seul est resté en faveur.

Et la crinoline ne s'additionne plus au corset que pour faire bouffer les garnitures, rubans, fioritures et passementeries qui décorent le *côté jardin,* comme on dit au théâtre, en terme de comédie. Le *côté cour* reste dénué de tout artifice.

*
* *

Quelques élégantes, qui étaient un peu trop bien douées de ce côté, ont essayé de ressusciter une sorte de petite crinoline qui se portait jadis par devant, et s'appelait un *demi-terme ;* mais l'essai n'a pas réussi.

LES JUPONS.

Par-dessus la crinoline se passe un jupon, de laine fine pendant l'hiver, ou de toile délicate pendant l'été.

Puis un autre jupon brodé, ou garni de guipure, ou élégamment tuyauté, lequel ne doit pas dépasser la jupe de la robe, et doit pouvoir apparaître élégamment lorsque la main ou le vent agite la jupe, lorsque vous gravissez un escalier ou que vous montez en voiture. Le jupon doit être toujours d'une blancheur immaculée. Cependant, pour les courses du matin, on admet volontiers des jupons à disposition en poil de chèvre, en cachemire ou en alpaga.

Pour les toilettes de soirée, afin de soutenir les longues robes à queue, on met généralement deux grands jupons à volants et à traîne, vigoureusement garnis d'empois.

LA ROBE.

Toute l'architecture de la toilette étant préparée et pour ainsi dire dessinée, c'est maintenant la robe qui doit apparaître comme la façade de l'édifice.

La robe, c'est-à-dire l'extérieur, l'apparence, le décor.

Soignez ce qui se voit, négligez ce qui ne se voit pas, tel est souvent, trop souvent le mot d'ordre usité de nos jours. Quelle influence suprême a le costume dans cette comédie aux cent actes divers qui se joue perpétuellement sous nos yeux !

Le choix des robes est donc chose grave et importante.

Le temps n'est plus où la duchesse de Duras disait : « La dernière personne que je consulterai pour ma toilette, c'est ma couturière. »

Maintenant, la couturière est maîtresse tyrannique, et sait imposer ses volontés.

C'est elle qui décide, suivant son goût ou suivant le stock d'étoffes qu'elle a à écouler, du choix des étoffes, du ton, des-garnitures, des passemente-ries, des rubans, des dentelles.

Le caprice et la fantaisie de quelques artistes en renom imaginent des excentricités pour les théâtres; les couturières sont aux aguets et s'emparent de l'originalité la plus saillante, lui donnent droit de cité, et l'imposent à leur clientèle.

C'est ainsi que les costumes excentriques de la famille Benoiton, imaginés par la *Vie parisienne* pour servir de satire aux recherches exagérées du cos-tume et au mauvais goût du jour, sont devenus la raison d'être de tous les costumes nouveaux arborés depuis lors. La critique a manqué son coup.

On n'y a gagné que d'être débarrassé des crinolines gigantesques, et de ces robes encombrantes qui, pour les hommes, étaient la cause de gymnastiques insensées, à l'aide desquelles ils ne sortaient pas toujours vainqueurs.

Lorsqu'une couturière est ainsi parvenue à lancer dans sa clientèle quelque excentricité d'une forme suffisamment scénique et rappelant avec quelque succès la petite B... des Folies-Dramatiques, ou la petite X... du Gymnase, ou la petite Z... des Bouffes, immédiatement les maisons de confection s'em-parent du modèle, et, en moins d'un mois, les boulevards sont garnis de femmes toutes pareilles, avec les mêmes petits nœuds dans le dos, les mêmes retroussis sur le côté, les mêmes plis aux jupons, les mêmes volants aux manches et au corsage.

JEUNE VEUVE.

Quand on fut heureuse avec un premier mari, on sait qu'on a de quoi faire
le bonheur d'un second.

CÉLIBATAIRE.

Déclare n'avoir jamais voulu se donner le tracas d'un mari.

COMMENT SE METTAIT UNE COCOTTE.

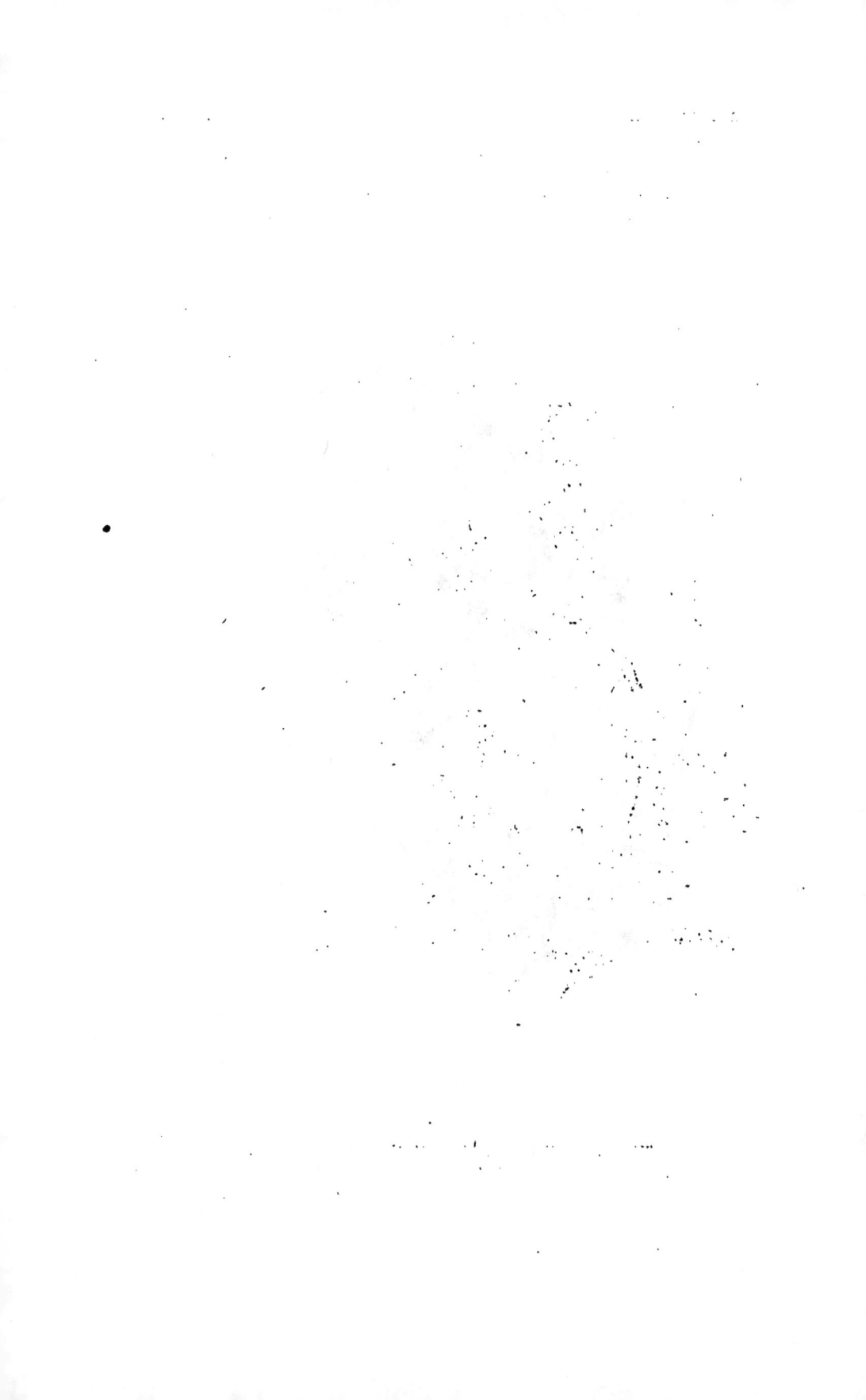

Toutes ces dames semblent porter comme un uniforme fantaisiste, et paraissent les comparses d'un gigantesque vaudeville qui va se jouer le soir.

Un beau jour, toutes les femmes ont paru déguisées en bergères Watteau : c'était comme une gageure.

Trois mois après, elles étaient toutes en Camargo.

Quand les femmes sont jolies, elles le sont forcément avec toutes choses, et cela ne fait rien à l'affaire; mais quand elles sont laides !

Une fois le tour fait et le solde d'uniformes féminins complétement écoulé, on crée un nouveau modèle, qui circule de la même façon et se fabrique, comme l'autre, à l'emporte-pièce pour la comédie du gros public.

Quelques personnes exceptionnelles parmi les couturières en renom ont le goût assez sûr pour imposer un choix judicieux et raisonné aux femmes de leur clientèle.

*　*　*

Celles-là, on les consulte comme on consulte des notaires ou des officiers ministériels.

Et je ne vois pas pourquoi je n'avouerais point ici les consultations que j'ai été prendre rue Drouot, à l'étude de Madame Herst.

Quand je dis l'étude, étude est bien le mot.

*　*　*

Entrée solennelle, grandes salles, tables recouvertes de tapis verts, cartons innombrables, clercs et petits clercs, tout y est.

*　*　*

Il y a quelques rares études en ce genre à Paris.

Les questions de robes, de costumes et de chapeaux, ces questions majeures à notre époque, comme dans toutes les autres, questions vivantes et toujours renouvelées, y sont traitées *ex professo* pour la plus grande gloire de Paris et son retentissement dans le monde entier.

Les petits clercs, qui font songer aux petits clercs de la *Chanson de Fortunio,* savent, sous la direction supérieure, rédiger une toilette de bal, de mariage et de contrat, avec autant de certitude, de sécurité, de *maestria,* que leurs confrères en cravate blanche en mettent à rédiger les contrats et à grossoyer des actes.

* * *

La supériorité d'un genre d'étude sur l'autre n'a pas besoin, je pense, d'être démontrée. Chacun sait qu'il existe de charmants notaires; mais tout le monde peut être notaire et diriger sans trop de peine une étude où l'on trace des grimoires sur le papier timbré, tandis que tout le monde ne saurait diriger une de ces études comme celle de la rue Drouot, où il est nécessaire de réunir, autant que possible, à la rectitude du notaire, la touche du dessinateur, l'harmonie du coloriste, l'imagination du poëte, l'à-propos du diplomate, et — le goût de la femme.

* * *

A côté de ces études qui font loi dans la question toujours mouvante et toujours renouvelée du costume, combien existe-t-il d'officines où tout se fabrique de la façon la plus moutonnière !

Et combien appliquent une robe et un costume comme on applique une formule mathématique !

* * *

De toutes les couturières, la plus autoritaire, la plus implacable dans ses volontés ou dans ses fantaisies, c'est le couturier, un type nouvellement apparu sur notre scène, et qui date de ces dernières années.

LA COIFFURE.

LES cheveux jouent un rôle important dans la comédie de la coiffure.

Mais il n'est pas absolument nécessaire qu'ils appartiennent — foncièrement — à celle qui confie sa tête aux mains d'une femme de chambre ou d'un coiffeur.

Il est même souvent préférable qu'il en soit autrement.

Il est plus facile de les natter, de les friser, de les onduler, de les placer où la fantaisie, où la mode du moment l'exige. Une fois le rôle joué, ils rentrent dans la coulisse, n'alourdissant et n'échauffant plus la tête de leur poids, et le soir ils couchent discrètement à part, laissant leur propriétaire dormir, ou veiller en repos de son côté.

Aussi les faux cheveux ont-ils un véritable succès, et le commerce s'en fait dans des proportions remarquables.

L'essentiel est de les assortir convenablement à la nuance dont la nature vous a gratifiée, ou bien à celle qu'il vous convient de vous procurer pour le moment.

Les cheveux jaunes, ceux que les poëtes caractérisent sous ce vocable : *blonds comme les blés*, ont été, ces dernières années, des plus à la mode. Les nattes *blondes comme les blés* étaient hors de prix. Maintenant ce genre de cheveux est moins en faveur, il y a baisse sur l'article.

Les blond flavescent, ardent, phœbéen, cendré, sont assez difficiles à assortir, et, partant, d'un prix plus élevé que les châtain clair, châtain plus foncé, châtain noir. Le noir bleu-corbeau est encore une rareté qui a son prix.

Du reste, la généralité de l'habitude est telle, et le commerce des cheveux se fait si ouvertement, que c'est à peine si l'on dissimule.

Une belle natte, le beau chignon indispensable pour bien accompagner la guirlande de fleurs du bal ou le chapeau de la promenade, ont un poids qui varie depuis un demi jusqu'à un kilo.

Quelques-unes de ces dames lui donnent ce dernier nom.

— Ah! mon Dieu! voilà que je perds mon kilo! Gontran, attends que je rattache mon kilo. — Il y a peu ou point d'hypocrisie sur ce point.

L'essentiel est de présenter à l'œil l'aspect d'une chevelure poussée naturellement et encadrant avec art l'ovale du visage.

Chacun sait ce qu'il en est.

Les cheveux sont considérés comme une variété de la dentelle, de la torsade ou du ruban.

***

Les chignons et les fausses nattes sont variés à l'infini.

Les nattes se placent majestueusement en couronne, ou s'accrochent élégamment à la nuque, ou s'épanouissent avec coquetterie sur le côté.

Les chignons sont ou à l'enfant, ou à l'anglaise, ou en catogan, ou au saule pleureur; le goût de l'*artiste capillaire,* comme ces messieurs se nomment, en multiplie les aspects, en les combinant avec les perles, les diamants ou les fleurs.

Les *artistes capillaires* sont nombreux à Paris, qui passe pour la première école de coiffure du monde entier. Mais le premier, sans conteste, de tous les coiffeurs, est une coiffeuse. C'est madame Loisel qui possède en ce moment le monopole de toutes les têtes couronnées au théâtre.

Les grandes cantatrices en raffolent, et les coiffures Loisel ont leur célébrité dans le monde dramatique.

On prétend même que le jour où madame Loisel ne coiffera plus, madame Carvalho cessera de chanter.

***

Les femmes ont généralement deux garnitures de cheveux, les cheveux de tous les jours et les cheveux habillé.

Quelques-unes, qui prennent la chose plus au sérieux que d'autres ou qui croient ne pas être devinées, ou pour lesquelles la garniture est plus indispensable au point de vue de la forme ou de la sévérité des relations, ont en réserve une troisième garniture de cheveux, les cheveux de nuit et les cheveux de bain.

Ces cheveux, plus communs, sont des cheveux de fatigue, et ne craignent ni les froissements de l'oreiller, ni l'eau douce, ni l'eau salée.

Mais la plupart des femmes n'y mettent pas tant de façons.

Au bain, le peu qu'on a de cheveux se renferme dans un bonnet de toile cirée, qu'on est libre de gonfler sur la nuque pour l'effet.

— Les bains de mer sont désagréables, l'eau de mer abîme les cheveux.

— Moi, cela m'est parfaitement égal, je laisse les miens dans ma cabine.

*
*   *

Aucune femme ne possède réellement, si ce n'est par voie d'acquisition, les chevelures opulentes dont se parent les têtes depuis quelques années.

Si par exception il s'en trouve une dans un salon ou dans une réunion quelconque, il arrive toujours à point nommé quelque accident, une maladresse habile, dont le résultat est amené avec une merveilleuse dextérité.

Le peigne se détache, — par hasard, — les épingles abandonnent leur poste, les puissantes torsades se répandent en flots opulents sur les épaules et jusqu'au delà de la ceinture.

— Quel supplice que d'avoir tant de cheveux ! je ne peux rien en faire ! dit la dame si richement douée, en rattachant avec effort les fugitifs. Mon ami, dit-elle à un diplomate émerveillé qui s'empresse auprès d'elle, que vous êtes heureux d'être chauve !

— Hum ! disent les voisines.

— Le fait est, ma chère, dit une bonne amie, que ce poids doit être bien pénible. Aussi les cheveux de devant en souffrent. Prenez garde à votre raie, elle se fatigue et s'élargit. — C'est un boulevard.

*
* *

Peu importent les observations des médiocrités inquiètes et jalouses ; le fait est devenu hors de discussion. Le but est atteint.

Si au lieu d'être une dame, le possesseur d'une si merveilleuse chevelure est une demoiselle, l'accident prémédité peut avoir des résultats pratiques de premier ordre. Plus d'un mariage a été enlevé ainsi pour ainsi dire à la baïonnette. Mais le futur, généralement, ramène beaucoup, à moins qu'il ne soit tout à fait chauve.

LE CHAPEAU.

Ah! le chapeau! ce couronnement de l'édifice, comme dans la toilette masculine !

Le chapeau féminin est certainement, parmi les accessoires qui figurent dans la comédie de notre temps, celui sur lequel la fantaisie s'exerce le plus, et dans des proportions qui semblent confiner parfois à la mystification.

Sous prétexte de chapeau, les objets les plus étranges viennent tour à tour prendre place sur le sommet de la tête de ces dames.

On y voit couramment des raisins, ou noirs, ou verts, ou rouges, ou violets; des cerises, des groseilles, des prunes, des oiseaux-mouches, des colibris, des plumes de coq, d'autruche, de faisan, de geai, de perruche, de perroquet, etc.

On y rencontre des ornements d'or, de cuivre, d'argent ou d'acier; du carton, du tulle, de la soie, du velours, des paillettes de toute sorte. Je crois même y avoir vu jusqu'à des légumes.

Le chapeau est un protée aux mille formes; tantôt une assiette, tantôt une boîte, tantôt un plateau, tantôt une barque, tantôt une corbeille, tantôt un panier.

C'est à qui trouvera les combinaisons les plus étranges pour donner un aspect inattendu à cette petite chose qui se place, au gré du moment, ou sur le nez ou sur la nuque, ou sur le côté de droite ou sur le côté de gauche, au

sommet de l'édifice des faux cheveux, placés en tour perpendiculaire au-dessus du front, ou en contre-poids du chignon qui se répand en arrière.

Les idées les plus folles sont admises par les faiseurs ou faiseuses, et il se trouve toujours quelque audacieuse pour surmonter sans crainte sa tête et son visage des conceptions si bizarres qu'elles puissent être.

Le point de départ est toujours le même.

Le chapeau de bergère : la calotte recevant la forme de la tête, et la passe

large, étendue symétriquement tout autour, pour abriter le visage et les côtés soit du soleil, soit de la pluie, — le chapeau utile et rationnel, en un mot.

Mais que de transformations et de modifications subit ce chapeau sous la main de la modiste ! toutes ces transformations n'ayant d'autres règles que la fantaisie et le caprice.

1830.   1840.   1835.

Tantôt la calotte se dresse comme un monument, tantôt elle s'aplatit en forme d'assiette. Elle s'élargit uniformément en cylindre, ou s'évase en trom-

1825.   1835.   1855.

blon, ou se rétrécit en cône tronqué, se rattache à la passe à angle droit, ou à angle aigu, ou à angle obtus, ou suivant la ligne parallèle.

Avec ça que si j'avais voulu quand j'étais une jeunesse, j'aurais pas porté aussi un chapeau
Qué malheur ! ! !

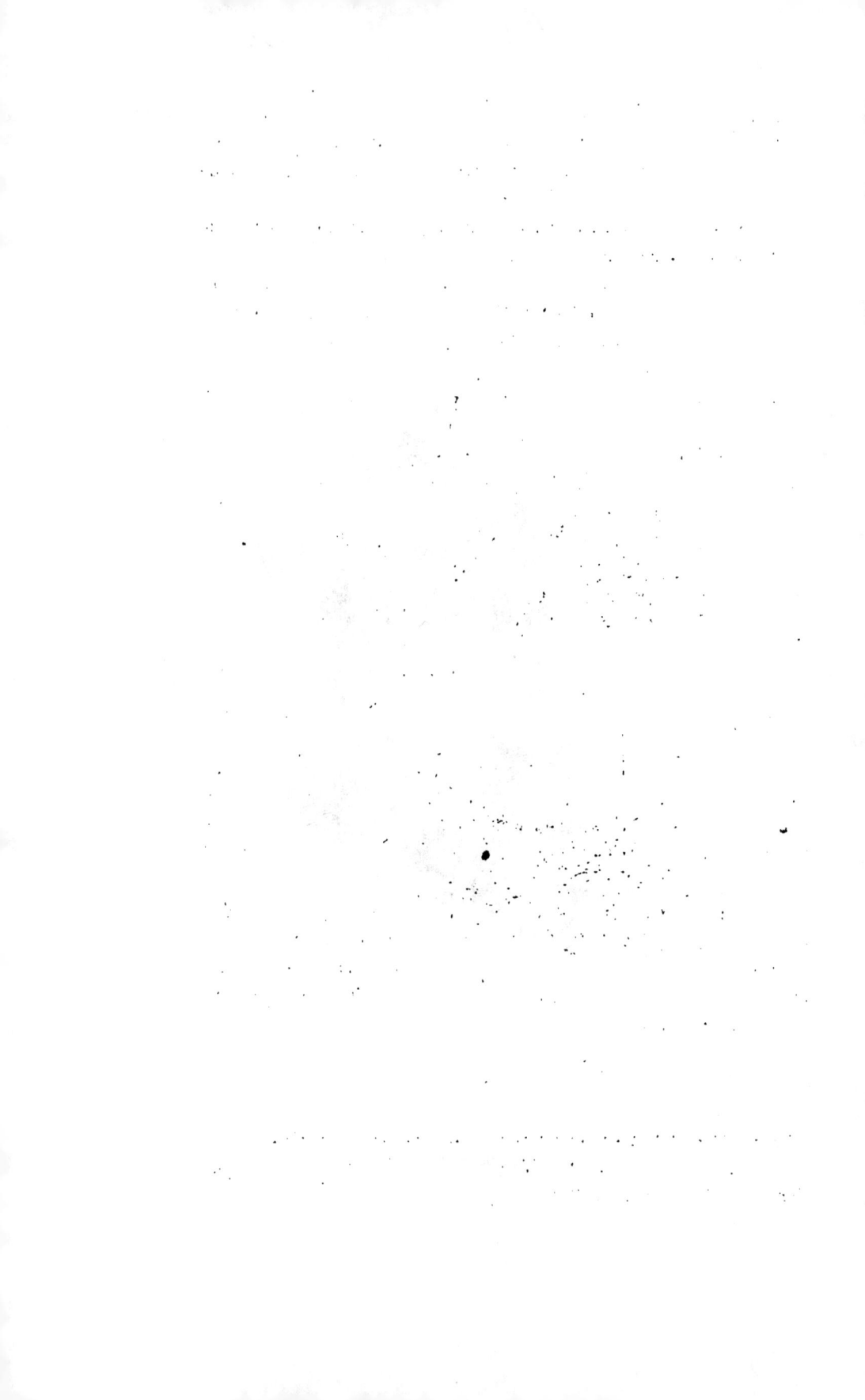

La passe, de son côté, est prise de mouvements étranges et épileptiques : Parfois on l'a vue se dresser en auvent au-dessus du front, et se rejoindre de chaque côté des joues pour abriter les oreilles.

Ou bien se rouler en cornet, au fond duquel se retire modestement le visage, à la façon de mesdames les quakeresses.

A certaines époques, elle se fait maigre et étroite sur le devant, n'acceptant plus que le rôle effacé de tour de tête et de mentonnière, tandis qu'en arrière elle s'élargit et se tourmente en forme de bavolets destinés à recouvrir la nuque et le cou.

Puis tout à coup la passe se fait si petite qu'on ne la voit plus. Le petit bord se cache sous les fleurs, les dentelles et les rubans. Le chapeau n'abrite plus, les nattes et les cheveux suffisent à ce rôle.

Le lendemain, la passe a reparu, elle se contracte et se relève sur le côté, retenue par des fruits ou des fleurs.

Elle se livre à des sinuosités inattendues ou se redresse autour de la calotte comme une sorte de corbeille dans laquelle on entasse tout ce que le caprice met sous la main.

Parmi toutes ces fantaisies, combien sont ingénieuses, combien présentent une combinaison élégante, artistique ou gracieuse! Qui pourrait le dire avec certitude au moment précis où ces fantaisies apparaissent?

Ce qui semble charmant aujourd'hui, paraîtra sans doute pitoyable et ridicule demain.

Au temps où florissaient les manches à gigot, les chapeaux Paméla, à grande et large passe, à haute calotte monumentale, chargés de plumes, écrasés de rubans ou de fleurs, dominaient puissamment de leur envergure l'étalage des manches gonflées de crin et de ouate. On les proclamait adorables, suivant les dires de l'époque.

Survint la guerre des manches bouffantes et des manches plates. Ces dernières ayant remporté la victoire, le gigantesque chapeau Paméla, honteusement détrôné, fut remplacé par le chapeau bibi, un chapeau minuscule, qui avait abdiqué les passes et les trois quarts de sa calotte. Il fut sans protestation proclamé adorable à son tour.

*
**

Action et réaction! loi fatale aussi bien dans la physique, la balistique, que dans la politique ou la toilette!

Contraria contrariis curantur, le succès est dans les contraires.

Cet axiome, que les allopathes déclarent vrai pour leurs malades, l'est encore plus pour les fabricants de bibis ou de pamélas. Plus les chapeaux diffèrent, plus il est impossible de ne pas les remplacer.

A vrai dire, les femmes, sans autre souci que celui du changement et du nouveau, se laissent aller gaiement à ces fantaisies, nées pour la plupart dans les officines des faiseurs ou faiseuses à l'affût de nouveautés à placer et à vendre.

Comme disait Rabelais, une belle femme, fût-elle *coiffée d'ung panier*, sera toujours belle et plaisante à voir.

Les belles femmes, les jolies femmes le savent à merveille. Celles qui ne sont ni belles ni jolies croient le devenir en imitant scrupuleusement celles qui le sont. Les autres suivent forcément, à la façon des brebis de Panurge.

De là le courant invincible de la mode.

De là ces conceptions étranges que les femmes consentent à équilibrer sur

leur tête sous prétexte d'élégance, de recherche et de nouveauté. Elles en sont quittes pour rire aux larmes trois années après de ce qu'elles ont porté trois ans auparavant.

Les maris, eux, chargés de payer, rient peut-être moins; mais c'est là leur affaire.

Il faut le dire, le *sceptre de la mode* n'est pas une vaine figure. Mais en temps de république, il n'a pas été relégué avec les vieux accessóires abandonnés par M. Prudhomme. Paris l'a conservé.

Le morceau de soie, de paille, de velours, de bougran ou de tulle, tourmenté nouvellement par les modistes parisiennes et agrémenté de rubans, de fleurs en calicot, de dentelles ou de fruits en carton, n'a pas plutôt été arboré sur les têtes des femmes élégantes à Paris, qu'il part en conquérant faire son tour de France, d'Europe et du monde entier. Les étrangers n'ont pas l'énergie nécessaire pour créer des bibis, ils les subissent.

Le bibi en vigueur à Paris s'impose tyranniquement pour l'année qui suit au monde entier.

Pendant le siége de Paris, en 1870, les femmes des deux mondes n'ayant pu consulter l'oracle, ont conservé deux ans de suite la même forme de chapeau. Ce fut un deuil!

Le bibi, quel qu'il soit, est une domination et une puissance.

De plus, c'est une raison commerciale.

C'est là son excuse.

LE COSTUME DE LA FEMME COMME IL FAUT.

OUT ce qui vise à l'effet est de mauvais goût; si tout le monde vous regarde, c'est que vous n'êtes pas mise *convenablement.* Vous êtes ou trop parée, ou trop recherchée, ou ornée à l'effet.

Ainsi que le dit M. le baron de Mortemart, les femmes véritablement distinguées sont des types à connaître et à imiter, soit dans leurs habitudes de salons, soit dans leur vie de château.

Elles savent y paraître avec les élégances de la mode, mais sans exagération, et surtout sans les grands effets de *dames* ou *demoiselles* qui n'appartiennent qu'au demi-monde ou qui sont plus bas encore.

Dans les rapports intimes avec les femmes comme il faut, vous remarquerez même qu'elles sont d'une simplicité telle, que le petit monde ne le comprendrait pas.

Il y a des lois secrètes dont les femmes de la haute aristocratie gardent les mystères... Il faut pouvoir vivre dans l'intimité d'une très-grande dame qui a cent mille écus de diamants, tirés seulement de leur écrin deux ou trois fois par année, qui possède toutes les dentelles du vieux temps, toutes les soieries du nouveau, et qui ne s'habille que par *extra,* pour comprendre tous les charmes de la simplicité.

Les robes de laine l'hiver, les robes de toile l'été, font tous les frais de leur toilette.

C'est ce qui prouve une fois de plus que la toilette ne consiste pas tant dans le vêtement que dans une certaine façon de le porter.

* * *

La femme comme il faut ne cherche pas à devancer la mode ni à l'imposer; elle l'accompagne pour ainsi dire discrètement, assez pour ne point paraître protester contre son temps, et pas trop pour n'en point sembler l'esclave.

Elle choisit avec le sentiment de sa nature et de ses formes ce qui leur convient plus spécialement, écartant avec soin les excentricités tapageuses, émondant les contours, éteignant les tons audacieux ou criards, harmonisant les lignes et les nuances. Elle sait donner à tout le cachet et le style de la personnalité.

Chaque année, comme nous l'avons dit, les trois ou quatre couturiers ou couturières se sont entendus et copiés, le plus souvent d'après des audaces de théâtre.

Lorsque les confectionneurs ont suivi les couturiers, il en ressort ou un *tout ensemble*, ou seulement une confection que tout le monde endosse sans distinction ni de situation ni d'habitude, ni même de mœurs, et voilà le régiment qui passe et repasse.

C'est ainsi qu'il y a une dizaine d'années toute cette population s'est une fois endimanchée, et l'usage est resté.

La femme de goût ne consent pas à subir servilement les fantaisies du confectionneur, et ne se laisse pas habiller comme le soldat pour son uniforme, dont la mesure a été prise sur une guérite.

A l'aide de je ne sais quoi, elle sait faire de ce *passe-partout,* pour ainsi dire fait à l'emporte-pièce, quelque chose d'intime et de personnel. Ce n'est qu'un rien, et c'est tout.

DE LA PUDEUR.

La pudeur est certainement une des parures les plus précieuses de la femme. Il ne saurait s'élever aucun doute à cet égard.

Mais, à ce qu'il paraît, il existe dans les idées des femmes certains compromis et certaines conventions dont il faut sérieusement tenir compte.

Il y a plusieurs sortes de pudeur.

Notre ami Alphonse Karr les a signalées aux curieux, parmi les plus véridiques observations de son livre de bord.

Il y a d'abord la pudeur du matin et la pudeur du soir.

Telle femme jette les hauts cris si par hasard le matin elle se trouve surprise par une visite imprévue, livrant un seul instant aux regards un petit coin de son épaule ou le haut de son bras. Mais le soir, elle trouve parfaitement naturel d'exhiber, non-seulement les deux épaules, mais encore les deux bras jusqu'à ces deux épaules, dont ils ne sont séparés que par une façon d'épaulette, quelque chose comme une délicate ligne de dentelle; puis la poitrine presque tout entière et une partie du dos; ce qui peut aller fort loin si quelque signe destiné à faire valoir la blancheur éclatante de la peau se trouve un peu bas placé.

Elle ne pousse pas alors le moindre cri, n'éprouve pas le moindre embarras, et se considère pour ainsi dire comme vêtue par l'éclat des bougies et le rayonnement des lustres.

Elle serait au contraire fort désappointée si, par la faute de son couturier ou de sa couturière, la robe, insuffisamment échancrée, ne livrait point à tous les regards assez de ce qu'elle leur dérobe si soigneusement le matin.

Ceci n'est point à discuter, c'est un fait; sauf quelques douairières tout à

UNE FEMME A LA MER.

Si ces messieurs n'ont pas leurs lorgnettes, tant pis pour eux.

fait hors d'âge, et encore! il n'est pas une femme qui ose protester au bal, le soir, contre celles qui montrent presque tout, en ne montrant presque rien.

* * *

Notez que ce n'est pas que je m'en plaigne. Seulement, je constate.

* * *

S'il y a la pudeur du matin et la pudeur du soir, il y a encore deux autres pudeurs : la pudeur d'eau douce et la pudeur d'eau salée.

Les bains d'eau douce s'environnent pour les femmes des plus jalouses précautions. Les toiles les plus compactes, les planches les plus serrées, dérobent aux regards des rares spectateurs placés à un demi-kilomètre de distance, le moindre détail du peignoir le plus sombre et le plus fermé dont s'enveloppent discrètement les dames.

Voilà ce qu'exige la pudeur d'eau douce.

Devant l'immensité de la mer, c'est tout autre chose. Nul curieux n'est considéré comme indiscret. Des costumes élégants et gracieusement passementés sollicitent au contraire les regards et interrogent les lorgnettes.

Les formes s'y dessinent aussi correctement que possible. Les jambes, jusqu'au genou, brillent dans toute leur nudité, et toutes ces Vénus Anadyomènes ne pensent pas à réclamer trop rapidement le peignoir lorsque l'eau salée se complait à souligner leurs formes, — surtout si ces formes sont irréprochables, ou bien encore si elles le croient, — ce qui, pour elles, revient tout à fait au même.

Telles sont les convenances de la pudeur d'eau salée.

* ** *

Une femme qui observe consciencieusement les exigences de ces quatre pudeurs différentes, en tenant compte des temps et des circonstances, agit, suivant l'opinion, exactement comme elle doit agir; et nul ne pense, que je sache, à lui en faire quelque reproche.

Il ne s'agit plus pour elle que de ne pas confondre l'une avec l'autre, ce qui entraînerait pour la réputation les plus graves inconvénients. Ces conditions observées, qu'elle joue avec sécurité son rôle dans ce petit acte de la comédie de son temps. C'est son devoir, et c'est son droit.

LES EMBUCHES DE LA MODE.

A femme intelligente saura se prémunir contre les dangers de suivre avec trop de ponctualité les prescriptions de la mode.

Les femmes trop petites ont imaginé de porter de hauts talons et des coiffures qui mettaient le visage au milieu du corps, et elles ont dit : C'est la mode. — C'est la mode! ont répété les autres en soupirant, et elles sont devenues trop grandes, par le procédé qui à la fois donnait aux naines une jolie taille, et la faisait perdre à celles qui l'avaient reçue de la nature.

Les femmes qui avaient de gros pieds plats, des chevilles épaisses ou engorgées, ont dit : Il faut cacher nos pieds; mais il serait bon aussi de cacher les pieds de celles qui les ont étroits et cambrés, et qui ont les chevilles fines. Elles ont imaginé les robes longues et traînantes, et elles ont dit : C'est la mode. Alors toutes les femmes qui avaient de ces chers petits pieds ont dit : Hélas, c'est la mode! et elles ont adopté les jupes traînantes.

Heureusement, celles qui ont de jolis petits pieds et même une jolie jambe, ne sont pas complétement dupes, et trouvent toujours quelque façon de ne le point laisser complétement ignorer; mais cela est évidemment une préoccupation et un travail.

❋
❋ ❋

Les femmes douées de riches épaules et d'une poitrine bien placée, ont déclaré qu'il était indispensable de découvrir les unes et l'autre presque jusqu'à la ceinture; elles ont dit : C'est la mode! Et les femmes maigres, noires et osseuses, se sont résignées à découvrir comme elles tous les détails de leur appareil ostéologique.

Celles que la nature avait trop amplement fournies n'ont pas osé se dispenser d'exhiber des richesses trop superflues.

Des femmes trop minces sont arrivées à persuader que la mode et l'élégance consistaient à montrer une taille de guêpe.

Et les femmes trop grasses se sont fait serrer dans des corsets garnis de fer, jusqu'à en perdre la respiration et la faculté de se mouvoir.

Les femmes pâles et d'un teint fâcheux ont déclaré qu'il était élégant de se peindre de blanc et de rose, et les femmes fraîches se sont empressées de recouvrir de ce même blanc et de ce même rose les roses naturelles de leur teint.

Les femmes pourvues de mains vulgaires ont proclamé indispensable de couvrir toutes les mains de gants, et les femmes à mains fines et élégantes se sont résignées à dissimuler cette supériorité sous un voile uniforme de peau de chevreau.

Les hommes, le sexe prétendu fort, ont eu la faiblesse ou la courtisanerie de subir les mêmes exigences.

* ** *

Lisez l'histoire.

François Ier ayant reçu une blessure à la tête, les chirurgiens coupèrent ses cheveux ras.

Le lendemain, tous les seigneurs et les beaux de la cour supprimèrent les cheveux longs, à la mode sous Louis XII, et parurent en cheveux ras comme François Ier.

Le roi Henri II, dont les épaules péchaient par leur peu d'ampleur, mit en vogue les *maheutres* ou fausses épaules.

Sous le même règne, quelques princesses affligées de goître et des seigneurs écrouelleux imposèrent la mode de ces énormes fraises tuyautées qui dérobaient aux yeux leur cou et leurs infirmités.

Sous François II, la cour était peuplée de seigneurs obèses; ces messieurs parvinrent à faire croire que les ventres plats provenaient d'une insuffisance physique; aussitôt l'on adopta la mode des ventres postiches.

La mode des perruques est venue directement des têtes chauves.

Les prétentieux grisonnants du dix-huitième siècle, pour dissimuler leur âge, eurent l'idée de s'enfariner les cheveux, et forcèrent la jeunesse à se poudrer à blanc.

* *

De nos jours, les gens à cou grêle et garni de cordes et de ficelles, ayant pour complices les gens à cou goitreux ou fâcheusement cicatrisé, ont inventé les cols majestueux et les hautes cravates.

Les cagneux ou sans mollets ont proscrit les culottes courtes, et imposé les pantalons larges, longs et à plis.

Les petits ont inventé les hauts talons et exhaussé la forme du chapeau.

Les myopes ont fait venir la mode des carreaux dans l'œil et des lorgnons.

Quand les sourds imposeront-ils celle des cornets?

Et les pieds-bots celle des béquilles?

22

Trait d'union.

COSTUME DE BÉBÉ

La comédie commence.

Quand on voit poindre la promesse de ce petit être dont la présence ou l'espoir est la base de toutes les conditions sociales, on se prend tout d'abord à songer à lui donner de quoi pouvoir se présenter décemment ou brillamment en ce monde dans lequel il arrive tout nu, et où il doit nécessairement jouer un rôle.

« Petit Léion, dans le sein de ta mère,
« Tu n'as jamais connu la pauvreté. »

La pauvreté ni la richesse : le clos et le couvert suffisaient à ses modestes besoins.

A peine affranchi des premiers liens qui l'attachent à la famille, le bébé devra naturellement emprunter au dehors une compensation à ce qui lui manquera désormais.

Aussi la sollicitude et la coquetterie de la mère s'éveillent en faveur de ce cher poupon encore inédit.

*
* *

C'est l'âge d'or des petites brassières, de ces délicieux bonnets microscopiques, ruchés de dentelles et de rubans, que font sauter sur le poing les petites mamans, pensionnaires de la veille, les yeux humides de tendresse et la bouche souriante.

C'est le moment où l'on court frémissante et empressée tous les magasins, où l'on trouve les Magasins du Louvre trop petits, où l'on bouleverse une escouade de commis afin de découvrir des langes convenables, des couches d'une qualité tout à fait avantageuse, et des guipures de choix pour les robes habillé.

*
* *

Le bébé a fait son entrée dans le monde.

Le cher petit chou n'est pas plutôt apparu, qu'il est classé par sa tenue et par son costume.

Nous ne parlons pas des bébés exceptionnels qui trouvent le grand cordon de la Légion d'honneur dans leur berceau.

Mais les uns débutent en cachant leurs petits nez rouges dans la batiste et le point d'Alençon, tandis que les autres éternuent dans la toile cretonne bise et le calicot.

*
* *

Les uns sont-ils plus heureux que les autres ? J'en doute fort, d'autant plus que les derniers trouvent le plus souvent dans le sein de leur mère, bien à eux, des compensations auxquelles ils doivent *in petto* attacher une importance d'un ordre tout à fait supérieur.

Pendant les premiers mois, le bébé est une petite poupée bien entourée de langes, de couches et de longues robes qui l'enveloppent tout entière. . . .

Mais quand les jambes ont commencé à affirmer leur puissance, et quand la petite poupée s'efforce de s'affranchir des bras de la maman pour faire ses premiers pas dans le monde, alors paraissent les petits vestons soutachés, les

robes plus courtes, les vastes rubans, les petits souliers, devant lesquels se pâment les bons papas et les vieilles grand'mères.

L'enfant marche! quel beau jour pour cette pauvre maman que celui où la première fois son fils est en culotte !

Et c'est pourtant le premier signal de l'affranchissement définitif, et du moment où, semblable à la poule qui a couvé un petit canard, le cœur bien

gros, elle verra le cher bébé devenu grand se lancer étourdiment sur cet océan où son aile ne saurait plus le protéger.

En attendant, combien de mamans et combien de papas débutent, par les erreurs et les exagérations du costume, à préparer, sans le vouloir, des déboires pour l'avenir, à eux, aux bébés ensuite, et finalement à la société tout entière !

A partir de trois ou quatre ans, certains parents commencent à faire répéter aux bébés qui marchent à peine, et qui tout au plus commencent à parler, leur rôle dans la comédie de la prétention et du *chic*.

Les petites filles sont habillées en camargos, en bouquetières Louis XV, en

dames du temps de Henri II, en ballerines ou en danseuses, en Écossaises ou en Suissesses. Elles arborent des crinolines, des jupons tuyautés et des éventails.

Quant aux petits garçons, de mémoire d'homme, trop de papas et trop de mamans se sont plu à les costumer, suivant les temps, ou en artilleur, ou en garde national, ou en grenadier, ou en zouave, ou en Écossais.

L'Écossais sévit encore, de nos jours, sur les petits garçons, de la manière la plus inquiétante.

* *

Le résultat ne se fait pas attendre. Les petites comédiennes devenues grandes agrandissent insensiblement leur rôle; elles deviennent nécessairement des exagérées, des gommeuses, des femmes *chic,* ou même des cocottes!

Quant aux petits comédiens, ils ont été bercés dans l'amour du décor, du clinquant et du galon. Ils deviennent fatalement cocodès, petits crevés ou gommeux. Quelques-uns, restés fanatiques du galon et du costume, rêvent des

LA BONNE D'ENFANT,

Tout ça, c'est des idées. Je sommes de Meaux en Brie, telle que vous me voyez. Eh bien, Madame m'a dit : Faut s'habiller comme ça pour promener le petit. Du moment que c'est Madame qui habille et qui blanchit, que je lui ai dit, il y a pas d'offense.

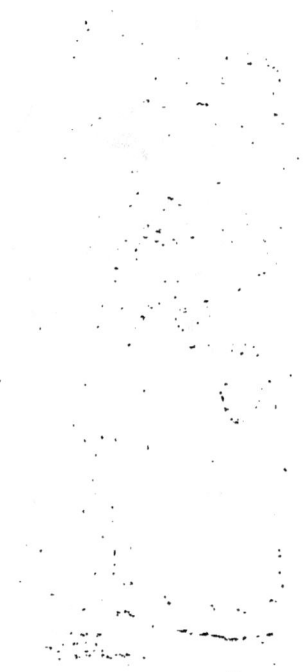

emplois fantastiques, des tenues à collants et à bottes molles, convoitent des ministères insensés, et arrivent à s'improviser colonels sous la Commune.

⁂

-— Le citoyen Pauvert, qui, nommé directeur des télégraphes pendant le règne de ladite Commune, s'était improvisé un uniforme de hussard bleu, soutaché d'argent, complété par des bottes à l'écuyère, avait débuté sans doute, dans ses jeunes années, par être costumé en artilleur ou bien en Écossais.

La recherche de la paternité est interdite.

23

DEUXIÈME PARTIE

MANIÈRES, MANIES ET COUTUMES

TYPES ET CARACTÈRES

BIEN vêtus, bien couverts, sachant porter convenablement leur robe, leur chapeau, leur habit, Monsieur et Madame, Bébé lui-même, peuvent-ils se présenter hardiment sur la scène?

Les voici costumés, il s'agit encore d'apprendre et de savoir chacun son rôle.

Il faut savoir, autant que possible, marcher, s'asseoir, entrer, sortir, d'après les principes admis.

Il faut connaître à fond le jeu des accessoires, de la mise en scène et des décors, et s'habituer à braver résolûment le feu de la rampe.

Suivant la façon dont ces différents modes de procéder s'exécutent, il sera facile à l'observateur de reconnaître dans quelle sorte de Conservatoire les études ont été faites.

Acteurs et actrices seront, d'après leurs débuts, classés dans tel ou tel monde, dans telle ou telle catégorie. Ils seront applaudis ou sifflés. Ils recevront des avalanches de bouquets, ou seront lapidés de pommes crues.

Les prudents sauront donc étudier avec soin tout d'abord le jeu des acteurs depuis longtemps en scène, celui des excentriques et des prétentieux, celui des vulgaires et des comiques, des élégants et des simples. Choisir la voie et ne pas s'égarer dans une route fâcheuse, est une grande affaire dans tous les mondes quels qu'ils soient, et sur toutes les planches, si différentes qu'elles puissent être.

Tout est difficile :

Il est difficile de donner.

Il est difficile de recevoir.

Il est souvent encore plus difficile d'être reçu.

Il est difficile d'entrer, mais il est quelquefois encore plus difficile de sortir.

Quand on aura bien vu, regardé, entendu, jugé ceux qui remplissent tant bien que mal leur rôle dans la comédie qui se joue sous nos yeux, et dans laquelle la destinée nous convie à être à la fois spectateurs et acteurs, c'est alors qu'on pourra se glisser, sans trop de crainte, dans son propre emploi.

Mais que vous soyez premier rôle, utilité ou même comparse, l'étude que vous aurez faite pourra vous conduire à prendre convenablement le *la*, et vous permettra sans doute de rester dans le ton adopté pour le moment.

Si vous avez un rôle, vous saurez peut-être ne pas détonner dans un dialogue, ou si vous ne faites que figurer, vous aurez appris à ne pas troubler les chœurs par une fausse note.

COMMENT ON MONTE UNE MAISON

ADAME, vous voulez recevoir cet hiver ; il s'agit pour vous d'accepter la difficile et délicate mission de plaire aux uns, de ne pas blesser les autres, de ménager celui-ci, d'exalter celui-là, de faire miroiter mesdames de X... et de C..., de mettre sur un piédestal mademoiselle de *** sans abaisser la vicomtesse de Z... ou éteindre la marquise de C...

Un gouvernement véritable, mais avec le contact direct des vanités et des exigences sociales, c'est là une rude et multiple tâche, Madame, à laquelle il faut toute votre fortune, tout votre esprit, toute votre beauté, je dirai même toute votre abnégation, pour y suffire.

Je ne vous demanderai pas quels sont les motifs qui vous engagent dans cette voie semée de chausse-trapes et de piéges. Permettez-moi de penser que ces motifs doivent être réels et sérieux, ou bien que vous n'avez d'autre but, condition la meilleure pour réussir, que de faire rayonner au soleil de Paris votre goût, votre esprit, votre richesse et vos relations.

DU PERSONNEL

D'abord il faut qu'une maîtresse de maison s'occupe avec soin de recruter ses gens. Il n'y a pas de réussite possible sans un groupe rompu au service,

intelligent et homogène. L'honnêteté vient en seconde ligne, ce n'est plus qu'une affaire de frais généraux. Ainsi un vieux domestique, dit de confiance, à cheveux blancs, fait bien; une certaine familiarité respectueuse, un empressement affectueux de la part du vieux serviteur pour le maître de la maison qu'il a sans doute vu dans le berceau, semblent indiquer une continuation de fortune et de bien-être rivés pour ainsi dire depuis plusieurs générations dans la famille.

Évitez, si faire se peut, que le vieux domestique ait le nez rouge; l'effet moral que vous recherchez pourrait en subir quelque atteinte.

* * *

Deux valets de pied pour l'antichambre; autant que possible, deux anciens carabiniers ou cuirassiers, sortant du service. Examinez avec soin la jambe, tous les carabiniers ne sont pas aptes à porter la culotte courte; la livrée doit avoir de l'éclat sans être criarde. Si vous avez quelque droit à porter des armes, un galon d'or, d'une largeur moyenne, sur lequel ces armes sont tissées ou brodées, se porte avec beaucoup de faveur sur les coutures et les parements de la livrée.

Le costume est pareil pour le cocher, qui doit être gros, vigoureux, et occuper largement son siége. Arborez la perruque dans le cas seulement où vous appartenez à la haute aristocratie française ou étrangère; dans le cas contraire, vous courez risque de voir les gens se méprendre et vous classer dans la haute bohème parisienne.

* * *

Pour servir à table, sauf dans les grandes circonstances de haut gala, il est de bon goût que la livrée ne paraisse pas.

Le choix du maître d'hôtel et des domestiques a une réelle importance. — N'admettez que des hommes dont la taille soit moyenne et bien prise, minces et alertes. — Une certaine distinction dans les allures est indispensable. — Évitez avec soin que leur aspect puisse rappeler un instant celui du garçon de café ou du restaurant à la mode. Les moustaches totalement prohibées. — Favoris en côtelettes. Quelque chose qui tienne le milieu entre le garçon d'hôtel et le juge suppléant.

L'habit noir doit être coupé d'une manière discrète, le gilet laissant voir peu de linge, le pantalon demi-collant. — Les souliers découverts.

Les gants doivent être de coton; choisissez-en ni trop larges ni trop courts. Les doigts des gants, lorsqu'ils sont trop longs, se permettent trop souvent des immersions dans les profondeurs des assiettes et des plats, ce qui amène de fâcheuses promiscuités dans les coulis et les sauces.

S'ils sont trop courts, la main prend avec difficulté l'assiette et la laisse fréquemment se répandre sur les dîneurs ou sur le parquet, ce qui est sérieusement à redouter.

※ ※ ※

Le domestique chargé de servir à table ne doit être ni trop jeune ni trop vieux, capable de ne pas subir les influences ou plutôt de ne rien laisser paraître de ses impressions.

MENUS CONSEILS AUX GENS DE SERVICE.

En vous penchant avec réserve à l'oreille de madame la comtesse, si vous lui jetez discrètement ces mots : « Poularde bressane; acceptez-vous? » évitez scrupuleusement de jeter un coup d'œil trop prolongé sur des exhibitions que vous savez bien n'avoir pas été préparées à votre intention.

Voyez, s'il vous est impossible de ne pas voir, mais surtout ne regardez pas.

L'émotion pourrait peut-être produire quelque maladresse regrettable et que vous ne sauriez arriver à faire excuser. — Les étoffes ne pardonnent pas.

La maîtresse de maison ayant toujours soin d'inviter quelque artiste, quelque littérateur ou quelque vaudevilliste de tout repos, pour donner un peu d'entrain au dîner, que les exigences de la magistrature ou les nécessités de la diplomatie pourraient plonger dans l'atonie, il peut arriver qu'une petite folichonnerie vienne vers l'aurore du second service dérider un peu les blanches épaules de ces dames.

Sachez conserver votre sang-froid.

Si l'anecdote est heureuse, et que vous ne l'ayez pas encore lue dans les colonnes de votre *Petit Journal,* abstenez-vous de toute marque d'approbation ou d'assentiment.

Si le maître de la maison ou quelque personnage d'importance dit une balourdise, ce qui par hasard pourrait bien se présenter de temps à autre, ayez soin de ne jamais vous laisser aller à aucun rire intempestif.

Dans le cas où la tentation deviendrait trop impérieuse, détournez-vous vivement vers le fond de la salle, et essuyez vigoureusement une assiette.

Vous vous retournerez lentement lorsque vous aurez su reconquérir toute votre gravité.

* * *

Si quelque gros financier parle avec enthousiasme d'une valeur de Bourse,

et engage son voisin à en acheter, ne laissez rien voir sur votre physionomie, et si, par hasard, vous avez de cette valeur, dès le lendemain empressez-vous de la vendre.

* * *

Si l'une de ces dames vous paraît plus belle et plus charmante que les autres, il faut totalement éviter de lui montrer une préférence quelconque, en lui disant gracieusement :

24

« Madame a bien tort de ne pas accepter de ces truffes, elles sont excellentes ! »

Cette prévenance, marque évidente d'un bon cœur, il faut le dire, courrait le risque de n'être pas appréciée à sa juste valeur.

Si l'une de ces dames, en défaisant ses gants, les glisse dans le cornet de son verre à vin de champagne, ce qui est une marque de son mépris pour tout ce qui n'est pas le suc des fleurs et le parfum des roses, n'essayez d'offrir que le vin d'Espagne aux régions du dessert.

*		*
*

Si un verre ne vous semblait pas offrir à l'œil une transparence irréprochable, évitez, surtout en présence des dîneurs, de souffler dans le verre et de le frotter proprement avec votre serviette pour lui rendre l'éclat désiré.

Et maintenant, Messieurs les maîtres, n'ayez pas de domestique élevé dans vos terres, qui, connaissant M. le préfet du département, en profite pour crier à tue-tête à la porte du salon :

« Monsieur le préfet, sa dame et leur demoiselle! »

Ce qui pourrait être désagréable à ce fonctionnaire et enlever quelque chose à la majesté de son entrée.

* * *

Les visiteurs titrés doivent être annoncés d'une voix vigoureuse et claire.

Les barons avec fermeté.

Les comtes et vicomtes avec chaleur.

Les marquis avec grâce.

Les princes avec ferveur, surtout s'ils sont princes romains.

Appuyez d'une façon plus respectueuse pour annoncer les ducs, surtout si ce ne sont pas des ducs à brevet.

Si par hasard il se présente un prince du sang, lancez son nom dans une acclamation, comme si vous entonniez l'air de *Vive Henri IV !*

Le nom des visiteurs dépourvus de titres doit être lancé d'une manière plus discrète, à moins que le nom n'appartienne par un coin quelconque à la célébrité dans la politique, les sciences ou les arts.

* * *

Ayez toujours un Dictionnaire de Vapereau à la disposition du valet de chambre ou du maître d'hôtel. Ils y trouveront quelques renseignements utiles.

* * *

S'il arrive quelque nom difficile à jeter au milieu du public d'un salon, le tact de l'huissier ou du valet de chambre lui indiquera sur quelles syllabes il faut glisser, et sur lesquelles il faut appuyer sans crainte.

On se rappelle l'histoire de M. Cucheval se présentant aux portes d'un salon ministériel.

— Annoncez M. Cucheval.

— Mais, monsieur, il y a des dames ! fait l'huissier épouvanté.

Et M. Cucheval fut obligé d'entrer incognito, en se dissimulant derrière M. Paulin Limayrac.

* * *

Quant à M. Louis Lurine, dont le talent est encore présent à la mémoire de tous les Parisiens, après plusieurs tentatives malheureuses, on avait fini par renoncer carrément à l'annoncer.

Il passait dans une fournée.

* * *

Un domestique doit avoir le tact de reconnaître, à l'air de politesse des gens qui se présentent, ceux qu'il est bon de ne pas recevoir.

Ce que demande la maîtresse de maison, et ce qu'on lui apporte quand elle est dans le salon, une lettre, une carte de visite, une brochure ou un journal, doit être présenté sur un plateau, petit, délicat, s'il se peut, artistique et élégamment ciselé.

C'est le valet de chambre en habit noir qui doit présenter le plateau et son contenu. A son défaut, le groom, façon page, vêtu de la petite veste anglaise à soixante-quinze boutons.

Recommander tout particulièrement aux gens chargés de l'office de ne pas trop soigneusement s'inquiéter du degré de réussite que le punch ne saurait manquer d'obtenir.

Dans la soirée, le domestique chargé de faire circuler les rafraîchissements, doit veiller avec soin à ce que les plateaux dont il est chargé puissent arriver intacts jusqu'aux dames assises dans les salons.

***

Généralement, les jeunes gens et le menu fretin des invités se précipitent sur les plateaux dès leur arrivée aux portes de la salle à manger et du premier salon. Les plateaux sont dévalisés dès l'abord, et parviennent jusqu'à l'endroit où les dames sont assises complétement veufs de leur contenu.

***

Le domestique chargé de la circulation du plateau pour dames, s'il veut

arriver jusqu'aux régions ultérieures de l'appartement, doit avoir l'œil vif et la main leste.

***

Il doit surveiller avec dextérité les mains de ces messieurs, et, par une manœuvre habile du plateau, porté habilement soit en avant, soit sur le flanc

gauche, sur le flanc droit ou en arrière, déconcerter les convoitises et les
avidités des habits noirs braqués dans les embrasures des portes.

* * *

Si le domestique est d'une riche taille, une manœuvre heureuse sera celle

qui élèvera le plateau dans une position inexpugnable, et saura le mettre à

l'abri des attaques jusqu'au moment de l'arrivée du convoi à sa destination
définitive.

Si quelque gros bonnet, imposant d'allure, de décorations et de crachats, semblait désirer prélever une contribution sur le plateau, il est convenable

de ne pas faire de résistance. Une défense vigoureuse contre tout autre est complétement indispensable.

⁂

Si la maîtresse de la maison possède quelque oncle médiocre d'extérieur, mais important par les espérances qui rayonnent autour de ses cheveux blancs, il est nécessaire que chacun des invités arrive à le connaître, afin qu'un étourdi ne puisse avoir l'idée malencontreuse de lui remettre la coquille vide de sa glace, en le prenant pour un vieux domestique, ce qui humilierait profondément le parent et pourrait faire évanouir les espérances justement conçues.

⁂

Pour éviter un tel danger, une habile maîtresse de maison doit manœuvrer de manière à faire décorer d'un ordre quelconque, fût-il de Perse, l'oncle dangereux, ou tout au moins obtenir de lui qu'il porte des lunettes, ou des moustaches, ce qui est de nature à conjurer tout danger.

. Un bon cuisinier est une nécessité de premier ordre dans une maison qui se respecte et qui éprouve le besoin d'être bien cotée sur la place politique ou financière.

L'adage :

> C'est par des bons dîners qu'on gouverne les hommes,

est toujours resté vrai. — Les banquets, à l'aide desquels de nos jours on cherche à les gouverner ou bien à les rendre ingouvernables, sont une preuve de plus de la vérité de ce mot. Mais les banquets sont rarement bons; c'est sans doute pour cela qu'ils n'arrivent pas toujours à produire l'effet que les promoteurs en espèrent.

Un bon cuisinier ne doit être ni trop jeune ni trop vieux.

Trop jeune, il dépasse la mesure; trop vieux, il n'en a plus suffisamment.

Un peu d'orgueil chez un cuisinier de bonne maison ne messied pas du tout. Il ne faut cependant pas qu'il le pousse aussi loin que Vatel, le cuisinier du grand Condé, lequel, suivant l'histoire, s'est passé son épée au travers du corps, désespéré de voir la marée qui n'arrivait pas.

Cet excès n'est point à redouter de nos jours. D'abord, les cuisiniers n'ont plus d'épée, et ensuite, en pareil cas, il est à croire qu'ils iraient tout bonnement chercher des consolations chez le marchand de vin en face.

* ** *

Si vous êtes contente de la cuisine de votre cuisinier, n'examinez pas de trop près ses comptes.

Faites, si vous le pouvez, comme la princesse de Chimay, à laquelle son.

LE CHEF.

La cuisine française est toujours la première cuisine; mais si l'on me tracasse,
je ne réponds plus de mes sauces.

MADEMOISELLE JUSTINE.

Quand on a vu les maîtres d'un peu près, on aime autant être femme de chambre.

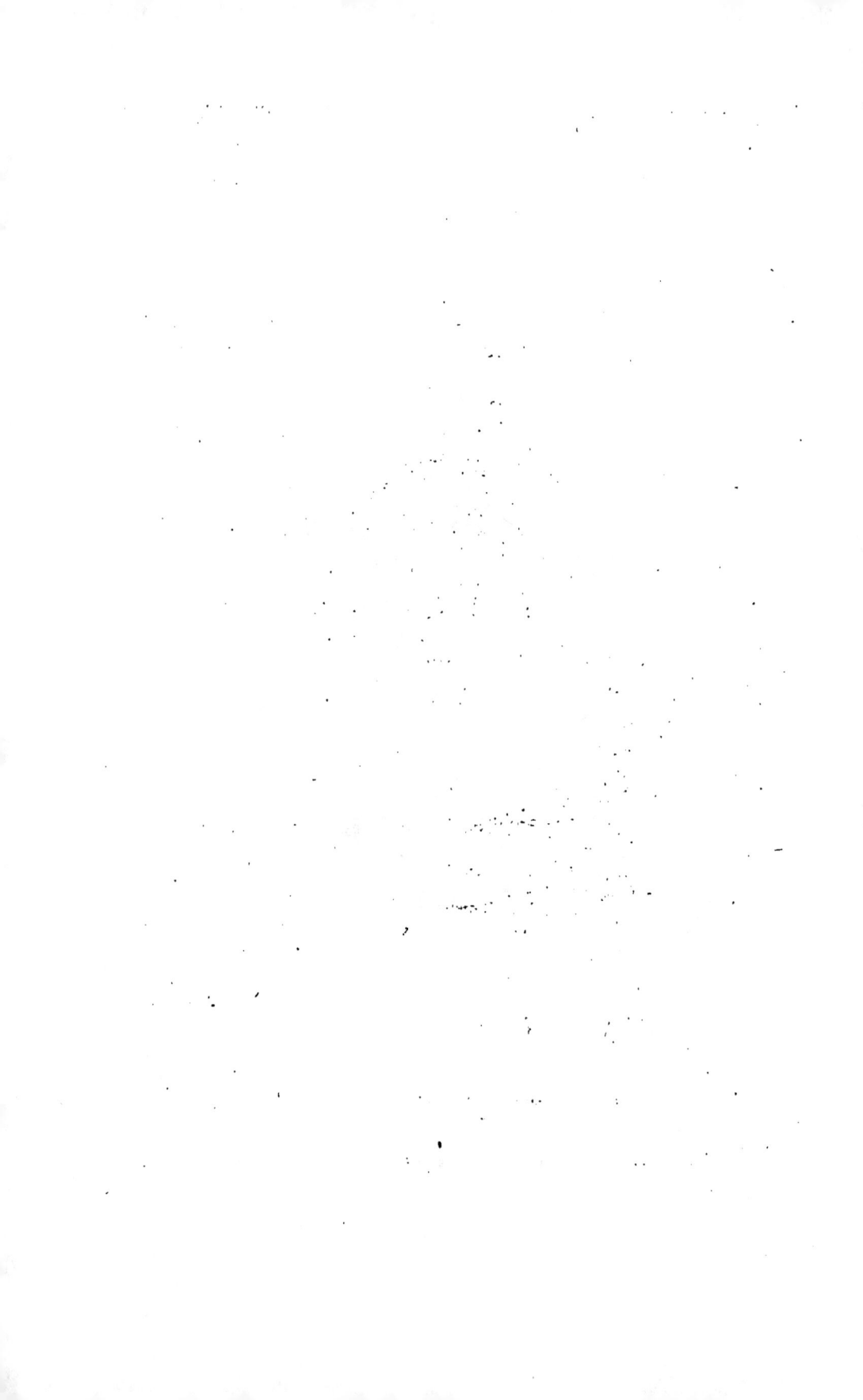

cuisinier Euccleug, décoré, s'il vous plaît! présentait pour le mois un compte de 400 francs de poulets pour les sauces et coulis.

— C'est très-bien, Euccleug, dit la princesse, mais le docteur qui dînait ici encore hier, est de mon avis. C'est une raison de santé : le mois prochain, un peu moins de sauce.

*　*　*

Veillez à ce que, si la conscience de votre cuisinier n'est pas d'une blancheur immaculée, ses vêtements, sa barrette et son tablier ne laissent rien à reprocher de ce côté; que ses mains et ses ustensiles brillent de la plus scrupuleuse propreté, et surtout qu'il ne porte pas les cheveux longs.

Un aide de cuisine est nécessaire, — ainsi qu'une femme pour éplucher les légumes, et au moins une laveuse de vaisselle.

Pour le service de Monsieur, un valet de chambre, qui ait été militaire s'il se peut, sache coiffer, raser, habiller Monsieur et le lacer au besoin.

Le valet de pied.　　　　Le cocher.　　　　La femme de charge.

Le service de Madame : — Une femme de charge pour tenir le linge de maison en état, le linge de Monsieur, celui de Madame, et prendre soin des robes et chiffons de toute sorte ; des femmes de journée à la lingerie.

Une femme de chambre pour Madame.

Choisissez-la assez jeune pour être active, assez expérimentée pour savoir ce que c'est que la vie et les petites misères inhérentes à toute position sociale ; qu'elle soit d'un aspect agréable, sans être jolie. Tâchez qu'elle ait de la discrétion, qu'elle sache parfaitement repasser et coiffer. Il n'est pas nécessaire du tout qu'elle sache lire.

Que tout ce monde vive à peu près bien ensemble, et se dispute le moins

Le concierge.

L'huissier de Monsieur.

possible, c'est l'essentiel ; étudiez-vous à ce que l'union entre eux ne soit pas tout à fait complète, c'est vous qui en supporteriez les frais. Entretenez chez les uns et chez les autres un grain de jalousie ou de rivalité. Souvenez-vous qu'il faut diviser pour régner.

Une maison ainsi pourvue, avec le groom anglais pour les chevaux de

M. John, pour le cheval de Madame.

selle de Monsieur, le cocher, le valet d'écurie, et deux valets de pied pour le service des voitures, de cinq à sept chevaux dans les écuries, est une maison bien montée.

Il n'y a plus qu'à ajouter ou une nourrice pour le bébé, ou une bonne s'il est plus grand, et un instituteur ou une institutrice si le bébé grandit davantage. Si l'enfant est un garçon, un précepteur abbé est bien porté.

A la campagne, deux ou trois jardiniers, un concierge à la grille, un valet de chiens et un garde, et l'administration sera complète.

Avec deux ou trois cent mille livres de rente, vous arriverez à peu près à suffire à toutes les dépenses exigées par cet état de maison.

* * *

Mais il y a sur cette terre, et de notre temps, beaucoup plus de gens qui possèdent trente ou quarante mille, ou même vingt, ou même dix, ou même *une* mille livres de rente, qu'il n'y en a de la force de trois cent mille.

Dans la plupart des cas, il faut donc renoncer à la petite armée dont nous venons d'esquisser le menu.

A la cuisine, pas de cuisinier, une cuisinière. Choisissez-la, s'il se peut, avenante et propre. Veillez à ce qu'elle ne connaisse pas trop de monde dans l'armée, et réglez de votre mieux la danse du panier.

A l'antichambre, une femme de chambre ou une bonne, choisie suivant les observations ci-dessus.

LA NOURRICE.

BEAUCOUP de mamans ont pris le parti de donner elles-mêmes le sein à leurs bébés ; mais il est certaines exigences ou indigences de nature qui s'opposent invinciblement à l'exercice de ces fonctions maternelles.

Il faut donc alors choisir une nourrice.

A tout prendre, pour la famille, pour la maison, pour le père, pour la mère, pour l'enfant surtout, il vaudrait beaucoup mieux que l'institution de la nourrice disparût, — sauf pour les cas exceptionnels.

La profession de ces négociantes, qui vendent leur lait le plus cher possible, et qui, lorsqu'on ne les regarde pas, se plaisent parfois à le remplacer par de l'eau de savon, n'a pas besoin d'être encouragée, au contraire.

Plus une femme sera mère, plus elle sera dans son rôle, plus elle sera respectée et respectable.

Le jour où l'éducation, l'hygiène et les conditions de santé permettront qu'il n'y ait plus d'autres nourrices que les mères, sera un beau jour pour les enfants, pour la famille et pour le pays.

LE CHOIX D'UNE NOURRICE.

SCÈNE D'INTÉRIEUR.

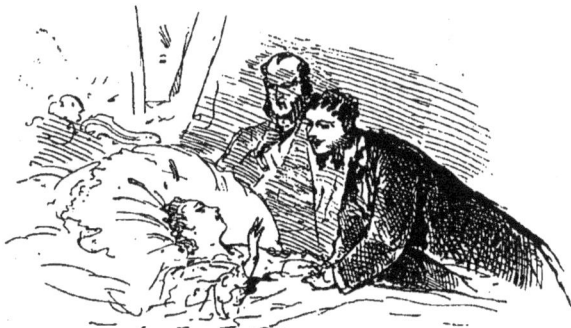

— Cher ami, notre Gaston comme il est beau ! Mais quel bonheur si c'est un fils unique !

Arrivée de Gaston : C'est un enfant superbe, parole d'honneur ! et il a déjà des faux airs de Monsieur.

Beau-père : j'ai lu dans le « Tour du Monde » que des dames, à force de nourrir leurs enfants, finissent par leur donner à teter par-dessus l'épaule. Je ne veux pas de ces qualités-là dans ma famille. Gaston aura une nourrice.

Voyez, les dents sont saines et abondantes. Bien.

La dégustation : Lait vigoureux, nourrissant, petit goût de noisette, goûtez-moi ça
— Mon bon docteur, je m'en rapporte à vous...

26

Marie la Picarde : Tête un peu dure; le reste
ne l'est guère. Trop de parents dans les environs.

Jeanne la Bourguignonne : Une demoiselle qui a eu des malheurs;
c'est le troisième. Ma belle-mère
préfère les nourrices demoiselles,
au moins, pas de mari à surveiller.

Françoise la Normande : Les dents ne sont
pas très-belles, par rapport au cidre. Mais
de la chair sérieuse et du muscle.

Pierrette la Bressane : Air pur des montagnes;
a la renommée de l'engraissement précoce.

Pas assez de lait! eh bien, excuses!

Le petit chéri va prendre la petite gougoutte! C'est étonnant comme il est avancé pour son âge !...

Miette la Provençale : Soleil distillé. Correctif indiqué pour les produits lymphatiques du Nord. — Rare sur la place.

Il faut soigner Jeannette. Le filet est excellent comme plus riche en fibrine; il faut surtout du bon Bourgogne, c'est des couleurs pour l'enfant.

— C'est moi que je sommes Jérôme, le mari de Jeannette, la nourrice, et je venions, histoire de lui dire deux mots.
— Pas de bavardage chez moi, c'est entendu. Filez vite, et qu'on ne vous revoie plus.

Ce cher Bébé, comme il est grandi! Mais je n'aurai jamais le courage de ne plus l'habiller en Écossais.
Ça lui va si bien!..

LA NOURRICE.

— Que voilà un petit bourgeois qui a un joli petit ordinaire tout de même! Y en aurait-il
pour deusse, sans vous commander, payse?

LE MARI DE LA NOURRICE.

Diable d'homme! toujours fourré à la cuisine.

E mouchoir est un accessoire de quatrième ordre, qui a bien parfois son utilité, mais dont il faut savoir ne pas abuser.

Quand il est indispensable d'avoir dans sa poche trois ou quatre mouchoirs pour subvenir aux nécessités d'une situation embarrassante, il vaut beaucoup mieux rester tranquillement chez soi que de courir le monde ou les salons.

Les femmes ont compris cette situation; aussi, sauf dans les circonstances tout exceptionnelles, jamais elles n'ont à la main que ces mouchoirs inutiles, grand comme le creux de la main de batiste, avec un mètre de dentelle autour. Le mouchoir utile, un en-cas, dort dans la poche du mari ou du fils. Quand la situation réclame trop l'intervention du mouchoir utile, Madame reste chez elle, et elle a raison.

— Tu me le remettras dans ma poche.

Le mouchoir de l'homme ne doit être considéré que comme mouchoir utile, pas de dentelle par conséquent.

27

Un joli chiffre bien brodé, le chiffre surmonté d'une couronne héraldique, si on peut en porter, ou même à la rigueur si on ne le peut pas, font bien au coin du mouchoir. On peut le laisser dépasser quelque peu la ligne décrite

par la poche extérieure du côté gauche de la veste ou de la redingote, ce qui égaye la devanture.

Les mouchoirs du matin peuvent être ornés d'encadrements discrets, ou rouille, ou bleus, ou rouges; ceux du soir doivent être parfaitement blancs.

*\
* *

Quelques vieux messieurs ont conservé l'habitude de certains mouchoirs de couleur foncée, destinés à recevoir l'excédant des prises que la tabatière a confiées à leur appareil olfactif.

*\
* *

Chaque jour diminue le nombre des gens qui trouvent plaisir à se fourrer dans le nez cette poudre noire qui ne les fait plus même éternuer. Il en reste encore quelques rares exemplaires dans le monde des Invalides, des vieux militaires, des vieux magistrats et des vieux savants.

La disparition du jabot, que l'on secouait d'un geste élégant et aristocratique pour enlever les grains de tabac qui y prenaient place, a été sans doute pour quelque chose dans la disparition parallèle des priseurs et des tabatières.

Les mouchoirs des priseurs modestes et peu fortunés sont en coton ou toile, à carreaux bleus mélangés de jaune et de noir.

Les priseurs élégants se servent de foulards rouges, ou jaunes, ou mélangés. Mais il en reste bien peu. L'industrie de ceux qui s'adonnaient à la spécialité de faire le foulard, c'est-à-dire de le cueillir dans la poche du priseur, doit être tout à fait dans le marasme.

Les mouchoirs blancs ne valent pas sensiblement la peine d'être cueillis, et les chiffres ou armes les rendent trop reconnaissables. On ne les prend plus guère.

Du reste, on le voit, le mouchoir, pour les hommes, en Occident, n'a qu'une minime importance.

En Orient, on le jette de temps en temps, ce qui lui donne quelque prix. Ici, c'est tout au plus si l'on a l'occasion de le ramasser.

*
* *

Quand la nature exige l'intervention du mouchoir, on doit s'en servir avec discrétion et mesure.

On disait jadis, comme formule populaire et admirative, pour parler d'un homme doué d'une certaine énergie :

— C'est un homme qui ne se mouche pas du pied !

Les sceptiques ajoutaient bien :

— Ça se voit sur sa manche !

Mais le point d'admiration y était.

*
* *

Bien que, par suite du mouvement acquis, cette locution circule encore quelque peu, il est évident que non-seulement on ne se mouche pas du pied par le temps où nous vivons, qu'on ne doit pas se moucher sur sa manche, et même que si certains persistent à se moucher dans leurs doigts, ils le font en dépit des plus simples notions de civilité, comme de convenance.

*
* *

Un citoyen était conduit devant la justice pour avoir battu sa femme :

— Oh ! monsieur le président, s'écriait le coupable, comment peut-on dire ? un simple coup de mouchoir !

— Mais il ne vous dit pas, fit la femme en pleurant, qu'il ne se mouche qu'avec les doigts.

*
*

En Chine et au Japon, les mouchoirs sont inconnus, ou du moins l'étaient avant que Chinois et Japonais eussent commencé à renoncer à leur costume original et caractéristique pour s'habiller à la *Belle Jardinière*.

L'usage de déposer dans une petite pièce de linge ou de soie le trop plein de leur nez, de rouler cette récolte, de l'envelopper avec soin, et de la placer précieusement dans le fond de leur poche, leur paraissait et leur paraît encore un usage répugnant.

*
* *

La coutume chez eux est de se moucher simplement dans de petits carrés de papier de soie, et de jeter au loin le petit papier et son contenu, pour qu'il n'en soit plus question.

— Mais, disent-ils aux Européens, si vous étiez logiques, et si vous mettiez en poche tous les souvenirs du même genre, voyez un peu où cela pourrait vous conduire !

* * *

La coutume en France et en Europe étant tout autre, on doit donc s'y conformer.

Quelques-uns se plaisent à faire, en se mouchant, le bruit éclatant de la trompette.

Il est des nez sonores qui résonnent au loin comme des clairons aigus ou des cymbales retentissantes.

Les vieilles dames au sermon, les vieux militaires en chambrée ou en retraite, et les gros commerçants retirés, se livrent trop fréquemment à ce genre de musique, dont l'usage doit être banni par les règles de la civilité.

Celui ou celle qui éternue doit modérer le timbre de son éternument, comme celui de son mouchoir.

Quand on voit quelqu'un se moucher, l'interlocuteur arrête un instant le flot de son discours pour donner le temps de finir l'opération.

Quand on entend ou voit quelqu'un éternuer, c'est un vieil usage de lui dire : Dieu vous bénisse !

Les gens blessés dans leurs convictions par cet appel à une bénédiction dont ils ne reconnaissent pas la vertu, et ne voulant pas considérer l'éternument au point de vue religieux, l'admettent seulement comme éternument civil, et modifient la phrase légendaire en disant tout simplement : A vos souhaits !

Il en est qui s'abstiennent de l'une et de l'autre locution, et s'inclinent gracieusement en saluant, à l'éclat de cette involontaire fanfare.

* * *

On assure que cette coutume invétérée vient d'une certaine maladie qui sévit sur la population au moyen âge. La maladie, dont l'issue était inévitablement mortelle, débutait par des éternuments de plus en plus terribles, qui semblaient comme le bruit de la trompette du jugement dernier.

De là cette locution : Dieu vous bénisse !

Le mouchoir a parfois son utilité, en dehors de sa mission intime.

Les orateurs qui perdent le fil de leurs idées, et ne trouvent pas instantanément le mot ou l'expression nécessaire, les avocats qui ont égaré le souvenir d'un argument, les maris pris à l'improviste et qui cherchent un prétexte, les femmes en quête d'une excuse, prennent le parti de se moucher, donnant à accomplir ce mouvement stratégique le temps nécessaire pour mettre quelque ordre dans leurs pensées, ou retrouver quelque chose de ce qu'ils ont perdu.

* * *

La sagesse des nations, elle aussi, s'est emparée du mouchoir.

A ceux qui entendent un discours, ou un réquisitoire, ou un sermon, à ceux qui lisent un livre, voient une peinture satirique, regardent ou écoutent une comédie, elle dit :

Qui se sent morveux, qu'il se mouche !

COMME ON S'ASSOIT.

De nos jours, les manières de s'asseoir varient à l'infini; nous en avons observé avec soin un certain nombre.

Voici comment on s'assoit quand on est un homme bien posé :

Carrément assis dans une situation inébranlable, quand on est chez soi et qu'on reçoit un solliciteur.

Comme on s'assoit quand on vient solliciter une place ou un service et qu'on n'a pas beaucoup d'argent.

Comme on s'assoit quand on a beaucoup d'argent et qu'on n'a pas du tout besoin de place.

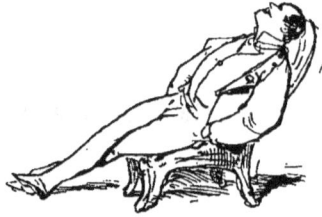

Comme on s'assoit quand on est à son aise.

Comme on s'assoit quand c'est tout le contraire.

Comme on s'assoit quand on est sans gêne.

Comme on s'assoit quand on est chez des camarades.

Comme on s'assoit quand on est chez des amis.

Comme on s'assoit quand on pose pour avoir du *chic*.

Comme on s'assoit quand on est chez une petite dame qui vous veut du bien (tâchez d'en garder un peu pour vous).

Règles générales. Ne vous asseyez ni trop sur le devant de votre chaise, ce

8

qui donne un air penaud et embarrassé, ni trop au fond, ce qui a l'air niais,
ni trop de côté, ce qui a l'air maladroit.

Ne glissez pas vos pieds sous votre chaise, c'est une attitude qui passe pour
manquer d'assurance et de dignité.

Comme on s'assoit chez un ami, quand il n'y a pas de dames.

Chez M. le comte, si vous avez à exiger quelques réparations à la toiture de votre ferme ou ailleurs : Avant le payement du fermage.

Comme on s'assoit dans son bureau, si l'on veut témoigner quelque bonhomie, et cependant conserver du prestige.

Ne vous laissez pas tomber de tout votre poids sur votre chaise ou sur votre
fauteuil, respectez les meubles de vos amis.

Quand on veut solliciter une place de douze cents francs.

Entre hommes, pour fumer un cigare et causer de la dernière soirée de mademoiselle Carabin, ou du dernier bal au club.

Lorsqu'il s'agit de montrer une dignité froide, et pour indiquer au solliciteur que sa visite ne saurait se prolonger.

Ne vous renversez pas sur votre siége de manière à vous balancer en avant
et en arrière.

Ne mettez vos pieds sur la cheminée que si vous êtes dans une intimité
complète, et si on vous le demande.

Quand vous êtes dans un salon et qu'une dame se lève, ne vous précipitez pas sur sa place pour vous y asseoir, et ne refusez pas ensuite de la lui rendre sous prétexte que :

C'est aujourd'hui la Saint-Lambert,
Qui quitte sa place la perd.

Ce serait une grave impolitesse, tout à fait indigne d'un homme de bon ton.

Si les siéges manquent pour les hommes, restez courageusement debout;

Comme on s'assoit quand on est dépourvu de toute influence.

Lorsqu'un ami filandreux vous raconte une histoire un peu prolongée, dites de temps en temps : Parfaitement, très-joli, c'est un chef-d'œuvre.

Quand on vient voir son député à Paris et qu'on a quelques terres au soleil !

il n'est pas dans les bonnes manières, même dans le cas où l'on serait excessivement fatigué, de s'asseoir, au milieu du salon ou dans les embrasures, les jambes croisées sous soi à l'orientale ou comme un tailleur.

Si vous êtes assis, vous pouvez croiser une jambe sur l'autre, ce qui est

Si vous avez un service ou un appui à refuser au fils d'un ancien ami.

Si vous avez un service ou un appui à demander à un vieil ami de votre famille.

Chez une petite dame qui ne vous veut pas de mal, — pendant que son banquier est à la Bourse.

Chez la comtesse de Trois-Étoiles, qui doit parler de vous pour un riche mariage.

admis, mais il ne faut pas faire mouvoir votre jambe avec un battement régulier comme un mouvement de pendule.

Pour peu qu'il y ait dans un salon trois ou quatre personnes assises et se livrant à cette gymnastique, une sorte de mal de mer pourrait bien s'emparer de l'assistance, ce qui produirait un effet des plus fâcheux.

Excepté quand vous êtes chez un ami intime et peu fortuné dont la chambre à coucher ne possède qu'une seule chaise, il est absolument contre les convenances de s'asseoir sur le lit.

Comme on s'assoit pour donner de l'eau bénite.

Comme on s'assoit pour donner de l'eau bénite.
(Variété de l'eau bénite de cour.)

M. LE VICAIRE.

CONVICTIONS BIEN ASSISES.

Le jour où je serai curé, il faudra que ça marche.

UN HOMME RASSIS.

Pelouse de Chantilly, section des parieurs, éleveurs et *book-makers*.

COTÉ DES DAMES.

Comme on s'assoit quand on reçoit une visite
sans conséquence.

Comme on s'assoit quand on arrive de province, et qu'on fait
une visite importante.

Quand on est mariée nouvellement, et qu'on va voir une vieille dame influente.

Quand on est au bal et qu'on attend un danseur.

Comme on s'assoit lorsqu'on est au bal et qu'un homme bien posé vient vous entretenir
de l'avenir d'un mari dont l'avancement laisse à désirer.

Comme on s'assoit quand l'avancement de l'interlocuteur ne laisse rien
à désirer du tout.

BONNE BOURGEOISE DE VAUGIRARD.

— Dire que depuis trente ans que je suis mariée, je n'ai jamais pu voir l'Opéra!
Tout ça n'empêche pas que j'ai tricoté mon bas en trois jours!

Comme on s'assoit quand ces messieurs sont sous la table.

Nota: Il est important d'éviter avec le plus grand soin cette manière de s'asseoir, si l'on ne veut pas faire jaser sur son compte.

Éviter cette manière de s'asseoir, usitée seulement par les dames qui ont la manie de souper
à trois heures du matin, en sortant du bal masqué.

COMME ON MARCHE.

DE même que les manières de s'asseoir, les manières de marcher sont des plus variées.

Dans les grandes chaleurs, quelques-uns ôtent leur paletot et le mettent sous le bras, ou l'accrochent à l'extrémité de leur canne, qu'ils portent commodément sur l'épaule. Cette manière de procéder, ne passant pas du tout pour convenable, doit être délaissée.

Celui qui donne le bras à une dame dans la rue, lui donne en même temps le haut du pavé, c'est-à-dire le côté des maisons.

Celui qui est seul doit donner également le haut du pavé, en se détournant, à un homme chargé d'un fardeau, à un prêtre quelconque, à une dame, à un vieillard ou à un enfant.

Si vous vous trouvez nez à nez avec une personne qui vient du côté opposé au vôtre, et si cette personne, aussi polie que vous l'êtes vous-même, se jette à droite au moment même où vous vous jetez à droite, puis à gauche au moment où vous vous jetez à gauche, puis encore à droite, puis à gauche, etc..., afin que cette situation ne se perpétue pas d'une manière indéfinie, prenez le parti de rester immobile à la même place.

Seulement il arrive parfois que votre vis-à-vis prend le même parti en même temps que vous; il faut alors recommencer.

* * *

La chose pouvant durer longtemps, quelques personnes se résignent alors à se saluer et à engager la conversation.

Il faut éviter dans ce cas toute conversation politique, ce qui pourrait mener beaucoup trop loin.

* * *

Si vous rencontrez un ami, vous pouvez vous arrêter pour échanger avec lui quelques idées sur les choses du jour. S'il paraît distrait ou pressé, il ne faut pas le saisir par un bouton de son paletot, et, tout en causant, tourmenter ce bouton jusqu'à ce qu'il vous reste dans la main.

※ ※ ※

Dans ce cas, rendez-lui de suite la liberté, à moins que si la conversation vous paraît fatalement devoir se prolonger, vous ne jugiez nécessaire de le saisir par un autre bouton. Dans ce cas, pour que votre ami ne puisse pas s'échapper, tenez solidement le bouton, mais ayez soin de le ménager.

※ ※ ※

Sans cela, votre ami pourrait bien se garer une autre fois, et passer d'un autre côté du boulevard s'il vous voyait au loin poindre de son côté.

※ ※ ※

Donner le bras à une dame est parfaitement convenable. Donner le bras à deux dames, en marchant dans la rue, n'est pas admis. C'est ce qu'on appelle faire le *panier à deux anses*.

Dans le monde de Belleville et de la Villette, on voit quelquefois une dame entre deux hommes auxquels elle donne le bras.

Cette attitude n'est pas bien vue en tout autre lieu.

Elle ne se prend généralement qu'en revenant de la barrière, de la promenade aux champs, ou du bal de banlieue.

Elle se complète en chantant quelques chansons à boire, ou l'air à la mode du jour, comme jadis *les Petits Agneaux, les Bottes de Bastien,* et maintenant *la Mère Angot.*

Démarche du badaud
ou gobe-mouches.

Démarche de l'homme sérieux,
section de la politique.

Démarche du Parisien
boulevardier.

Démarche du professeur
et de l'économiste.

Démarche du prétentieux
et du casseur.

Démarche de l'homme pressé,
qui ne se promène pas.

Démarche
de celui qui se promène.

Démarche du campagnard
habitué à marcher
dans les terres labourées.

Démarche
du faubourien.

Démarche du commandant
de table d'hôte.

Démarche du bourgeois.
(Quartier du Temple ou du Marais)

COMME ON MARCHE POUR PARVENIR.

CONSERVATEUR DU MUSÉE DES ANTIQUES.

Comme on marche quand on est arrivé.

COMME ON MARCHE POUR ARRIVER.

L'OUVRIÈRE.

Ne pas marcher trop vite.

Tout vient à point à qui sait attendre.

Règle générale. Ne pas chanter ni siffler en marchant, ne pas rire aux éclats, et ne pas faire le moulinet avec sa canne ou son parapluie.

Il est parfaitement permis de regarder la toilette d'une femme. Elle trouverait même peu civilisé qu'il en fût autrement, — attendu que, tout bien considéré, elle ne l'a faite que pour vous, ou du moins pour le premier passant venu, comme vous-même.

Mais il est impertinent de regarder une femme sous le nez, et encore plus de lui adresser la parole sans y être convié.

※ ※ ※

Certains prennent un vif plaisir à suivre une dame ou demoiselle dont la mise est coquette et dont la jambe leur plait. Ce sont les *suiveurs.*

Ils murmurent à son oreille les compliments les plus insidieux, et lui glissent les bouquets à Chloris les mieux tournés.

Généralement ils ne sont honorés d'aucune espèce de réponse. Il en est qui ne se découragent pas, et qui vont jusqu'à risquer l'invitation à dîner.

Si par hasard leur invitation est acceptée, tant pis pour eux.

※ ※ ※

Il est de discrétion de ne pas saluer un homme qui donne le bras à une femme sur le boulevard, sur les promenades ou dans la rue, à moins qu'il ne vous fasse lui-même signe qu'il consent à être reconnu.

A plus forte raison, passez sans saluer près d'une dame de votre connaissance donnant le bras à un homme que vous ne connaissez pas.

Méfiez-vous des dames bien mises qui s'arrêtent trop longtemps à admirer l'étalage d'une grande modiste ou d'un élégant bijoutier. — La prudence est la mère de la sûreté.

Démarche du flâneur.

31

MENUS ACCESSOIRES.

LA CANNE ET LE PARAPLUIE.

Canne du débutant.   Canne (stick).   Canne (trique).   Canne indispensable.

Parapluie *chic*.

Canne de luxe.

De l'utilité du parapluie dans les relations sociales.
(Chapitre des victoires et conquêtes.)

Parapluie sans prétention.

Parapluie canne.

Comme on porte son parapluie quand on est employé,
qu'il ne pleut pas, et qu'on n'aime pas la gêne.

Comme on porte son parapluie
quand il fait beau.

Parapluie modeste.

Comme il ne faut pas porter son parapluie.

LA COMÉDIE DU PARAITRE.

A manie plus particulière à notre époque est, sans conteste, la manie de l'égalité.

Depuis tantôt un siècle on a bien écrit sur tous les murs et en caractères le plus gros possible :

LIBERTÉ, ÉGALITÉ, FRATERNITÉ.

Les inscriptions ont eu beau faire, le succès n'a répondu que d'une manière incomplète aux citoyens badigeonneurs !

La *liberté*. On n'a jamais pu définir au juste ce que c'était, et ceux qui la comprennent pour eux-mêmes ont toujours invariablement cessé de la comprendre pour le voisin.

La *fraternité* n'a jamais été considérée que comme un mot vide de sens, surtout depuis qu'il a été observé comment, de nos jours, frères et frères, frères et sœurs, semblaient souvent prendre plaisir, et sous le premier prétexte venu, à se chamailler, ou même à se haïr d'une façon beaucoup plus cordiale que les étrangers entre eux.

Il est vrai, assure-t-on pour excuse, que les froissements d'intérêts étant naturellement plus inévitables, en raison même de l'état de fraternité, les conflits deviennent par suite et par là même d'autant plus inévitables aussi.

Nous ne discuterons point sur cette observation, brutale comme un fait.

Contentons-nous de constater que la fraternité se trouve forcément reléguée dans le monde des rêves et des utopies.

L'*égalité*, c'est autre chose.

L'inégalité de jadis a donné à tous une soif insatiable d'égalité.

Tous les hommes étant devenus égaux devant la loi, ils en ont conclu à l'égalité devant toutes choses.

On peut dire en somme que les idées républicaines n'ont amené ni la liberté ni la fraternité, mais qu'au moins elles ont amené autant que possible l'égalité.

En attendant que l'on puisse décréter l'égalité de la taille, celle du talent, celle du mérite, et même celle de la santé, on s'est préoccupé d'arriver autant que possible à l'égalité dans les jouissances, dans les satisfactions de toutes sortes.

Quand on n'est pas parvenu à l'obtenir, on a voulu au moins en avoir comme une sorte de contrefaçon.

L'inégalité dans la richesse et dans l'argent étant la seule qui subsiste, malgré tous les efforts faits jusqu'ici pour la supprimer, on s'est efforcé d'obtenir au moins l'apparence de la richesse et de l'argent, la grimace du luxe et la caricature de l'opulence.

*
* *

Notre époque est une époque de similipierre, de similimarbre, de similibronze, qui se complète souvent par des similititres.

Le ruolz y joue la comédie de l'argenterie, le zinc y joue la comédie du bronze; le strass, la comédie du diamant; le coton, la comédie du fil et de la soie; l'homme d'argent, la comédie du grand seigneur; le pauvre, la comédie du riche; la cocotte, la comédie de la grande dame, et, parfois même aussi, la grande dame, la comédie de la cocotte.

*
* *

Jamais le commerce des bijoux faux n'avait pris un développement pareil ! Ruolz et Christofle ont dû faire de colossales fortunes. L'imitation des dentelles est en prospérité. On gagne des sommes colossales en faisant des sculptures sur bois en carton-pâte.

C'est le règne des faux-cols en papier, des chaînes d'or en cuivre, et des souliers à semelle de carton.

*

En vertu de l'égalité, chacun veut être décoré; beaucoup y parviennent.

Parmi ceux qui n'ont pas encore pu y parvenir, certains se plaisent à jouer la comédie de la décoration, et se fourrent un œillet rouge à la boutonnière.

A quinze pas, dit-on en les voyant arriver, ce Monsieur est un officier de la Légion d'honneur; à trois pas, c'est une fichue bête !

*

Notre époque est là tout entière.

Ah ! les gros personnages ont des sculptures, des tableaux, des bijoux, des diamants, des dentelles ! Attendez un peu, Messeigneurs, nous avons aussi de tout cela, nous autres. Voyez les choses : à quinze pas c'est tout pareil, la galerie n'y regardera pas de plus près.

De là les hôtels en carton-pierre, les rivières de diamants en caillou du Rhin, les peintures en chromo-lithographie, les pendules en zinc, les hommes et les femmes en imitation et en carton-pâte.

De là la comédie du luxe au milieu de la gêne, et de la richesse au milieu de la pauvreté.

De là les budgets outrageusement dépassés dans les plus petits ménages comme dans les plus gros, — dans les petits États comme dans les grands.

Il faut avouer cependant que ces aspirations au mieux ne datent pas positivement d'hier.

Le bon la Fontaine ne disait-il pas jadis :

> Tout petit prince a des ambassadeurs,
> Tout marquis veut avoir des pages.

Les choses n'ont fait que s'étendre, et la manie de l'imitation s'est de plus en plus infiltrée par tous les pores.

On veut paraître à tout prix.

Celui qui a dîné à dix-huit sous vient se promener sur le boulevard armé d'un cure-dents, pour paraître avoir dîné au café Anglais, chez Brébant ou à la Maison-d'Or.

Celui qui n'a pas de faux-col veut paraître en avoir, et s'en taille un dans une feuille de papier.

Celui qui n'a pas de cheveux veut paraître en avoir, et met une perruque.

Celle qui n'a pas de gorge veut paraître en avoir, et enrichit son corsage d'insidieux globes de coton.

Celui qui n'a pas de famille veut paraître en avoir, et se paye des ancêtres à quinze francs la pièce chez le marchand de bric-à-brac.

Celui qui n'a pas de maîtresse veut paraître en avoir, et s'écrit des lettres brûlantes d'amour qu'il va mettre à la poste lui-même, et montre ensuite avec discrétion à tous ses amis.

La femme qui n'a pas de teint veut paraître en avoir, et se badigeonne de rose et de blanc.

Celui qui n'a pas de talent veut paraître en avoir, et se paye des collaborateurs anonymes et au mois.

Celui qui n'a pas d'argent veut paraître en avoir, et en prend partout où il peut mettre la main.

***

Les bonnes, quand elles sortent le dimanche, portent un chapeau couronné de fleurs, une voilette en imitation, un faux chignon, une robe de soie, et un pardessus soutaché, comme Madame.

L'artisan dédaigne les vêtements de sa profession, et porte un habit, un paletot, un chapeau, comme Monsieur.

L'employé va au Bois, au théâtre, au bal, comme son chef.

Le commis d'agent de change entretient des danseuses, comme l'agent de change lui-même.

Le caissier donne des chevaux et des voitures à ces dames, comme son patron.

Le banquier donne des fêtes comme le grand propriétaire.

Le grand propriétaire, comme un grand-duc.

Et ainsi de suite.

Aussi parfois arrive-t-il que le grand-duc est mis à la porte, que le grand propriétaire est hypothéqué, que le banquier saute, le caissier file, le commis vole. Parfois l'artisan ou l'ouvrière s'accrochent à un clou ou bien s'enferment avec un réchaud de charbon. Si bien que la comédie tourne à la tragédie. Et cette contrefaçon de la richesse ne parvient trop souvent à enrichir que les salles de la Morgue ou celles de la cour d'assises.

En famille.

SIMPLES CONSEILS AU JEUNE DÉBUTANT DANS LE MONDE.

'EST un beau jour que celui où vous recevez une carte, magnifique papier porcelaine, sur laquelle vous lisez ces mots magiques :

> *M. et madame de Beaussac prient M. Gaston Saint-Kétoil de leur faire l'honneur de passer la soirée chez eux, le*
>
> *On dansera.*
>
> 232, rue Scribe.

C'est alors que vous pourrez dire avec une juste fierté : Je suis un homme, on compte avec moi! Me voilà lancé.

En effet, madame de Beaussac a dit avant-hier à l'une de vos vieilles

32

cousines : « N'avez-vous pas quelque petit jeune homme pour figurer dans
« les contredanses? C'est effrayant comme les danseurs deviennent rares.
« Ramassez-moi tout ce que vous trouverez de valide sur la place. »

C'est alors que vous avez reçu votre premier morceau de carton. Mais il
faut mériter ces faveurs par de bonnes manières et par une tenue irréprochable.

Vous pourriez à la rigueur conserver la tunique du collége, mais elle a le
tort de ressembler à une livrée, de vous classer trop visiblement, et de vous
désigner d'une façon trop ostensible au dédain des petites demoiselles qui
aspirent à un danseur sérieux.

*
* *

Il vous faut donc un habit noir. Veillez à ce qu'il soit d'une coupe fine et
élégante; que le pantalon tombe avec grâce sur la bottine, dont le cuir soit
souple et luisant; qu'un gilet à trois boutons découvre une chemise au plastron éblouissant de blancheur.

Étudiez l'agencement de la cravate blanche.

Prenez soin que le coiffeur partage habilement votre chevelure sur le
sommet de la tête, et en étage harmonieusement les boucles que le fer s'est
plu à arrondir.

Renfermez vos dernières engelures de l'année dans le chevreau le plus
blanc que vous pourrez rencontrer.

Et lorsque vous aurez jeté dans la glace un dernier et sévère coup d'œil,
lorsque vous aurez reconnu que votre tenue est sans reproche, et qu'il ne vous
manque tout au plus, pour être pareil à tous, que les quelques poils de moustache que vous saurez conquérir plus tard, il ne vous reste plus qu'à monter
avec soin dans une voiture de place, et à vous faire conduire chez madame
de Beaussac.

*
* *

Vous vous avancerez sans trop d'embarras, mais avec modestie, vers la
maîtresse de maison, que vous saluerez, en vous inclinant avec un respect
mêlé de grâce, autant qu'il vous sera possible.

Elle ne manquera pas de vous dire :

— Enchantée de vous recevoir, monsieur Gaston; j'ai beaucoup compté sur vous. Vous trouverez ici beaucoup de charmantes jeunes filles qui y comptent de même. Avez-vous fait bonne provision de jambes et d'énergie?

Vous vous inclinez de nouveau, en souriant d'un air fin à la fois et assuré, comme l'être qui a conscience de sa force et de sa volonté.

Et vous vous mettez de suite à la besogne.

Car il s'agit de conquérir votre place définitive dans ce monde dont les portes viennent de s'entr'ouvrir devant vous.

*
* *

Ne faites pas comme les jeunes gens qui se croient tout à fait arrivés et négligent les dames à coiffures monumentales, surmontées de plumes et de fleurs, dames à robes sérieuses, qui font à merveille, du reste, comme garniture de banquettes, et qui sont plus connues sous le nom de *tapisseries*.

Ne les négligez pas; elles sauront à un moment donné vous être utiles et vous aplanir quelques routes.

Un verre de punch adroitement conquis en leur faveur, ou bien une glace ou un simple verre de sirop bien placés, peuvent, et il faut vous le rappeler, décider de votre avenir.

Soignez les tapisseries.

Elles seules peuvent répéter partout : Avez-vous vu ce petit Gaston? comme il est bien! Mais c'est un garçon charmant! Ce sera un parfait cavalier, ajouteront les plus âgées.

*
* *

Mais surtout soyez adroit. Si un verre de punch bien placé est un heureux jalon pour les succès de l'avenir, le même verre de punch renversé par maladresse sur la jupe d'une femme, vous rendra pour bien longtemps importun et impossible.

— Quel niais, ridicule et maladroit que ce petit Saint-Kétoil! répétera-t-on en chœur. Et l'on ne vous invitera plus — qu'à rester chez vous.

Aussi ne vous engagez jamais à apporter une tasse de chocolat à une dame et encore moins à une demoiselle.

Le chocolat versé sur une robe blanche produit un effet désastreux, et vivriez-vous cent ans, on ne saura jamais l'oublier.

Si l'on vous demande de passer une chaise à une personne qui se trouve bloquée dans un coin et qui ne peut s'asseoir, empressez-vous de trouver cette chaise; mais il est tout à fait essentiel de ne pas la cogner sans précaution dans le dos d'un monsieur qui pourrait être grincheux et désagréable.

S'il vous appelle imbécile ou maladroit, faites semblant de ne pas vous en apercevoir, la maîtresse de la maison vous saura gré de cette réserve.

Il vaudrait cependant encore mieux pour vous cogner le dos du monsieur le plus désagréable que de placer le pied de la chaise que vous enlevez à bout de bras sur la coiffure d'une des invitées, de façon à faire tomber ou les fleurs ou les fausses nattes.

On ne vous le pardonnerait jamais.

* *

Rappelez-vous que le devoir d'un jeune homme est de se sacrifier jusqu'au jour où d'autres plus jeunes viendront se sacrifier à sa place.

*

Aussi il est du devoir d'un jeune homme bien élevé et attentif, qui veut se faire bienvenir, non-seulement des belles dames, mais des autres, et qui

surtout désire se poser comme utile et inattaquable près de la maîtresse de maison, d'étudier avec soin la composition de l'ensemble.

Il y a toujours çà et là certaines demoiselles ou dames laides, ou mal faites, ou désagréables, ou pauvrement vêtues, que les danseurs malappris laissent s'étaler sur leurs banquettes.

Le jeune homme bien appris doit rechercher avec soin ces demoiselles ou dames, et les faire danser, valser ou polker à tour de rôle.

Il n'y a pas à se préoccuper d'inviter les belles, les élégantes et les agréables; d'autres s'en chargeront avec plaisir.

* *

Ne perdez jamais de vue que vous accomplissez un stage, que vous n'êtes pas là pour vous amuser, mais pour accomplir un devoir.

Si une charmante personne à laquelle vous demandez l'honneur d'une contredanse vous répond qu'elle ne danse pas, et accepte ensuite néanmoins un officier de hussards, il est de votre devoir de débutant de vous tenir à l'écart avec discrétion. Vous la rattraperez plus tard.

* *

Quand vous marchez derrière une dame dont la robe s'étale avec grâce et majesté à sa suite, étudiez-vous à manœuvrer savamment en avant, en arrière, à côté de l'étoffe redoutable sur laquelle il ne faut pas, par mégarde, poser le pied, sous peine d'entendre un *crac* funeste et déchirant.

Quand elles sentent et entendent ce *crac,* les femmes se retournent en jetant par-dessus leur épaule un regard méprisant et indigné.

Si vous ne trouvez pas à vous dissimuler dans la foule ou derrière un gros monsieur, vous êtes perdu.

**

Ne craignez donc pas de vous exercer, ou bien à sauter habilement par-dessus les traînes, ou à glisser avec adresse vos pieds sous les étoffes et dentelles, afin de ne pas les offenser d'un contact imprudent.

**

Si le vieux colonel, influent dans la maison, vous bloque dans un coin pour vous raconter la campagne de Crimée, ou bien même une autre, à sa volonté, il faut vous efforcer de prendre sur vos traits l'expression du plus vif intérêt, même si cela dure trois quarts d'heure. Cela vous fera bienvenir.

**

Il ne saurait y avoir qu'un moyen de vous soustraire poliment à ces récits trop prolongés, celui de vous précipiter pour faire danser la petite fille de la maison, qui aura douze ans à Pâques, quand même vous penseriez, à part vous, qu'elle serait bien mieux à dormir dans son lit qu'à estropier une contredanse.

**

Si la maîtresse de la maison vous engage vivement à faire polker une dame fort maigre, qui a la tête de plus que vous, ou une demoiselle courte qui possède une petite bosse ou un gros nez rouge, ne laissez pas lire sur votre physionomie que vous préféreriez de beaucoup autre chose.

**

Si votre mauvaise étoile vous conduit à inviter pour la valse une dame qui ne sait pas démêler ses jambes de celles de son valseur, et si la fatalité veut que vous tombiez, tâchez du moins de tomber en chevalier français.

Et ne craignez pas de déclarer franchement que cette chute est votre ouvrage. Cela aura du moins l'avantage de vous éviter certaines invitations pour l'avenir.

⁂

Si une forte dame, qui ne danse plus, mais consent encore à faire quelques tours de valse, vous honore de sa confiance, faites appel à toute votre énergie, et montrez un vigoureux empressement, quand même vous penseriez, à part vous, à demander un cheval de renfort.

Yves et Barret sc.

Sachez vous sacrifier jusqu'au bout, et si après plusieurs tours de valse la dame vous demande si vous n'êtes pas fatigué, répondez-lui qu'avec une aussi bonne valseuse un valseur est infatigable.

⁂

Après la valse, ayez bien soin de ne pas indiquer, par votre attitude vis-à-vis de la maîtresse de la maison, que vous avez accompli une dure corvée.

Si vous avez occasion de voir le mari de cette dame, homme peut-être utile et influent, ne lui laissez pas supposer, par une pantomime irréfléchie, que sa femme est une véritable charrette.

Il le sait, sans nul doute, mais ne voudra pas en convenir.

Ce serait pour l'avenir vous ruiner complétement dans l'opinion de tous deux.

* *

Vous pouvez alors vous diriger vers le buffet, afin de reprendre quelques forces; mais ayez soin de ne pas vous précipiter avec trop d'ardeur sur le punch, les gâteaux et le vin de Champagne. Il ne faut pas laisser supposer un instant que vous n'avez pas dîné.

Si malgré le secours du buffet vous êtes décidément trop fatigué, glissez-vous adroitement du côté du vestiaire pour prendre votre paletot, car vous avez alors la conscience tranquille, sachant que vous avez rempli votre devoir.

* *

Mais si la maîtresse de la maison vous pince au moment où vous allez partir, faites en sorte de n'exprimer sur votre visage autre chose qu'une reconnaissante satisfaction.

Défaites consciencieusement votre paletot, et rentrez pour continuer le cours de vos travaux.

* *

Sachez être préparé aux petits déboires. Ce qui vous soutiendra, c'est la certitude qu'ils vous seront comptés plus tard, et qu'on vous en saura gré dans l'avenir.

Si donc, au lieu de vous faire une place régulière au cotillon, on vous donne simplement des palatines à garder, prenez une physionomie satisfaite.

Ne marquez aucun mécontentement si l'on vous donne des rôles sacrifiés, celui du chevalier *de la Triste-Figure,* et si l'on s'obstine à vous affubler de la grosse tête au cotillon.

Si les yeux vous pèsent et que vous ressentiez une forte envie de dormir vers les trois heures du matin, arrachez-vous de temps en temps un cheveu pour vous réveiller.

Si la maîtresse de la maison vous prie de reconduire sa tante, une vieille demoiselle qui demeure au Marais, pendant que vous demeurez vous-même aux Champs-Élysées, faites en sorte que votre physionomie ne reflète que le plus parfait contentement.

— Comment donc! direz-vous, mais je serai vraiment trop honoré, et trop heureux!

***

Il est indispensable alors que vous vous procuriez une voiture. Si le temps a tourné à la pluie, ce qui se pourrait fort bien, ne vous laissez pas aller à quelque pantomime désespérée.

Occupez-vous vous-même de trouver la voiture, ce sera plus prudent; faites en sorte de mettre la main sur un bon cocher, et de ne pas mettre les pieds dans le ruisseau.

Faites monter avec soin la vieille demoiselle, et si pendant la route elle vous parle avec amertume de ses quinze fiches perdues, et de la mazette de colonel qu'elle avait pour partenaire, ayez soin de ne pas vous prononcer complétement, mais n'essayez pas de contrecarrer ses appréciations.

***

Lorsque vous rentrerez chez vous, vers les quatre heures du matin, après avoir été trempé de sueur par la valse, mouillé de pluie par le mauvais temps, les yeux rouges, la tête lourde, les pieds humides, hâtez-vous de vous déshabiller et de vous coucher.

Puis dites-vous avec conviction, comme feu Titus, en ramenant sur vous la couverture : Je n'ai pas perdu ma journée.

***

Si, à la suite de ces heureux débuts qui vous ont bien posé dans le monde et vous en vaudront certainement d'autres, vous avez attrapé quelque bon gros rhume, ou une jolie petite bronchite, soignez-vous de votre mieux, pour être prochainement en état de recommencer.

A mesure que l'occasion s'en retrouvera, l'apprentissage deviendra moins dur et les épreuves moins pénibles.

Et chacun vous saura gré de vos efforts.

Quelle que soit votre pensée secrète, ne craignez point cependant, lorsque vous verrez vos camarades, de leur parler avec enthousiasme de l'éclat des salons et des toilettes.

Vantez-leur, si cela vous est une compensation, les harmonies suaves de la musique, l'enivrement de la valse, et n'hésitez pas à vous glorifier de vos succès dans le monde.

Comme cela, vous vous ferez quelques envieux, ce sera du moins un moyen de vous rattraper quelque peu.

Et vous serez aussi, une fois de plus, utile aux maîtresses de maison qui auront besoin de ces messieurs pour l'avenir.

LE BAL DE M. ET Mᵐᵉ PETITSAC

OU DEUX DEMOISELLES A MARIER.

— Voici nos filles qui commencent à s'ennuyer... et à nous ennuyer !...
Il faut absolument les marier.

Quitter nos chers petits parents ! quel bonheur !

Mais pour trouver des maris, il faut
battre le rappel.

Traduction libre. — Mesdemoiselles Clémence et Laure Petitsac
désirent faire le bonheur d'un époux, — qu'on se le dise ! — On est
prié de venir voir la marchandise le 10 courant, de neuf heures du
soir à deux heures du matin. — Dots modérées.

Heureusement, M. Petitsac a dans son bureau un petit employé
qui jouera bien des contredanses et des polkas jusqu'à trois
heures du matin. Ah ! s'il avait un camarade cornet à piston !

— Quand on n'a pas un grand appartement, il faut bien dé-
ménager pour avoir un peu de place.

DERNIÈRE NUIT AVANT LE BAL.

Du reste, on ne dort pas encore trop mal sur les banquettes de M. Godillot.

LES ROBES DE CES DAMES.

— Mais, malheureuse, on vous attendait à deux heures, et vous arrivez à huit heures et demie !...

POUR LE SERVICE.

Il y a d'abord Marguerite, la bonne de ces demoiselles, qui fera le punch et tiendra le vestiaire, et puis Théodore, le garçon de bureau de M. Petitsac. Ses gants de coton ont servi avec Monsieur dans la garde nationale.

DERNIERS PRÉPARATIFS.

Jamais une autre que Madame n'a touché à la rosette de M. Petitsac.

AGRAFEMENT MUTUEL.

Dépêchons-nous, nous ne serons jamais prêts. Pourvu que M. Sardou n'arrive pas maintenant, il est si exact !

— Car j'ai invité M. *Victorien Sardou*, qui est venu l'autre jour au bureau pour des réclamations. Ça va nous faire venir du monde, je ne me suis pas gêné pour le dire ! Enfin nous voilà sous les armes, les futurs n'ont qu'à bien se tenir.

INSPECTION FINALE.

LE COUP D'OEIL DU MAÎTRE.

— Moi, je crois qu'il faut décolleter un peu plus Laure, et remonter le corsage de Clémence.

DIX HEURES MOINS UN QUART! PERSONNE!

— J'ai pourtant lancé quatre cents lettres !... Je me plaindrai au directeur des postes.

AH! ENFIN!!!

Allons bon!... c'est ce petit animal de pâtissier!... moi qui croyais reconnaître le coup de sonnette spirituel de M. Sardou.

LA DAME AUX PETITS JEUNES GENS.

— Ah! cette fois-ci!
— Chère madame, je vous amène des danseurs.
— (Sont-ils sevrés?) Ce ne sont pas de vieux garçons, comme dirait M. Victorien Sardou, que nous aurons le plaisir de voir ici ce soir.

CONCURRENCE.

— Chère madame Petitsac, voici mes nièces que je vous présente, orphelines et deux cent mille francs de dot : ce seront des amies pour vos filles.
— (C'est ça, prends-y garde!) Enchantée, chère madame, nous en ferons des intimes, suivant la spirituelle expression de notre ami M. Sardou.

— Quel bonheur ! voici le prince KRAKOFF avec toutes ses décorations, et BLAGUIL PACHA avec son fez. Rien ne produit meilleur effet dans les embrasures. Quand Sardou va venir, ce sera complet.

— Et madame Bobilos, noble étrangère ! a tous ces diamants ce soir ! trois broches et une rivière de plus qu'au dernier bal de madame de Gransac. Cela fera loucher bien du monde !

JEUNES GENS NON MARIÉS.

M. de Piedplat, gentilhomme de la Corrèze. — Dinenville, poëte rêveur. — Don Deussous, coulissier. — Legras, négociant. — Lesecq, banquier. — De Lapatte, artiste peintre. — Employés et surnuméraires, comparses.

CHAPITRE DES ESPÉRANCES.

— Mes filles ont un vieil oncle qui n'a plus que le souffle, il n'ira pas loin ! Ah ! ma pauvre femme est d'une santé bien délicate. Quant à moi, je crains bien d'avoir quelques tendances à l'apoplexie.

— C'est ma fille, voyez comme elle est grandie. — Trop, trop, trop ! toujours charmante, mais, mon Dieu, comme elle est pâle ! soignez-la, ma bonne amie, je vous en prie, soignez-la.

MENUS PROPOS DE JEUNES GENS BIEN DOUX A L'OREILLE D'UN PÈRE.

— Tu disais cette grosse Laure une fille un peu légère, merci ! tu n'as pas polké avec elle ! Une charrette à bras, mon cher !
— Vois donc Charles valser avec Clémence ! on dirait un chien qui se sauve avec un os !

ENFIN IL Y A DU MONDE!

A onze heures, une dame est à moitié écrasée en passant une porte. M. Petitsac est ravi. Seulement, pas de nouvelles de M. Sardou.

ONZE HEURES UN QUART.

Madame d'Aigrebec se retire, déclarant qu'elle n'aime pas les cohues! M. Sardou n'arrive pas.

MENUS PROPOS.

Monsieur Paul, tâchez donc de me conquérir un verre de n'importe quoi. Depuis deux heures je n'ai pas vu plus de sirop ni de glaces que je n'ai vu ce pauvre M. Sardou!

MENUS PROPOS.

— Ah! si l'aînée n'était pas si maigre!
— Si la cadette n'était pas si grasse!
— Et si la dot était plus grosse!!

MENUS PROPOS.

— Le père est une huître!
— La mère est une oie!
— Les filles des grues!
— Voyez-vous comme Sardou va venir!
— Dans une pareille ménagerie!
— Allons souper au café Anglais!

MENUS PROPOS.

— Oui, madame, depuis quinze ans je dîne chez ces gens-là trois fois par semaine, c'est tout dire que je les connais! Croyez-moi, cherchez ailleurs un parti pour monsieur votre fils!

— A bientôt, chère madame, venez avec
vos fils, nous vous ferons manger des confitures de Laure, et entendre le grand air
de Clémence, deuxième acte de *Faust*.

CHOEUR GÉNÉRAL.

Ah! monsieur! Ah! madame! quelle délicieuse soirée!

CHANT DU DÉPART.

— Quelle soirée ridicule!
— Un appartement comme une boîte!
— Trop de monde!
— Pas de rafraîchissements!
— Pas de table à jeu!
— Des gens communs et prétentieux!
— Et M. Sardou! comme il est venu!
— Parbleu!

EN FAMILLE.

— Il faut l'avouer, c'était charmant! On ne nous a pas
demandé nos filles ce soir, ce sera pour demain.
— Pourvu seulement que M. Sardou n'ait pas l'idée d'arriver maintenant!

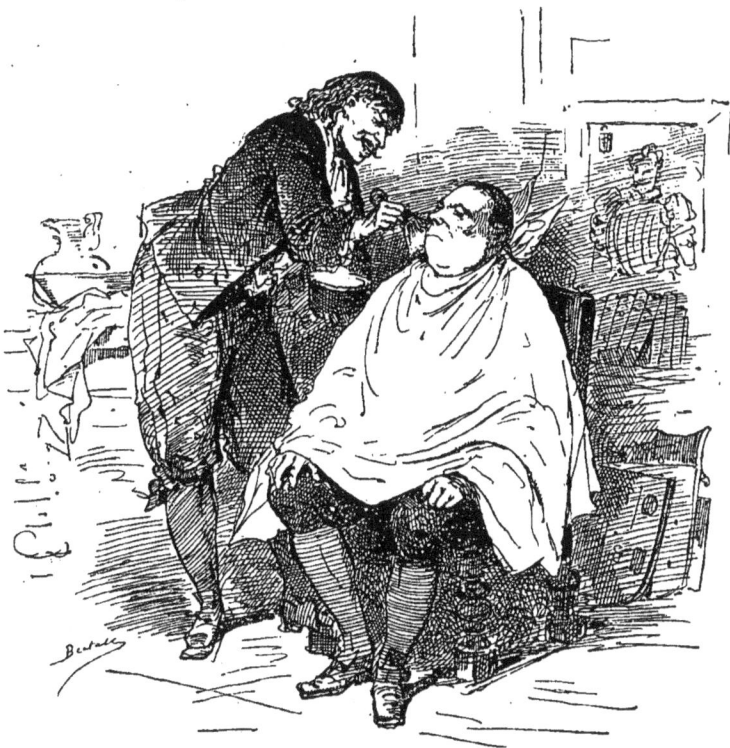

LES TITRES ET LE BLASON.

INSI que nous l'avons dit précédemment, les principes d'égalité proclamés avec tant de soin et tant de fracas depuis tantôt près d'un siècle, n'ont pas convaincu tout le monde, il s'en faut.

Il n'est pas besoin d'être profond observateur pour remarquer comment le catéchisme des principes, dits les glorieux principes, principe de l'égalité, principe même de la liberté, comme celui de la fraternité, rencontre des incrédules et des dissidents tout aussi bien dans le groupe des catéchiseurs que dans la foule des catéchisés.

Le soin principal des gens en apparence les plus convaincus, consiste à réclamer pour eux ce qu'ils suppriment nettement et carrément chez les autres.

La *fraternité* est un mot vague qui ne dit rien et n'engage précisément à rien. Il y a les frères amis comme il y a malheureusement les frères ennemis. Il a fallu accoupler les deux mots *frères* et *amis* pour arriver à une signification quelconque. Et encore, les frères et amis sont ceux qui se plaisent davantage à s'assommer de coups de poing et de coups de soulier après boire.

Les apôtres les plus enthousiastes de la *liberté*, on le sait, réservent cette précieuse liberté uniquement à ceux qui sont de leur opinion et de leur avis, la refusant nettement aux autres.

Ceci est un dogme. Un exemple récent, celui des événements passés au moment de la Commune, nous démontre surabondamment comment la liberté de la presse, la liberté de conscience, la liberté de soi-même, et même la liberté de vivre, ne sont réclamées énergiquement que par ceux qui veulent s'en servir pour leur propre satisfaction personnelle.

Les gens d'un avis contraire sont formellement exclus de toutes ces formes de la liberté.

*   *
*

Ainsi que nous l'avons dit, l'*égalité* n'a pas mieux réussi à s'implanter dans les couches anciennes et nouvelles.

L'épidémie du galon, au temps de la Commune, a démontré clairement le goût des distinctions, des honneurs et des places, et l'horreur de l'égalité dans les rangs les plus inférieurs.

Quand on prend du galon, on n'en saurait trop prendre.

A cette époque où l'on prenait tout, cette manie nous semble encore une des plus innocentes.

Mais elle nous paraît conclure péremptoirement contre les prétentions à l'égalité, puisqu'il est démontré que cette prétendue égalité ne viserait à autre chose qu'à rabaisser ce qui est en dessus, sans relever, et même en abaissant encore ce qui est en dessous.

***

Les soldats savent parfaitement qu'il n'est pas d'officier plus roide et plus exigeant que celui qui a été simple soldat.

Il n'y a pas de patron plus difficile avec ses ouvriers que celui qui fut ouvrier.

Pas de maître plus impérieux dans sa maison que celui qui a commencé par être domestique.

Pas de bourgeoise plus intraitable avec les cuisinières que celle qui fut jadis cuisinière elle-même.

Pas de noble plus entiché de noblesse que celui qui s'est créé noble par sa propre initiative.

***

Un duc de nouvelle fabrication est beaucoup plus prétentieux et gourmé avec les citoyens roturiers que les ducs vieille maison.

Suivant une expression puisée dans l'arsenal bourgeois, il faut bien faire balai neuf.

Ce que le bourgeois, quoi qu'il en dise, respecte et envie le plus, c'est un titre.

Quand un bourgeois n'a pas réussi à se faire fabriquer duc, comte ou baron par une autorité quelconque, celui qui envie cette sorte de distinction prend tout simplement le parti de se l'octroyer gravement à lui-même de propos délibéré.

Quand il n'a pas l'énergie ou le toupet nécessaire pour se donner à lui-même cette satisfaction, il cherche, comme M. Poirier, à se la procurer de seconde main en s'achetant un gendre, et se payant ainsi des petits-fils, ou marquis, ou vicomtes, ou barons.

***

M. Thiers, le petit bourgeois, comme il s'intitule lui-même, est le type de cette bourgeoisie, dont M. Prudhomme est la caricature.

Madame Prudhomme a toujours exagéré Monsieur.

Un intime disait à l'honorable président : — Madame Thiers doit être bien heureuse et bien fière.

— Madame Thiers, allons donc! répondait le spirituel petit bourgeois, elle ne me pardonne pas de ne pas être duc.

* * *

L'aristocratie est devenue si bonne fille depuis qu'on la conteste, qu'elle semble savoir gré au premier venu de lui dérober quelque chose de son étiquette, de ses blasons et du reste de ses priviléges.

Elle tient compte aux gens de ce qu'ils veulent bien s'intituler barons ou marquis, et considère ce procédé comme une marque d'adhésion.

* * *

Avec d'autant plus de raison du reste que nul ne lutte plus vigoureusement pour la cause de la noblesse que ceux qui, d'une noblesse douteuse, cherchent à s'affirmer de la manière la plus éclatante afin d'écarter les doutes du vulgaire.

La vieille aristocratie en est quitte pour rire dans sa barbe, — quand elle en a, — des outrecuidances et des prétentions des nouveaux venus, et pour ne pas les recevoir, — sauf dans les relations lointaines de voisinage à la campagne, ou bien lorsqu'il est question d'une grosse dot pour messieurs leurs fils

* * *

Celui qui s'improvise membre de l'aristocratie et de la noblesse doit être riche, avoir des voitures et des chevaux. Sa fortune a été faite par son père dans quelque commerce fructueux, mais sans trop de retentissement ou d'éclat.

Il est certains noms si connus qu'il deviendrait difficile d'en tirer parti dans ce sens.

Le nom de Domange, par exemple, malgré son heureuse disposition de lettres, se prêterait difficilement, vu la grande notoriété, aux combinaisons en usage.

Il faudrait plusieurs générations pour faire passer, sans observation, une carte ainsi libellée :

> *Le baron Gontran d'Omange.*

Cependant, avec un peu de persévérance et beaucoup de cessation de commerce, la chose ne serait pas impossible.

Dans le cas de trop grande résistance, on pourrait prendre un chemin détourné :

> *M. Gontran Domange, baron de la Villette.*

Et puis, quelque temps après :

> *Le baron Gontran de la Villette.*

La génération présente ne s'en apercevra guère, celle qui suivra n'y verra que du feu.

* * *

Généralement on ne se heurte pas à de pareilles difficultés, on s'appelle tout simplement Duval ou Dupuis comme tout le monde, on loue un petit hôtel dans le quartier Malesherbes ou des Champs-Élysées, on achète des chevaux et une voiture.

Ce sont les carrossiers, les marchands de chevaux et les fournisseurs qui, le plus souvent, engagent l'action au profit de M. Duval, en lui donnant leur facture sous le nom de M. le comte du Val. Cela est un heureux calcul de leur part. Le client est ravi, et lui reste. Quant à la note, M. le comte du Val se conduit naturellement de la façon la plus aristocratique et ne lui fait subir aucune réduction.

L'action une fois engagée, les domestiques suivent le mouvement.

* * *

Il ne s'agit plus que de compléter la mise en scène.

On court les ventes et on s'achète une pacotille de tableaux d'ancêtres, avec

ou sans cuirasse, décorés de l'ordre du Saint-Esprit, ou en costume de chevaliers de Malte. On montre négligemment aux visiteurs des grandtantes
abbesses, des mestres de camp contemporains de Montluc, et des mignons
costumés sur le patron de Saint-Mégrin, Maugeron, Quélus.

On sourit finement en disant : — Voici un petit galopin d'ancêtre qui était
un profond scélérat.

Quant à cette jolie petite aïeule, dans le coin à gauche, elle a beaucoup fait
parler d'elle sous Louis XIII.

*
* *

Il va sans dire que la maison est inondée d'un déluge de couronnes. Couronnes sur les meubles, couronnes sur les mouchoirs, couronnes sur le
papier à lettre, couronnes sur les pommes de cannes : aimez-vous les
couronnes, on en a mis partout.

La voiture, ou les voitures en sont garnies, ainsi que les harnais.

— Tiens ! ce bon Duval est définitivement comte depuis son dernier
harnais, disent les amis en riant sur le boulevard.

C'est le moment des armes et du blason.

On étudie avec soin les livres de M. Borel d'Hauterive, qui est le d'Hozier
de l'époque.

On a acheté quelque part une bicoque dont le nom s'ajoute à l'autre.

On devient M. le comte du Val d'Andorre.

Ou le comte du Val de n'importe quoi.

Les armes sont fabriquées avec soin sur les indications générales qu'on a
pu recueillir dans les environs ou autre part.

On s'efforce de faire le moins possible de fautes de blason, et la couronne
devient la compagne inséparable de l'écu de M. le comte du Val, sur les
meubles, la vaisselle, les cannes et la tapisserie.

Ce qu'il y a de bon, c'est qu'au bout d'un certain temps, si la fortune du
comte du Val, par suite de ces débauches de couronnes, d'armoiries et de
voitures, n'a pas subi de trop graves atteintes, c'est à peine si, dans quelques
bons endroits, on pense à discuter l'aristocratie de M. le comte. Il arrive
même parfois que si la fortune a été par trop écornée, M. le comte trouve
moyen de se refaire par un riche mariage avec la fille ou la veuve de quelque
vinaigrier, éblouie par la pensée de s'appeler Madame la comtesse du Val.

DES ARMOIRIES.

On se souvient que M. Scribe, justement fier de la fortune conquise par son talent, s'était composé des armoiries qu'il avait fait peindre sur les panneaux de son coupé.

Deux plumes d'or en champ d'azur, surmontées d'une couronne d'étoiles, avec cette devise :

Inde Fortuna.

A ce propos on demandait à Alexandre Dumas père :

— Eh bien ! et vous, mon cher Dumas, quelles sont vos armes ?

— Mes armes, les voilà, dit-il en riant :

Beaucoup de gueules sur trop peu d'argent.

* * *

Il est très-important pour celui qui est pris du goût de l'anoblissement, des armes et des armoiries, de ne pas se livrer à des fantaisies tout à fait en dehors des règles du blason.

Toutes les différentes couronnes font bien au coin d'un mouchoir.

Cependant la couronne de baron est un peu maigre.

La couronne de vicomte passe pour exhaler un parfum très-aristocratique.

Celle de comte est une couronne plus courante.

Celle de marquis est peut-être trop prétentieuse.

Le titre de marquis (*marchese*), ne datant, du reste, que de l'arrivée des Médicis à la cour de France, excite moins la convoitise, comme ne présentant pas suffisamment de caractère d'antiquité.

La couronne de prince est une couronne fermée, ce qui fait bien sur un panneau et complète merveilleusement un mouchoir.

Mais il faut trop d'aplomb pour s'improviser prince ; — il est vrai que l'on a la ressource, chose assez coûteuse, de se faire fabriquer prince romain, si la fabrique existe encore, ou bien de s'intituler tout bonnement prince russe.

— Pour cela, il ne faut pas avoir été connu trop jeune à Paris.

La couronne de duc, couronne fermée aussi, est la plus inabordable. Pour

35

celle-là, il faut prendre son parti de l'abstention. Malgré la petite fournée des
ducs improvisés par le dernier règne, les ducs sont rares et cotés trop
officiellement sur la place.

***

La vieille aristocratie, qui se conserve tant qu'elle peut et comme elle peut,
rit de cette comédie qui se joue sous ses yeux, mais ne s'en indigne pas.

En effet, l'hommage de la contrefaçon donne à ses titres et à ses armoiries
parfaitement authentiques, une valeur et un attrait d'un ordre tout à fait
supérieur.

Plus le goût des bibelots antiques et nobiliaires est général et répandu,
mieux se placent ceux dont le caractère est complétement indiscutable.

Mieux se nichent dans les nids bien capitonnés d'un opulent mariage les
jeunes sujets de race qui ont besoin d'ajouter quelques plumes d'or sur leur
authentique champ d'azur.

Mais ce qui est encore maintenant, subsistera-t-il longtemps encore?

Le fils de la fille de M. Poirier n'est plus noble *que d'une fesse,* comme on
disait au vieux temps.

Comment sera noble son arrière-petit-fils?

La multitude de filles de M. Poirier ou de ses confrères, introduites dans
les familles et salons aristocratiques à la faveur de leur dot, détruit fatalement
la noblesse telle que nos pères l'avaient comprise.

Trois générations de demoiselles Poirier, Dufour ou Durand, dans une
famille aristocratique, peuvent l'enrichir, mais lui enlèvent complétement son
caractère, sa tradition et sa raison d'être, et jusqu'à ses manières.

Il ne reste plus que l'étiquette, ce qui suffit pour la galerie.

***

Mais il faut le dire, il existe encore des familles qui ne courent pas après
les dots, et qui persistent malgré tout à faire souche.

— Celles-là, me disait encore tout à l'heure le vieux chevalier de X... :
(pensez qu'il y a encore des chevaliers par le temps qui court!), ce sont celles

LE MARQUIS.

Fait courir après lui. S'est marié, non pas tant pour avoir une femme que pour avoir plusieurs chevaux.

qui conservent pieusement, en dépit de tout, au milieu d'elles et pour les besoins de l'avenir, le dépôt de la vieille politesse française dont jadis on était si fier, de la même façon que les couvents et les monastères avaient conservé le dépôt de la science et des lettres pendant les dures périodes de la barbarie et du moyen âge.

Nous, qui tâchons le plus possible d'être poli, nous n'avons pas voulu contredire le bon chevalier.

Écu d'alliance écartelé.

GUIDE DU BEAU-PÈRE

QUI DÉSIRE FAIRE L'ACQUISITION D'UN GENDRE A ARMOIRIES.

Dédié également aux jeunes personnes pourvues de dot qui veulent faire broder des couronnes au coin de leur mouchoir et peindre des armoiries sur le panneau de leur voiture, et aux jeunes gens qui veulent s'enrôler dans le parti aristocratique.

Après les couronnes royales et impériales, auxquelles il n'est vraiment pas raisonnable de penser au point de vue de l'acquisition personnelle, viennent les couronnes suivantes :

Celle de Duc, couronne d'or persillée de huit feuilles de persil relevées sur le cercle garni de pierreries.

Celle de Marquis, couronne d'or rehaussée de quatre fleurons ou feuilles de persil, entre lesquelles quatre rangées de perles posées chacune 1 et 2,

ce qui forme douze perles supportées sur des pointes pour les relever sur le cercle garni de pierreries.

Celle de Comte, qui est d'or, garnie de pierreries, greslée ou chargée de perles qu'on appelle perles de comte. Il doit y en avoir dix-huit, neuf apparentes sur la fasce.

Celle de Vicomte, au cercle d'or émaillé, chargé de quatre grosses perles blanches.

Celle de Baron, qui est un cercle d'or entortillé de perles enfilées.

Celle de Vidame, qui est d'or, garnie de pierreries et de perles, rehaussée de quatre croix pattées.

En France, il n'existait jadis d'autres princes que les princes du sang.

La couronne de Prince est d'origine étrangère; elle se comporte comme la couronne de duc, et se ferme par le haut à l'imitation des couronnes royales.

*   *   *

L'écu français est carré et arrondi en pointe par le bas.

Les écus accolés sont portés par les femmes mariées; dans le premier écusson elles mettent les armes de leurs maris, et les leurs dans le second.

Le blason a deux métaux, cinq couleurs et deux pannes ou fourrures, sur lesquelles toutes sortes d'armoiries peuvent se poser, et ces pièces doivent être composées de ces métaux ou couleurs.

Les deux métaux sont l'or et l'argent.

Les cinq couleurs sont le bleu, le rouge, le noir, le vert et le violet.

Dans l'art héraldique, on ne les connaît pas sous ces noms; elles sont nommées :

Le bleu, *azur ;*

Le rouge, *gueules ;*

Le noir, *sable ;*

Le vert, *sinople ;*

Le violet, *pourpre.*

On reconnaît les couleurs par la disposition des hachures.

L'*or* est pointillé.

L'*argent* est tout blanc et sans hachures.

Le *gueules* est marqué par des hachures perpendiculaires.

L'*azur,* par des hachures horizontales.

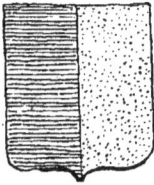

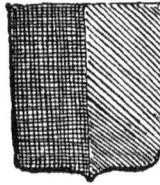

Azur et or.   Sable et pourpre.   Gueules, macles, merlettes, pal d'argent.

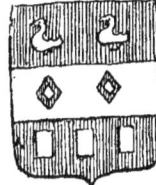

Le *sable*, par des lignes perpendiculaires croisées les unes sur les autres.

Le *sinople*, par des lignes diagonales de droite à gauche.

Le *pourpre*, par des lignes diagonales de gauche à droite.

Les *fourrures* sont l'*hermine* et le *vair*.

⁂

Les pièces héraldiques varient à l'infini, et se composent de figures de toutes sortes, d'arbres, d'animaux, d'armes, d'outils, de feuilles, de fleurs, de fruits, etc., etc. Ces pièces sont colorées avec les métaux ou les couleurs susindiquées.

Les règles de l'art héraldique défendent de jamais placer couleur sur couleur.

Un écusson composé contre cette règle est un faux écusson; il est prudent de vérifier la qualité du porteur, s'il se présente en qualité de prétendant.

Dans le cas où il est utile d'en composer un soi-même pour son usage particulier, il est bon de se pénétrer avec soin de cette règle fondamentale, pour ne pas se ranger immédiatement et de prime saut parmi les porteurs d'armes fausses ou à *enquérir*.

⁂

Il existe certaines pièces, telles que les *tourteaux*, *bésans*, *macles*, *billettes*, certains animaux, tels que les *merlettes*, les *licornes*, les *dragons*, qui

36

n'ont qu'une existence purement héraldique et dont il est bon de connaître le nom et la forme, quand ce ne serait que pour se rendre quelque compte de ce qui figure sur les pommes de canne de ces messieurs et sur les panneaux des coupés de ces dames.

***

Il faut que M. Poirier sache reconnaître sans trop de difficulté quelles sont les couronnes, les armes et le blason dont il veut orner la corbeille de sa fille.

Il serait du plus fâcheux effet qu'il ne sût pas la signification de ce qu'il verra gravé sur les pommes de canne et sur les harnais de son petit-fils.

Il lui sera particulièrement agréable de pouvoir apprécier les armoiries dont ses confrères auront fait l'acquisition pour leur fille, et de pouvoir y découvrir les tares qui l'édifieront sur son propre choix à lui, de même que sur le genre de tromperie que lesdits confrères auront subie sur la nature de la chose vendue.

Quant au jeune Dupuis, ou Dufour, ou Dumont, qui tient à s'enrôler à titre de volontaire dans le parti aristocratique, il lui est éminemment utile de ne pas faire au blason quelque faute d'orthographe grossière dont l'évidence pourrait prêter à rire aux Poirier, Pommier ou Duchêne qui ont un intérêt particulier à surveiller les contrefaçons.

***

Ceux qui possèdent des armoiries authentiques et vraies ne diront rien, et se contenteront de sourire *in petto,* — excepté toutefois si l'on s'avisait de les prendre.

Les autres envieront ou admireront.

***

Notez aussi que le plus souvent quelque terme de blason jeté négligemment à travers la conversation ne peut que produire un excellent effet.

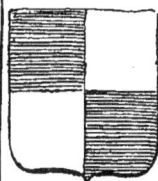

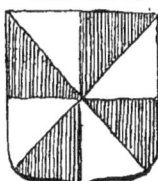

écartelé   coupé   tranché   Gironné   en Pal

en sautoir

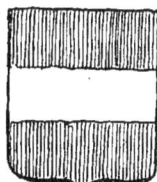

en Fasce

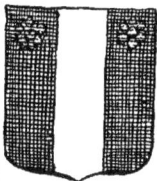

Brochant

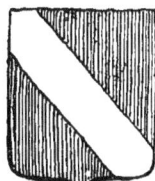

en bande

burelé

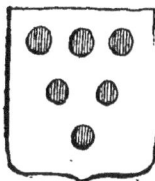

Tourteaux de Gueule

Il est bon de pouvoir dire, en se promenant au bras d'un ami, lorsque les voitures aristocratiques se pressent aux environs de Saint-Thomas d'Aquin ou de Saint-Philippe du Roule, pour quelque mariage :

Cet écu est *écartelé*.

Celui-ci, *coupé*.

Celui-là, *tranché*.

Celui-là, *gironné*.

Celui-là, *en pal*.

Celui-là, *en chevron*.

Celui-là, *party*.

Celui-ci, *adextré*.

Celui-là, *sénestré*, etc.

Loup. ravissant   Contre. passant   lion d'or   licorne-acculée.   croix ancrée

— Tiens, voici les armes des Montesquiou ; je croyais me rappeler qu'ils portaient *d'or à trois tourteaux de gueules posés* 2 *et* 1.

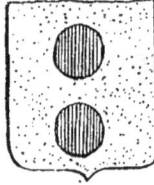

— J'étais dans l'erreur, c'est bien cela : *d'or à deux tourteaux de gueules, posés l'un sur l'autre.*

— Voici les Ramelay ; je crois vaguement me rappeler que nous avons une alliance dans la famille : ils portent, comme vous voyez, *d'azur à une fleur de lys d'or, mantelée de même, à l'aigle de sable.*

Services rendus au roi indiqués par les fleurs de lis.

* * *

Il est bon qu'il reconnaisse du premier coup d'œil, non-seulement la couronne, mais certaines armoiries, et qu'il lui soit possible d'épeler à peu près couramment les signes caractéristiques de l'art héraldique.

Les uns lui sauront gré de son étude, qui est un hommage.

Les autres s'inclineront, trouvant la chose toute naturelle, ce qui sera une victoire.

Les autres s'indigneront contre lui, comme un de ces incorrigibles, diront-ils, qui n'ont rien oublié, rien appris, regrettent les droits du seigneur, et se sont uniquement donné la peine de naître ! ! ! — ce qui sera le triomphe.

Si on lui montre des armes comme celles-ci, ce sera d'un excellent effet de lire couramment :

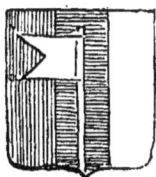

Au pal d'azur accolé d'argent à dextre, de gueules à sénestre, à la girouette d'argent d'azur en gueules, et de l'un en l'autre.

— Rien de plus facile, direz-vous, que de reconnaître ces armes comme appartenant à la vieille Provence.

D'or au créquier de gueules.

— Ce doit être de Créquy.

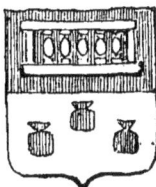

Coupé mi-parti, gueules et argent, au balcon d'argent (alias *de zinc,* qui est l'argent des nouvelles couches sociales) *sur champ de gueules en chef, à trois blagues de gueules posées 2 et 1 sur champ d'argent en queue, et de l'un en l'autre.*

— Je me tromperais fort si ce ne sont des armoiries d'origine génoise.

— Ah ! par exemple, celles-ci, il ne saurait y avoir aucun doute.

Coupé mi-parti, azur et gueules, azur en chef, au faux-col d'argent che-
vauchant de l'un sur l'autre.

Qui est des Garnier, branche Pagès.

1.   *De gueules au crampon d'argent.*

Qui est des Portern au Rhin et des Picard en Normandie.

2.   *Coupé mi-parti, azur et argent, azur en chef, au canard de gueules*
sur argent.

Qui est de Fort-Sac de Bonneville.

3.   *D'azur aux six litres d'argent posés trois, deux et un, barré et barodé*
de même.

Qui est du pays lyonnais.

* * *

Ce qu'il ne faut pas perdre de vue non plus, c'est la manière de prononcer
certains noms aristocratiques.

Ainsi pour Béarn, prononcez *Bear*.

Pour Soyecourt, prononcez *Soicourt*.

Pour Broglie, prononcez *Broye*.

Pour Castellane, prononcez *Castlane*.

Pour Talleyrand, prononcez *Talrand*.

Pour Bezenval, prononcez *Bezval*.

Pour Castries, prononcez *Castres*.

Celui qui prononcerait *Castries* au lieu de *Castres* produirait le même effet, dans un salon véritable, que celui qui prononcerait *ar* comme *or* dans armoire, et prononcerait *ormoire*.

Ou bien *or* comme *ol* dans corridor, et prononcerait *collidor*.

Celui qui dirait *Soyecourt* au lieu de *Soicourt* serait considéré, à peu de chose près, de même que celui qui prononcerait *l* comme *n* dans lentilles, et dirait des *nentilles ;*

Ou considérerait *l* comme *r*, et dirait *Porichinelle* au lieu de Polichinelle.

On ne doit pas faire sentir l's dans Damas, Duras, Brancas.

On doit dire *Damâ, Durâ, Brancâ.*

De même qu'on doit dire *des haricots*, et non pas *des zaricots*.

SURVEILLEZ VOS LOCUTIONS !

Même pour ceux qui n'ont aucune prétention à l'aristocratie, et qui se contentent, ce qui est infiniment plus sage, de faire figure parmi les gens de bonnes manières, de bonne façon et de bonne éducation, pourvus d'un français convenable, les petites nuances sont des plus importantes.

Ainsi celui qui dirait à un monsieur bien élevé : J'ai eu l'honneur de rencontrer hier votre dame et votre demoiselle, — serait immédiatement classé dans le monde des fournisseurs.

Il ne serait pas mieux vu s'il disait : Mon épouse.

— Hier, mon épouse est accouchée d'un jeune homme, — est une expression que j'ai vu employer, mais qui n'est pas admise.

Quand on rencontre M. Z... et son fils, on ne dit pas : J'ai vu M. Z..., il avait son jeune homme avec lui.

Avoir son jeune homme se dit, en termes ultra-familiers, d'un homme qui a bu outre mesure. Les militaires disent en pareil cas : *Il a son plumet.* Les savetiers disent : *Il s'est piqué le nez.* Les marchands de vin : *Il s'est rincé le goulot.* Les mécaniciens : *Il s'est dé-soufré les tubes.*

Toutes ces expressions doivent être bannies avec grand soin de la conversation.

*

On ne dit donc pas *Un monsieur et sa dame, une dame et sa demoiselle.*

On ne dit pas *Votre dame,* mais on peut dire *Notre dame,* à la condition qu'il s'agisse de la sainte Vierge, ou d'une église, et que l'expression Notre-Dame soit accompagnée d'une qualification :

Notre-Dame — de Paris; Notre-Dame de Bon-Secours; Notre-Dame de la Salette.

Dites : — J'ai rencontré ce matin ces dames.

— Madame de X... était avec ses filles et son fils.

Il est poli de dire : Monsieur votre père, Madame votre mère, Monsieur votre fils, Madame votre fille.

Votre tact devra vous guider, afin que vous gardiez la juste mesure.

*

M. L... avait bien voulu consentir à donner l'hospitalité à un très-beau chien, dont la présence et la grosseur étaient un embarras chez un ami moins bien logé.

L'ami venant visiter M. L... :

— Monsieur L... est-il chez lui? dit-il au concierge.

— Ah! mon Dieu! monsieur, fit le concierge, homme des plus polis, M. L... n'est malheureusement pas là, il vient de sortir avec monsieur votre chien.

Avec votre chien lui avait paru par trop sec.

L'intention était évidemment des meilleures, mais le but était dépassé.

* *
*

Le duc de B... dit parfaitement : Ma femme et mes deux filles.

Mais votre cordonnier croira bien faire et poser sa famille sur un bon pied en disant : Mon épouse et ses deux demoiselles.

Évitez le parler de la cordonnerie.

* *
*

Ne dites pas non plus, en parlant d'un homme riche : C'est un homme qui a une fortune *conséquente.*

D'un homme gros, que c'est un homme *puissant.*

D'un homme bien élevé, que c'est un homme bien *éduqué.*

D'un homme ivre, que c'est un homme qui s'est *saoûlé.*

D'un homme qui est occupé avec un visiteur, qu'il *est en société.*

Quand vous dérangez quelqu'un, ne dites pas : *Excusez;* dites : Pardon, Monsieur, ou : Pardon, Madame.

Quand vous parlez à quelqu'un, n'accompagnez pas chaque mot que vous lui adressez de son nom ou de sa qualification :

— Oui, monsieur le comte.

— Non, monsieur le comte.

— Si, monsieur le comte.

— Certainement, monsieur le comte.

— Oui, Madame Durand; non, Madame Durand; si, Madame Durand, etc.

Madame Durand vous dira : Je sais bien mon nom, et Monsieur le comte trouvera que vous parlez comme un domestique.

Dites simplement : *Oui, monsieur; non, madame.*

* *
*

Si vous parlez à un empereur ou à un roi, parlez à la troisième personne.

— Sire, Votre Majesté veut-elle me permettre, etc.

Si vous êtes valet de chambre de bonne maison, parlez de même à la troisième personne : *Monsieur veut-il ses bottes ?*

37

Évitez avec le soin le plus étudié les expressions plus connues sous le nom de *cuirs* ou de *velours*.

J'ai t'été à la campagne, est un cuir.

Comment z'allez-vous ? est un velours.

Je suis été au bal, est une locution vicieuse.

J'ai t'été z'au bal, est le cuir écartelé de velours.

*
* *

Toutes ces différentes manières de parler sont proscrites, et de nature à vous fermer certaines portes, à moins toutefois que le commerce des cuirs et des velours n'ait été si fructueux pour vous que votre fortune exceptionnelle ne commande impérieusement l'indulgence.

Dans ce cas, vous pouvez parler exactement comme vous voudrez, vous trouverez toujours des gens pour applaudir à l'originalité et à la sympathique bonhomie de votre langage.

Dans toute autre occasion, si vous n'êtes parfaitement sûr de votre français, prenez le sage parti de parler le moins possible; pas du tout serait le moins compromettant.

*
* *

Si vous glissez une expression pour laquelle il existe quelque doute en votre esprit, argot de jeune homme, ou d'art, ou d'atelier, ou de théâtre, ou de brasserie, qui n'ait pas encore acquis ses lettres de naturalisation, soulignez la chose d'un petit sourire finement intentionnel, ou d'une phrase à demi corrective et qui sert de véhicule.

— *Exemple*. — Celle-là il ne faut pas me la faire ! comme disait à M. Thiers le prince Napoléon.

Ou bien : — Le baron s'est fourré le doigt dans l'œil jusqu'au coude, suivant la belle expression du citoyen Gambetta à M. Challemel-Lacour.

Mais n'abusez pas; il serait de mauvais goût d'user outre mesure de cette phraséologie.

L'abus du subjonctif est aussi à éviter. Les gens du Midi se livrent généralement à une intempérance de subjonctif et de parfait défini qui ébranle désagréablement le système nerveux.

Exemple. — Fallait-il que je vous aimasse pour que vous me détestassiez?

Exemple. — Aussitôt que nous fûmes arrivés, nous allâmes aux Courses, nous réclamâmes et prîmes nos billets. On nous avait avertis de le faire d'avance, afin que nous n'éprouvassions pas de retard, que nous ne restassions pas à attendre et que nous ne prissions pas d'impatience.

Cela s'appelle, en parisien, dévider du subjonctif : sachez n'en dévider qu'avec une stricte économie.

Ne dites pas non plus, si vous êtes du Midi :

— J'étais plié dans mon manteau.

— Démosthènes m'a monté sur le pied.

— Depuis un an je manque de Marseille.

Dans ce cas-là, l'exagération soutenue de l'accent vous sauvera.

On aurait pour vous quelque chose de l'indulgence dont on dispose en faveur d'un étranger.

Si vous n'avez pas ou peu d'accent, tâchez de parler tout simplement français.

LE BAL DE M. ET Mᴹᴱ GROSSAC.

Quand on a réalisé plusieurs petits millions dans les *fumiers généraux* de Gascogne, et dans les *foins de Normandie,* on peut arriver à tout, et marier comme on veut sa petite Niniche.

— Mes moyens me le permettent, ma fille sera la plus belle. Je lui payerai un titre et un nom ronflants. Mon ami Poirier sera vexé, Nucingen furieux, le père Gobseck et ses demoiselles riront jaune!

— Moi d'abord je ne suis pas fier. — Voilà les sabots que portait mon grand-père quand il est arrivé à Paris. — Voilà la dernière lorgnette que mon père a vendue à l'Ambigu.

— Quant à moi, foi de madame Grossac, je n'économise rien, il me faut des perruques comme à l'ambassade d'Angleterre, et des mollets comme à la cathédrale!

EMPRESSEMENT PRÈS DE MADEMOISELLE GROSSAC. — *Le Prince.* Mademoiselle, par grâce, la première valse, s'il vous plaît? — *Le Marquis.* Mademoiselle, serai-je assez heureux pour obtenir la première polka? — *Le Comte.* Oh! mademoiselle, l'honneur de danser avec vous la première redowa! — *Le Vicomte.* Mademoiselle veut-elle me faire l'honneur de m'accorder la première scottisch? — *Le Baron* (timidement). Oserai-je espérer la troisième contredanse?

LE GÉNÉRAL PRINCE DE CRACKEMBERG ET LA PRINCESSE DE CRACKEMBERG!!!

Fortes recommandations à Baptiste. — Aboyer rigoureusement les titres. — Acclamer les généraux et les fonctionnaires. — Faire sonner la grosse banque. — Détacher les particules. — Éteindre délicatement les industriels, et glisser sur le reste.

LES REPOUSSOIRS.

— Mais venez donc, chère amie, la belle madame de C... est dans l'autre salon, elle vous demande aux échos d'alentour.

— Merci, chère madame, ces dames sont mes meilleures amies, nous ne nous quittons jamais.

AMIES INTIMES.

— Elle me fait pouffer, cette petite Grossac, avec ses airs empesés!

— On voit bien que sa mère a été blanchisseuse.

(En chœur). — Comment! vous voilà aussi chez cette vieille racaille de père Grossac!!!

ENTRÉE DE CES MESSIEURS (trémolo à l'orchestre).

Bonjour, cher monsieur Grossac, enchanté de vous serrer la main. — Mon bon ami Grossac, que c'est charmant, délicieux! — Salut, mon excellent Grossac: fête ravissante! votre fille est adorable! Mes hommages! — Mes respects! — Mes amitiés sincères, etc., etc.

CONCURRENCES.

Première mère. — Décolleter ses filles ainsi, c'est révoltant! Autant ne pas les habiller du tout.

Deuxième mère. — Couvrir ainsi ses filles, quel ridicule! Après ça, c'est sans doute indispensable!

AU BUFFET.

— Tu peux en redemander encore une tranche! pour ce que ça lui coûte, à ce vieux pendard, ce n'est pas la peine de te gêner!

LA DÉCLARATION DU VICOMTE.

AU COTILLON.

Mademoiselle, sous cet abri qui vous cachera ma rougeur et mon émotion, laissez-moi vous dire que je vous aime; être votre époux serait le titre le plus cher à mon cœur!

— Ça, du Lafitte? c'est du Bordeaux à trente sous! Je n'en voudrais pas pour laver les pieds de mes chevaux.

— Quel grigou! quand on pense qu'il nous donne tout bonnement du *Moët*, comme si on ne savait pas qu'il a du *Cliquot!*

— Ma foi, mon cher, je vous dirai que ça m'humilie un peu d'aller chez des gens pareils; mais je me rattrape sur les truffes.

— Que dis-tu de tous ces messieurs?
— La fille de notre ami M. Poirier a une couronne de comte sur son mouchoir; moi je voudrais une couronne fermée, c'est plus *chic*.

— Quelle bonne femme que cette mère Grossac, et quel naturel!
— Oh! oui, on croirait à chaque instant qu'elle va crier des moules.

PROPOS DOMESTIQUES.

— Je ne dis pas que la bourgeoise de Pierre n'ait de plus belles épaules, mais si tu voyais la jambe de Madame!

— Mon cher Meissonier, je n'ai rien de vous, mais j'ai ici un trou à boucher, 30 centimètres de haut, 25 de large : faites ce que vous voudrez ! Je m'en fiche pas mal !

— Chère baronne, quand on pense que le gendre de M. Poirier a déjà cinq enfants ! Dans trente ans, quand on voudra un comte comme ça pour sa fille, on l'aura pour un morceau de pain.

— Mon cher Monsieur Arbate, notre ami Poirier n'a été qu'un imbécile ; quand j'aurai un gendre, je le mènerai par un petit chemin où il n'y aura pas — de billets de banque.

DÉPART DE MESDEMOISELLES PETITSAC
(gais propos de ces messieurs).
— Deux demoiselles à marier !
— Deux demoiselles avariées !
— Voilà quinze ans que je les vois passer.

CHANT DE DÉPART.
— Quel luxe de mauvais goût !
— Quel étalage insolent !
— Pouah ! ça pue l'argent à plein nez.

M. Sardou, arrivé à neuf heures et demie, est reconnu à minuit par un maître d'hôtel qui lui demande un billet de spectacle.

LE TRAIT DU PARTHE.
— Mon bon petit Grossac, pensez sérieusement à mon neveu.
— Cher monsieur Grossac, c'est mon cousin qu'il vous faut.

FINALE.

— Mon petit chat, tu peux choisir?
— Papa, je trouve les marquis rococos... les princes, c'est bien usé... je voudrais un duc?
— Mon petit rat, quand je devrais l'aller chercher à Haïti, je t'en payerai un.

Débuts.   Magistrature.   Graine d'épinard.   Grand hôtel.

LE TABAC.

FUMEURS ET PRISEURS.

'IL fut jamais une invention étrange et bizarre, c'est à coup sûr celle qui consiste à rouler quelques feuilles d'arbuste, à les allumer et à en aspirer la fumée, et à la rejeter ensuite pour en faire des ronds en l'air ;

Ou bien à réduire en poussière ces mêmes feuilles et à s'introduire gravement cette poussière noire dans le nez !

Notez que cette invention se perd dans la nuit des temps, qu'elle nous vient des sauvages de l'Amérique, qu'elle est sale, fâcheuse, abrutissante, et que pour s'habituer à la tyrannie qu'elle vous impose à la longue, il faut avoir traversé un apprentissage douloureux et rebutant, pendant lequel les maux de cœur se marient aux éternuements épileptiques et aux douloureuses nausées.

Rien n'y fait.

Nicot, le Christophe Colomb du tabac, pour le règne duquel il a découvert l'Europe, est devenu un grand homme rien que pour avoir doté son pays de cette nouvelle forme d'empoisonnement. La nicotine est bel et bien un poison : la chose est parfaitement démontrée

Et, cela n'empêche pas les démonstrateurs de priser énergiquement, et leurs aides *de griller une cigarette,* et même plusieurs, pendant l'intervalle des leçons.

* * *

La persécution dont on a poursuivi les fumeurs est sans doute pour quelque chose dans leur persistance à fumer.

Ce qui semblerait établir ce point, c'est que cette persécution a manqué aux priseurs, et que les priseurs s'en vont.

Le premier devoir du petit collégien, que sa mère gourmande de son mieux lorsqu'elle s'aperçoit des sentiments ambitieux qui le poussent du côté de la nicotine, c'est de rouler des feuilles de marronnier et détourner des

baguettes aux habits, qu'il va fumer avec délices dans les endroits les plus retirés, bravant pour cela les tendres remontrances, les maux de cœur et les pensums.

Une classe de pipe ou de cigare, de cigarette ou de tabatière, pendant laquelle on imposerait aux jeunes élèves le travail de fumer ou de priser, en commençant par l'osier et l'anis, pour arriver au caporal, ferait bien mieux l'affaire, pour en dégoûter les populations, que la petite persécution dont on entoure les débuts du fumeur en bas âge. — C'est toujours l'histoire de la fameuse pomme du paradis terrestre. La fumée défendue possède des qualités que serait loin d'avoir la fumée permise.

Les collégiens crieraient à la tyrannie et déserteraient la classe.

* * *

Mais, il faut le dire, cela ne ferait pas l'affaire du budget. Après avoir traversé les douloureuses épreuves des débuts, le fumeur devient à jamais un contribuable, qui fournit d'une façon bénévole la plus grosse somme de contribution qui enrichisse le Trésor.

Depuis les gens qui dépensent vingt centimes de caporal par jour pour bourrer leur pipe de terre, jusqu'à ceux qui dépensent vingt francs dans leur journée en régalias ou panatellas, il existe une chaîne non interrompue de fidèles au tabac qui font brûler sans relâche l'encens du sacrifice devant les autels du vénéré Nicot.

Quinze millions de fumeurs, à vingt centimes par jour l'un dans l'autre, produisent, à soixante-treize francs par an chacun, la somme de un milliard quatre-vingt-quinze millions qui s'élèvent vers le ciel en colonnes tourbillonnantes, pour célébrer la bêtise humaine.

Plus d'un milliard chaque année qui s'en va en fumée !

Il est vrai que sur cette somme l'État en conserve, sous forme de papier ou d'écus, un bon tiers bien trébuchant.

C'est là son excuse.

Le jour où l'on cesserait de fumer, le budget ne serait plus en équilibre.

* * *

Depuis le collégien qui commence ses études de cigarette, jusqu'au vieux général qui fume sa vieille pipe d'écume, il existe une fantasmagorie de fumeurs dont l'aspect et la physionomie présentent les caractères les plus variés.

LE SPÉCULATEUR ET RAMASSEUR DE BOUTS DE CIGARES.

Dame! faut être juste. Quand le cigare va, tout va! Ne me parlez pas de la pipe!

VIEUX CHIFFONS.

— Mais voyez-vous, quand il y a des candidats, des affiches et des professions de foi,
il y a des affaires. Sans ça, c'est à peine si on fait pour son tabac.

Au rendez-vous des vieux bouts de cigares.

Il y a le brûle-gueule du chiffonnier.

Tabac du caporal.

La pipe culottée de l'ouvrier et du soldat.

Pipe du cultivateur.

La bouffarde du caporal.

Latakié. (Souvenir de Crimée.)

Le gambier du lieutenant.

La pipe du major, celle du colonel, celle du général.

Puros.

Le bout d'ambre du gommeux. Le porte-cigarettes du boursier.

Après avoir étouffé un perroquet, faut
quéque chose qui racle.

Le canaillados, ou soutados, ou cinq centimados.

Pour aller à son bureau

Tabac torc. (A l'atelier.)

Le dix centimados

Les regalia.

Colorados.

Les cigares du Grand-Hôtel.

Havane.

Ceux de la Maison d'Or et des restaurateurs.

⁎ ⁎ ⁎

Les femmes ont commis une imprudence grave en poussant des cris cour-
roucés lorsque les messieurs sentaient la cigarette ou le cigare, et en poussant des cris d'indignation s'ils se permettaient de fumer devant elles.

⁎ ⁎ ⁎

Pour éviter ces cris on a créé des fumoirs, où l'on va sacrifier aux dieux
après dîner.

Du fumoir au club il n'y a qu'un pas.

On n'en revient qu'à deux heures du matin, après avoir été passer quelque
temps chez madame Castagnettas de Saint-Phar, — où l'on fume.

Quelques femmes, comprenant la faute commise, se sont condamnées à fumer la cigarette , permettant aux contribuables de travailler à côté d'elles à créer des ressources à l'État.

Mais le pli était pris, il était trop tard.

* ** *

Les priseurs, nous l'avons dit, disparaissent; quelques vieux magistrats ont encore des tabatières d'or sur lesquelles brille un portrait qu'ils considèrent d'un œil attendri.

Ils y puisent de temps en temps de quoi résister au sommeil, fruit naturel des plaidoiries qu'ils sont bien forcés d'entendre.

Ils prisent parce qu'ils n'osent pas fumer en séance, sans cela ils fumeraient.

EN FAMILLE.

'HABILLEMENT et le costume sont les formes extérieures de la civilité, la manière de se produire, soit à l'intérieur, soit au dehors; la façon de manœuvrer ce costume, suivant les règles adoptées par la bonne compagnie, rentre dans les prescriptions de la politesse.

La première de toutes les civilités, la première de toutes les politesses, est celle qui part de la famille.

Cette politesse, qui prend sa source dans les sentiments naturels et dans la reconnaissance du cœur, est indispensable, non-seulement pour le bonheur de la vie d'intérieur, mais encore pour la prospérité de la vie du dehors.

Le père et la mère, chefs de famille, doivent en donner l'exemple et en imposer les préceptes.

Un pays civilisé, n'étant autre chose qu'une agglomération d'une certaine quantité de familles, est intéressé puissamment à ce que la civilité et la politesse soient pratiquées le plus étroitement possible, et imposées dès la plus tendre enfance au sein de toutes les familles qui le composent.

La civilité et la politesse n'étant, à tout considérer, qu'une sorte de discipline imposée au sans-gêne, à l'égoïsme particulier à l'homme, et à ses appétits naturels, il en résulte que l'habitude de la civilité et de la politesse, l'habitude de la discipline et de l'obéissance, étant prises dès l'enfance, elles suivent l'enfant devenu homme dans le développement de la vie civile, de la vie militaire, et dans toutes les obligations qu'impose à l'individu l'état de société et de réunion.

La famille est la patrie en petit, ou plutôt la patrie est l'image agrandie de la famille.

* *

Une famille dont les membres sont sans cohésion et ne se sentent pas rattachés les uns aux autres par les liens de la tradition et de la solidarité, est une famille perdue. Une patrie qui se compose d'une série de ces familles sans conviction, sans union et sans règle, est une patrie qui se désagrége.

Un pays dans lequel la civilité et la politesse décroissent, où les règles de déférence et de respect, d'obéissance et de soumission diminuent, est un pays qui voit décroître en même temps sa sécurité et sa moralité au dedans, par suite, sa puissance et son rayonnement d'action au dehors.

* *

Le pays dans lequel les parents sont traités sans affection, sans respect, ou délaissés par leurs enfants, celui dans lequel les frères et sœurs se haïssent et se font la guerre sur un lambeau de terre ou sur un sac d'écus, est un pays dans lequel la première solidarité fait défaut, et que toutes les autres abandonnent.

Il est certaines gens qui n'ont pas plus de patrie qu'ils n'ont de famille, et qui se soucient autant de l'une que de l'autre.

BONNE MAMAN.

— Ma patrie, disait Robert Macaire à son camarade Bertrand, en regardant mélancoliquement sa chaussure, ma patrie, c'est la semelle de mes bottes; bientôt, hélas! je n'aurai plus de patrie! —

Ceux qui secouent en ce moment l'arbre de la société pour essayer de le déraciner, ont commencé par nier la famille, ils devaient naturellement continuer par nier la patrie. Robert Macaire était un radical et un socialiste convaincu, mais trop en avant sur son époque.

* * *

On se souvient de cette observation, faite, d'après nature, sur les procédés d'éducation employés dans certains milieux :

— Ma fille, tu as tort de laisser ta petite te parler de cette façon-là.

— Dis-y : Grand'mère, tu nous embêtes!

* * *

Et cette autre, dans le monde moins poli, mais cependant plus civil encore, des porteuses de la halle :

— T'es ma fille, et tu parles comme ça! moi qui t'ai portée neuf mois dans m's entrailles!

— Eh bien! fichez-vous dans ma hotte, je vous r'porterai un an, vous me r'devrez trois mois!

* * *

C'était au sortir du collége, nous étions deux amis, deux copins, et notre bonne étoile, sous la forme d'un écrivain de mérite, nous avait conduits au café-divan de l'Opéra, où se réunissaient alors tous ceux que la gloire et la réputation artistique signalaient à l'admiration publique.

Il y en avait un entre autres que nous dévorions des yeux, car son nom étincelait pour nous dans une véritable auréole.

Il était là, dans ce divan, comme un ministre dans son salon, recevant avec sérénité tous les hommages, discutant, pérorant, tantôt avec feu, tantôt avec bonhomie, exécutant ou bénissant tour à tour.

Un grand artiste venait d'entrer et de lui serrer la main.

Près d'eux, à une table de marbre, se tenait un vieillard de soixante-dix à soixante-quinze ans à peu près. Je le vois encore : un visage respectable, le front chauve; ses cheveux d'un blanc argenté floconnaient autour d'une tête pensive; il jouait aux dominos, et semblait abîmé dans de profondes méditations.

L'illustre auteur lui mit la main sur l'épaule.

Et le désignant à son interlocuteur :

— Voilà! cette vieille... racaille-là, c'est mon père!

*
* *

L'assemblée se mit à rire à la ronde; je crois même que le vieux père sourit en posant un double six.

Quant à nous, jamais nous n'avons pu lire depuis une ligne de l'auteur en renom, sans voir repasser fatalement dans notre souvenir cette scène et ce mot, qui nous avaient froissé comme une déception profonde et comme une douleur.

*
* *

Depuis une quarantaine d'années, on s'est beaucoup égayé de la *croix de ma mère* et du *sabre de mon père;* on a trouvé burlesque la religion du souvenir et le respect de la tradition.

Tout cela divertit considérablement les gens, jusqu'au moment où leurs fils, qui ont grandi, leur tapent sans façon sur le ventre, les appellent vieux crétins, ramollis et routiniers lorsqu'il s'agit de politique, d'art ou de toute autre chose, finissent par les faire dîner à la cuisine ou les envoient coucher à l'hospice.

*
* *

Ceux-là ne sont pas les pires.

Qui n'a vu cette image de l'ancienne *Morale en action,* représentant un fils traînant par les cheveux son père dans les escaliers? — Arrête, malheureux! dit le vieillard, je n'ai traîné mon père que jusque-là!...

Depuis le temps où cette leçon de juste réciprocité fut écrite, on a renoncé, il est vrai, presque généralement, à traîner son père par les cheveux et dans les escaliers; un certain nombre se contentent de traîner leur père devant les tribunaux, lorsque les questions d'intérêt demandent une réponse, et de le faire traîner dans la boue par un avocat, — dont c'est le métier.

Ce n'est, à tout prendre, qu'un changement de forme.

* * *

Honorer son père et sa mère, leur témoigner en toutes circonstances le respect, la déférence et l'affection, c'est le vieux jeu, disent les néo-socialistes.

« Qu'est-ce que nous chantent donc les cléricaux : « Les parents sont les « représentants de Dieu sur la terre. » Comme s'il y avait un Dieu! Qu'est-ce « que c'est que ça, un Dieu?

« On sait bien que ça n'existe pas. Si ça existe, Dieu c'est le mâl! Il n'en « faut plus.

« Et un père, à cause de cette idée-là, prétendrait nous imposer son gou- « vernement? un gouvernement de droit divin! Alors... allons donc!

« L'accident qui fait qu'un monsieur est votre père, et que vous êtes son « fils, vous condamne donc à tout jamais à être une sorte d'esclave d'un « bonhomme contrariant, grinchu, arriéré?

« Quand on pense que la loi, cette vieille encroûtée, qui, malgré les glo- « rieux principes, n'a point cependant secoué complétement les chaînes du « passé, vous condamne encore à ce servage monstrueux jusqu'à vingt et un « ans, et vous contraint jusqu'à vingt-cinq à rester sous une sorte de dépen- « dance humiliante et fâcheuse!

« Tout cela est contraire à la liberté.

« Espérons que l'instruction obligatoire et laïque nous permettra graduel- « lement de soustraire le citoyen à cette tyrannie qui persiste à peser sur la « jeunesse, et de secouer le joug honteux que les pères fabricants de lois « n'ont pas craint d'imposer à leurs enfants. »

Ainsi parlent les produits de certaines nouvelles couches sociales.

Et cependant, il est bien difficile d'arriver à faire nommer les pères par le suffrage universel.

Il y a là un embarras de premier ordre, que nous ne craignons pas de signaler; et l'instruction obligatoire et laïque n'est-elle pas encore une autre atteinte au dogme de la liberté? Eh bien! dussions-nous passer pour réactionnaire, nous déclarons préférer le vieux jeu.

*

Quelques pères fantaisistes prétendent, d'autre part, qu'il faut gouverner par persuasion et non autrement.

— Un fils doit être un ami, disent-ils.

Ils en concluent qu'il est indispensable de mener leurs fils avec eux, dès l'âge le plus tendre, au Tapis-Vert, au Moulin-Rouge, à Mabille, chez la baronne de Saint-Phar, ou chez mademoiselle Pichenette et mademoiselle Trop-de-Fraîcheur. Nous pensons que c'est là une exagération d'un autre genre.

A la longue, le respect pourrait bien en subir quelque atteinte, et la considération paternelle perdre quelque chose de son prestige.

Le vieux jeu nous paraît encore le meilleur.

*

Ce vieux jeu, du reste, est celui qui reste en vigueur dans tous les milieux où la vie est nette et calme, et où l'on fait passer l'examen du devoir avant celui des droits.

Les enfants élevés dans l'habitude du respect, de la déférence, de l'obéissance envers leurs grands parents, de la politesse affectueuse avec leurs proches, portent au dehors ces habitudes qu'ils doivent retrouver parmi ceux élevés de la même façon dans leur famille. C'est de cet échange réciproque que sont nées les règles usuelles de la civilité, — où la liberté de l'un est limitée par la liberté de l'autre, où la liberté d'être agréable à soi-même est circonscrite par la préoccupation de ne pas être désagréable ou nuisible à autrui.

*

Le vieux jeu règne donc encore de nos jours, en attendant qu'il soit remplacé par un autre.

LE SAVANT.

Membre de la grande famille en général des mammifères omnivores et bimanes. Complétement opposé à la doctrine Littré, qui nous fait descendre des quadrumanes. Très-occupé. N'a pas le loisir de s'occuper d'une famille en particulier.

Du reste, nous n'avons à nous occuper que de celui qui est en vigueur de notre temps, au moins chez la plupart, en notant tout simplement ce que nous voyons encore autour de nous.

Nous ne posons pas des règles et des préceptes, nous dessinons tout bonnement d'après nature, et nous constatons que si le vieux jeu a ses joueurs convaincus, consciencieux et réguliers, il a aussi ses tricheurs, ses fantaisistes, et ses joueurs habiles à faire sauter la coupe.

* * *

Celui qui sait se conduire dans l'intérieur de la famille, passe pour être ce qu'on appelle bien élevé, et peut se produire au dehors sans cet embarras, ces mécomptes réservés aux gens qui ne sont pas élevés du tout.

Il est sûr de faire à peu près comme tout le monde, et de n'être complétement déplacé nulle part.

Quant à ceux qui ont été mal élevés, ils sont au bout de quelque temps forcés d'imiter du mieux qu'ils peuvent les manières de ceux qui l'ont été d'une façon satisfaisante, sous peine de renoncer aux avantages que l'on rencontre au milieu de tous les autres.

Ils ne savent pas leur rôle, il faut qu'ils l'apprennent.

* * *

Si, comme disait Addison, la politesse n'est qu'une bonté artificielle, l'artifice, en ce cas, n'est qu'un hommage rendu à la bonté, de même que l'hypocrisie est un hommage rendu à la vertu.

Et l'on sait gré à la convenance de celui qui prend au moins la peine de se façonner aux règles adoptées, et de se donner les apparences extérieures du bien.

A vrai dire, les exigences du monde en général ne portent pas plus loin, et pourvu que l'écorce soit ce qu'elle doit être, entre elle et ce qu'elle recouvre on s'abstient de glisser trop curieusement le doigt.

41

CLASSIFICATION DE LA FAMILLE.

Les parents dans une famille se composent, en suivant le degré de leur importance, du père et de la mère, des grands-pères et grand'mères, des frères et sœurs.

Puis, dans une importance secondaire :

Les oncles et tantes ;

Les cousins germains et cousines germaines ;

Les beaux-frères et belles-sœurs ;

Les cousins et cousines ;

Puis les petits-cousins et petites-cousines, jusqu'au quatrième ou cinquième degré.

Tous ces parents forment ce qu'on appelle l'ensemble de la famille, et sont appelés par la tradition, par l'usage et par le respect des lois de la nature, à former un faisceau de garantie et de protection.

Les différentes familles d'un groupe civilisé, soit d'un bourg, soit d'une ville, se donnant la main par les beaux-frères et belles-sœurs, par les cousins et arrière-petits-cousins, l'entente doit ou devrait se faire avec la plus grande facilité pour la conduite générale de la ville ou du bourg, composés de toutes ces familles réunies, puis pour celle du pays, composé de toutes ces villes ou de tous ces bourgs.

Le père de famille est souverain. Son pouvoir discrétionnaire n'est limité que par le moment où ses fils sont passés chefs de famille à leur tour, ou considérés comme pouvant le devenir.

Mais il conserve jusqu'à la fin la prépondérance et la direction des intérêts qu'il a créés ou qu'il a reçus de ses pères, et qu'il doit transmettre à ses enfants.

Tel est le mécanisme de la famille qui a servi de modèle et de base à la vieille société, où le chef du pays n'était autre que le chef de la grande famille, produit de la concentration de toutes les autres, chef lui-même de la famille la plus considérable et ayant le plus de ramifications dans le pays.

*
*   *

De nos jours, certaines gens se complaisent à attaquer la famille, l'héritage, l'autorité du père de famille, et les institutions qui en ressortent.

Dans le cas où ils réussiraient à la faire tomber en désuétude, la famille serait-elle remplacée par des sortes de haras où on se livrerait à l'élève et à l'amélioration de la race humaine, comme on se livre actuellement à l'élève et à l'amélioration de la race chevaline?

Fabriquerait-on des troupeaux d'hommes uniformes comme des troupeaux de moutons, des troupeaux de bœufs ou de chèvres?

Où serait l'avantage? Y en aurait-il même quelqu'un pour les conducteurs ou les bergers?

La discussion de ces projets nous entraînerait trop loin. Contentons-nous de constater que, malgré les inventions des honorables idéologues auxquels ils sont empruntés, la famille persiste, et que la force de l'habitude nous semble devoir la maintenir encore un certain nombre d'années.

＊＊＊

La famille se compose donc, ainsi que nous venons de le décrire, de la série de tous ces parents, auxquels on doit, en général, son obéissance, ou sa déférence, ou ses attentions, ou sa protection, ou son aide, suivant le degré qu'ils occupent vis-à-vis de vous.

Dans toute famille respectable ou qui se respecte, il est de principe que chaque membre doit se déclarer solidaire, défendre et protéger le nom ou l'honneur de la famille, comme le citoyen ou le soldat se déclarent solidaires de la patrie, et protègent et défendent l'honneur du drapeau.

＊＊＊

Il est vrai que dans la pratique on remarque certaines défaillances, mais cela ne conclut en aucune façon contre la règle générale.

Il y a notamment cette diable de question d'intérêt qui intervient toujours, et se glisse en traître à travers les principes les mieux établis.

Tel se coupera parfaitement la gorge avec un étranger insolent envers le drapeau français, qui refusera péremptoirement à son frère une somme d'argent ou une aide quelconque dont il a grand besoin.

Aussi l'observateur n'aura-t-il pas de peine à se rendre compte de ceci :

Dans la pratique usuelle, sauf de nombreuses exceptions, bien entendu, les parents sont partagés en deux grandes catégories :

Les parents riches et les parents pauvres.

Les parents riches sont ceux qui n'ont pas besoin de vous, et dont on a besoin; ceux-là sont entourés de soins, de prévenances et d'attentions; ils sont choyés, caressés, dorlotés.

Les parents pauvres sont ceux qui ont besoin de vous et des autres, et dont on n'a nul besoin.

Ceux-là, on les écarte avec précaution, on les dissimule avec inquiétude, on les éloigne avec soin.

La vie d'un oncle ou d'une tante réputés riches et qui savent bien aménager leurs nièces ou leurs neveux, en créant chez eux une profitable émulation, est une vraie vie de cocagne, une kyrielle de satisfactions, de surprises, d'étonnements et de douceurs.

Ils ont l'agrément des enfants sans en avoir les charges et les aigreurs; il leur est permis d'être grincheux, revêches, d'être goutteux ou rhumatisants; tout est admis avec reconnaissance et supporté avec enthousiasme.

Surtout, ne pas faire de donation de son vivant et laisser toujours dans le vague des dispositions testamentaires, d'ailleurs toujours révocables jusqu'au dernier moment.

La position d'un cousin ou d'une cousine riches, sans enfants et qui savent s'y prendre, présente beaucoup de rapports avec celle d'un oncle ou d'une tante, bien que cependant les petites privautés d'intérieur cessent d'avoir un caractère aussi satisfaisant et aussi intime

Il est vrai que certains oncles ou tantes, cousins ou cousines, n'étant pas dupes de ces attentions délicates ou les trouvant insuffisantes, se réservent la suprême satisfaction de laisser ce qu'ils ont ou à un couvent, ou à leur cuisinière, ou à leur domestique.

Ce sont là de petites déceptions sur lesquelles il n'est pas imprudent d'arrêter parfois son idée.

*
* *

Par contre, l'existence d'un oncle ou d'une tante sans sou ni maille, n'est agrémentée, le plus souvent, de satisfaction d'aucun genre.

S'ils sont admis dans la maison, c'est uniquement pour les petits services qu'ils sont appelés à rendre.

PHILOSOPHES.

— Non, mère Lafitte, tous les enfants sont pas des oublieurs. Ainsi voilà, moi,
par exemple. Ma petite est pour le moment avec un monsieur comme il faut.
Eh bien! c'est moi qui les blanchis, et que je leur-z-y fais la cuisine!...

LA MÈRE DUFOUR.

En déplacement pour Versailles. (*Impressions de voyage.*)

LA DEMOISELLE A LA MÈRE DUFOUR.

En déplacement pour Bagatelle, et le Bois.

42

Une tante bien apprise doit savoir surveiller le linge ou les enfants, faire économiquement les confitures, confectionner les conserves aux cornichons, repriser les bas, et donner un coup d'œil aux torchons.

Quand il y a du monde à dîner, si l'on est treize à table, elle dîne dans sa chambre.

Si elle vit au dehors, on va la visiter trois fois par an par acquit de conscience, et si on l'invite parfois à dîner, c'est uniquement les jours de bouilli ou le lendemain des grandes réceptions, pour aider à terminer les restes.

*
* *

Un oncle sans le sou doit être propre à faire les courses et les commissions, mettre les vins précieux en bouteilles, surveiller les emballages et les déménagements, écarter les gêneurs et les inutiles; il doit savoir habilement planter un clou, donner un coup de scie ou de rabot, dresser les chiens et tenir les fusils en état.

S'il a la goutte ou des douleurs, surtout qu'il reste chez lui et qu'il ne dise mot : il ne faut pas qu'il attriste par un spectacle ennuyeux.

Un oncle décoré et qui a servi fait encore bien au bout de la table et en quatrième au whist. Mais il ne faut pas qu'il raconte trop souvent ses campagnes. S'il était riche, on les écouterait toujours avec le même enthousiasme, mais il doit se souvenir qu'il ne l'est pas, et les réserver, avec précaution, pour les nouveaux venus dans la maison qui ne savent point les choses, et auxquels il les racontera en particulier, dans les embrasures.

Pour les autres parents pauvres, cousins ou cousines, il n'est pas besoin de tant de façons.

S'ils viennent de temps en temps à la maison, on les reçoit sans trop leur faire la grimace.

S'il se présente des solennités importantes, on les invite dans la fournée. Si leur extérieur n'a pas l'aspect d'aisance et de mise suffisante pour n'être pas comme tous les autres, on ne les invite plus.

Dans le cas où ils persistent à se présenter, et que cette persistance semble indiquer la secrète pensée de demander une aide ou un service, — ou bien on le leur rend, en entourant la chose de précautions assez désagréables pour leur enlever à l'avenir toute idée de recommencer;

Ou bien on le leur rend parce que cela vous est utile à vous-même, pour un motif ou pour un autre, que vous seul devez apprécier;

Ou bien encore on ne le leur rend pas du tout, et on les consigne tout simplement à la porte.

* * *

Les pères et les mères, les grands-pères et les grand'mères, dans certains milieux, ne font pas mal non plus de prendre certaines précautions de nature à les assurer contre les chances fâcheuses auxquelles se trouvent parfois exposés les parents pauvres.

Il vaut encore mieux figurer dans le chapitre des espérances que dans celui des charges et inconvénients.

Le chapitre des espérances se compose des père et mère cacochymes, des oncles apoplectiques, des tantes catarrheuses et des frères et sœurs rachitiques, quand ils ont de l'argent.

Le chapitre des charges se compose des mêmes personnes quand ils n'en ont pas.

Or, on souffre des charges et inconvénients, on caresse toujours les espérances.

* * *

Il est un vieux proverbe paysan qui dit :

— Il est plus facile à un père de nourrir douze enfants, qu'à douze enfants de nourrir un père.

Nous finirons par ce petit conte du vieux grand-père, emprunté aux vieilles histoires que l'on nous racontait jadis quand nous étions petit, et qu'on ne fait pas mal de rappeler à ceux qui sont grands.

* * *

Il était une fois un homme bien vieux qui avait les yeux troubles, l'oreille dure et les genoux tremblants.

Quand il était à table il pouvait à peine tenir sa cuiller, il répandait de la soupe sur la table, et quelquefois même en laissait échapper de sa bouche.

La femme de son fils et son fils lui-même en avaient pris un grand dégoût, et, à la fin, ils le reléguèrent dans un coin derrière le poêle, où ils lui donnaient à manger une chétive pitance dans une vieille écuelle de terre.

Le vieillard avait souvent les larmes aux yeux et regardait tristement du côté de la table.

Un jour l'écuelle, que tenaient mal ses mains tremblantes, tomba à terre et se brisa.

La jeune femme s'emporta en reproches ; il n'osa rien répondre, et baissa la tête en soupirant. On lui acheta pour deux sous une écuelle de bois, dans laquelle désormais on lui donnait à manger.

Quelques jours après, son fils et sa belle-fille virent leur enfant, qui avait quatre ans, occupé à assembler à terre de petites planchettes.

— Que fais-tu là ? lui demanda son père.

— Une petite auge, répondit-il, pour donner à manger à papa et à maman quand ils seront vieux.

* *

Ce qui prouve, une fois de plus, que pour les autres et pour soi-même, il vaut infiniment mieux tâcher d'occuper une place dans la catégorie des parents riches, dussiez-vous avoir conscience de la comédie qui se joue devant vos yeux pour avoir votre argent, que de vivre péniblement dans la catégorie des parents pauvres, où vous devenez des gêneurs parce que vous n'en avez pas.

Malheureusement, le choix n'est pas toujours à votre disposition, — et c'est triste.

BALS, SOIRÉES, RÉCEPTIONS.

ALLER dans le monde, s'entend de l'action qui consiste à aller au bal, en soirée, au concert, dîner en ville et faire des visites.

Nous avons donné le croquis des diverses toilettes d'homme ou de femme applicables à tel ou tel ordre de réunion.

Il ne s'agit plus que d'indiquer la façon d'être admis, pour s'y comporter suivant la politesse, les usages et les convenances.

Un bal, une réunion ou un concert, sont toujours précédés d'une invitation ainsi conçue :

> *M. et madame *** ont l'honneur de vous prier d'assister à la soirée qui aura lieu le...*
>
> *On dansera.*

Ou bien : *On fera de la musique,* suivant la nature de la réunion.

Il n'y a plus que M. Choufleury qui mette encore sur ses cartes d'invitation :
M. Choufleury restera chez lui le...

Il est indispensable de répondre par un mot ou par une carte à l'invitation reçue, et cela dans les trois jours au plus qui suivront.

Pour les soirées ou concerts, on peut arriver à neuf heures et demie.

Pour les bals, dix heures ou dix heures et demie sont convenables. Arriver plus tard que onze heures ou onze heures et demie, est une prétention, presque une impolitesse. Il faut alors s'excuser sur la nécessité dans laquelle on se trouvait de figurer à une autre réunion qui vous était imposée d'abord.

Quelques femmes s'étudient à ne paraître dans un salon que lorsque la réunion est complète, le cadre préparé, et que le tableau de leur toilette et de leur grâce n'a plus qu'à se présenter pour être vu de tous, et récolter tout le succès d'une exposition bien aménagée.

Cette combinaison, qui n'est mystère pour personne, ne peut produire l'effet attendu que si la beauté est réellement rayonnante, et que la toilette, combinée et mûrement réfléchie, apparaît comme un véritable objet d'art.

Hors de ces conditions, il vaut mieux s'abstenir et faire comme tout le monde, d'autant plus que souvent l'affluence, à cette heure, se trouve si compacte, que la toilette, faute d'emplacement suffisant, est froissée, défraîchie, ou tout au moins inaperçue, — ce qui tout naturellement fait sourire quelques hommes et fait rire toutes les femmes.

* * *

En arrivant au bal, vous mettez naturellement votre paletot ou pardessus au vestiaire.

On vous donne en échange un petit morceau de carton porteur d'un numéro. Si vous avez une voiture et que votre valet de pied vous accompagne, ce qui, par parenthèse, est fort bien porté, je dirai même *assez chic,* vous lui remettez pardessus et paletot, qu'il garde dans l'antichambre ou le vestiaire, en devisant joyeusement avec les autres qui sont de son monde. Vous évitez ainsi la recherche du paletot à la dernière heure, ce qui est fortement à considérer.

Vous gardez avec soin votre chapeau, que vous jetez élégamment sous le bras si c'est un claque ou chapeau mécanique, que vous portez gracieusement entre l'avant-bras et le coude, si c'est un chapeau ordinaire.

Puis, vous passez une main savante dans vos cheveux, que le contact du chapeau peut avoir aplatis sans mesure sur votre front. Vous glissez le doigt à l'origine de votre faux-col, pour lui restituer la rectitude qu'il pourrait avoir perdue dans le cours du trajet.

Puis, d'un coup de main habile, vous rétablissez la pureté des lignes des

parements de votre habit, du plastron de votre devanture et du chapelet de vos ordres, si vous en avez.

Un dernier coup élégant, dit le coup du sous-préfet, vous permet de relever délicatement la manche de votre habit pour laisser voir vos manchettes et vos garnitures de boutons, tout en ramenant une fois encore quelques boucles rebelles de votre chevelure, et vous entrez.

*
* *

Vous piquez droit vers la maîtresse de la maison, qui se tient près de la porte du premier salon, vous vous inclinez avec grâce, et vous donnez le *shake-hand* anglais au maître de la maison, qui doit être situé non loin de sa femme.

Ces devoirs rendus, vous êtes chez vous, vous n'appartenez plus qu'à vous-même et — aux autres.

*
* *

Saisissez, s'il se peut, d'un coup d'œil, l'ensemble des banquettes, et voyez où sont assises les personnes que vous avez à ménager, soit comme maîtresses de maison, soit comme femmes ou filles de fonctionnaires utiles, soit pour tout autre motif.

Circulez sans affectation et saluez successivement chacune de ces dames,

en leur adressant quelques mots de politesse, d'autant plus qu'elles sont plus âgées, plus en position d'être utiles et mieux posées.

Quelques mots d'amitié aux jeunes gens, quelques saluts respectueux aux gros bonnets.

*   *
*

Voici l'orchestre qui prélude. Occupez-vous des danseuses.

Lorsque vous faites votre invitation, n'oubliez pas la vraie formule : Madame ou Mademoiselle, voulez-vous me faire *l'honneur* de danser avec moi la première contredanse, ou cette contredanse, ou cette polka, ou cette valse?

Vous ne devez jamais dire : *le plaisir.*

*   *
*

Lorsque vous conduisez la personne que vous avez invitée pour la mener à la place désignée pour la danse à laquelle l'orchestre prélude, vous lui offrez votre bras.

43

Vous avez laissé à la place qu'elle occupe sur la banquette votre chapeau, qui tient compagnie à son écharpe ou à sa fourrure, et vous le reprendrez en la reconduisant après la danse terminée.

LA CONTREDANSE.

PREMIÈRE FIGURE. — LE PANTALON.

— Il fait bien chaud, mais la soirée est charmante.
— Oui, monsieur.

DEUXIÈME FIGURE. — LA POULE.

— La soirée est charmante, mais il fait bien chaud !
— Oui, monsieur.

DEUXIÈME FIGURE. — LA CHAINE DES DAMES.

— La soirée est charmante (Finement.), mais il fait bien chaud !
— Oui, monsieur.

CAVALIER SEUL. — DIPLOMATIQUE.

— L'Europe nous regarde. (In petto.) Bien chaud ! charmante soirée !

TROISIÈME FIGURE. — LA PASTOURELLE.

A la Demoiselle de droite. — Quel chaud il fait!
A la Demoiselle de gauche. — Quelle charmante soirée!
Ces Demoiselles ensemble. — Oui, monsieur!

CAVALIER SEUL...,
AVEC SON DÉSESPOIR.

— Comme c'est gai de pan-
tiner ainsi devant ces deux
petites poupées! (*Amèrement.*)
La soirée est charmante; il
fait bien chaud. (*Se répondant
à lui-même.*) — Oui, monsieur.

CAVALIER SEUL A LA PASTOURELLE.

— Soyons gracieux, il le faut. Songeons que du haut de ces banquettes, plus de quarante siècles nous contemplent! (*A part.*) Quant
à la soirée, elle est charmante, mais il fait bien chaud!

QUATRIÈME FIGURE. — LE GALOP.

— Ah! mademoiselle, que la soirée est
donc charmante! mais aussi qu'il fait donc
chaud!
— Oh! oui, monsieur!

Dire qu'il faut s'arrêter là, et reconduire la danseuse à sa place!
Les âmes commençaient à devenir sœurs! Fatalité!

S'il y a un buffet ou un souper, vous pouvez également donner le bras à votre danseuse et rester derrière elle pour la servir, si elle a besoin de votre aide.

— Chère madame, le buffet n'a pas été inventé pour les chiens : si nous allions faire un tour au buffet?

Il n'est pas défendu d'y prendre quelque force pour son propre compte.

Si c'est une jeune personne, vous ne pouvez la conduire au buffet, vous devez la reconduire à sa place.

Si sa mère ou la personne qui la remplace témoignent le désir d'aller visiter

Un nuage.

le buffet, vous donnez le bras à la personne âgée, et la jeune personne se place près d'elle.

* * *

Si vous ne connaissez pas ou peu votre danseuse, il est inutile de vous escrimer à chercher des sujets de conversation.

UNE ENTRÉE.

Bâtiment de l'État, sous voile, par une douce brise, avec son remorqueur
— presque sans voile.

ARMÉE EN GUERRE.

MADAME LA BARONNE DE X... ET SA FILLE.

— Surtout, mon enfant, rappelle-toi ce que je t'ai dit. Ne t'échauffe pas, et tiens-toi droite.

ÉDUCATION EN FAMILLE.

— Tu sais, mon petit frère, j'ai collé père au whist avec le général. C'est un brave. Il ne le lâchera pas
avant trois heures du matin. Nous pourrons danser le cotillon.

44

LE CHEVALIER.

Quand le temps du cotillon est passé, on se console au buffet!

SORTIE DE BAL.

PENSÉES INTIMES D'ANTOINE.

— Dire que M. le baron n'est pas encore content, et qu'il fait des traits à madame! Excusez!

Les jeunes filles ne répondent que : Oui, ou : Non, et les femmes peu de chose de plus.

Quel que soit votre degré de connaissance avec la personne qui danse avec vous, évitez de lui parler bas. Si elle a de l'usage, elle vous répondra très-haut, pour faire connaître qu'elle n'accepte pas les secrètes confidences.

Ne vous asseyez pas sur les banquettes si vous apercevez quelques femmes embarrassées de trouver une place.

Pendant les danses, vous pouvez vous asseoir, à la condition de restituer la place au dernier coup d'archet.

Quelques paroles aimables ou spirituelles, si cela est dans vos cordes, feront très-bien, si vous les adressez alors aux femmes qui font tapisserie et qui sont rivées aux banquettes.

Rien ne peut être utile, dans un moment donné, comme les tapisseries.

Ne partez pas trop tôt, ce qui vous fera bienvenir des jeunes femmes et des maîtresses de maison. Soyez bon valseur, si vous pouvez, et sachez conduire avec entrain et grâce le *cotillon;* cela est d'une importance diplomatique de premier ordre.

Beaucoup de secrétaires d'ambassade, de préfets et de sous-préfets, ne sont arrivés que par le *cotillon*.

UN TOUR DE VALSE.
— Après tout, on n'est pas mariée avec son
danseur !

LE COTILLON ET SES ACCESSOIRES.

Dans un bal, le *cotillon* est la grande affaire.

Le cotillon est une danse d'origine française. Il se panache, suivant la mode en vigueur, de valses allemandes, de polkas polonaises, et même de mazurkas hongroises. Le cotillon est une danse éminemment éclectique, et revêt parfois, suivant les salons, un caractère tout à fait diplomatique.

Il est des cotillons de premier ordre qui sont restés célèbres. Le choix des accessoires, la variété des figures, l'entrain et la rapidité de l'action, en faisaient de véritables objets d'art.

Un bon conducteur de cotillon peut prétendre à tout.

La diplomatie est riche en conducteurs éminents. L'histoire assure que M. de Morny fut jadis un conducteur de premier ordre.

Cet emploi exige en effet du coup d'œil, de l'autorité, du tact, de la finesse. Il faut savoir ménager adroitement les amours-propres, assortir heureusement les couples, éviter les contrastes, décourager les oppositions. — Le duc de Morny, devenu président, disait un jour : Il est plus facile de présider certaines Chambres que de diriger certains cotillons.

Le cotillon se danse généralement vers les deux heures du matin, au moment où les débiles sont partis, où les tièdes partent, où restent seulement les jeunes gens forts, les jeunes filles énergiques, les femmes vigoureuses, les maris joueurs et les pères faibles..

Un bon conducteur de cotillon doit à l'avance faire son menu, et disposer dans une pièce *ad hoc* les accessoires bien rangés et en bon ordre, afin qu'ils puissent défiler sans trouble et sans encombrement au moment de l'action.

Le jour où la première tête de carton cueillie dans les divertissements de la fête de Saint-Cloud, apparut dans un salon et fut placée sur les épaules du jeune vicomte de L..., depuis ambassadeur, ce fut un succès d'enthousiasme et un éclat de rire qui retentit au loin dans tous les salons européens, dans tous les salons des deux mondes.

Depuis ce temps, un salon et un cotillon qui se respectent ne sauraient se passer de têtes de carton.

Si je danse ce cotillon, bon père, c'est par dévouement pour votre partie de whist.

Enlever ces demoiselles au moment du cotillon, oh! madame, ce serait un rapt.

Quand on a conduit le cotillon chez la duchesse de Maufrigneuse, on ne peut décemment pas le danser dans la finance.

Les ressources de la tapisserie.

Le colonel a toujours aimé le cotillon, mais il ne le danse pas.

Mon frère Georges a raison, il faut qu'un valseur ait du *biceps*.

M. de V... à Mme de V...
(deux heures du matin.)
Signal de retraite interrompu par le brouillard.

Mme de V... a un auditeur très-assidu au Conseil d'État.

45

— Moi, j'aime assez les petits danseurs, au moins ils ne vous soufflent pas dans le nez.

Citron ou vanille?

Arrivée des accessoires.

La mort aux nœuds de cravate.

Comme c'est amusant! on sort de là-dedans tout rouge et les cheveux sur le nez.

— C'est très-embarrassant, j'ai toujours peur de faire des allusions.

Pourvu qu'on ne m'amène pas mon mari!

UN CONDUCTEUR A LA MODE.

— Ce serait avec un grand plaisir, Mesdames, mais je vous donne ma parole d'honneur
que je suis excessivement enrhumé.

Jugement de Pâris.

Qui donc aura le mouchoir de Mme de C...?

Pas de jaloux. Chacun de
ces messieurs en aura quelque
chose.

Note plaintive de M. de C... — Ce
mouchoir a coûté cent écus.

FIGURE DE LA BOUGIE.
Quel souffle assez puissant pour éteindre sa flamme?

Difficile !

Il faut valser comme
ça. — Il n'y a pourtant
pas moyen de reculer.

Les grosses têtes, accessoires gais de la mise en scène, varient suivant le goût et la fortune des hôtes, suivant les exigences de ce ténor envié qu'on appelle le conducteur de cotillon.

— La contredanse, cette vieille rengaine française, a été vaincue.

— La conversation, dont nous avons montré l'indigence pendant les figures immuables et rigides de la contredanse, naît d'elle-même à propos des figures variées et inattendues du cotillon : Il fait bien chaud, la soirée est charmante! ne suffit plus.

Au bout de quelques passes, l'éloquence de chacun prend ses franches coudées.

Une fois la glace rompue, on l'arrête comme on peut et si l'on peut.

Beaucoup de mariages se sont faits au cotillon.

Il est vrai de dire aussi qu'un certain nombre s'y sont défaits.

Le baron ne peut pas comprendre pourquoi
on lui met toujours la tête du bébé.

UN WHIST,

OU LA MANIÈRE DE PASSER AGRÉABLEMENT LA SOIRÉE, SANS TROP SE FACHER.

— Ma petite Marie, la baronne tousse, le curé dort, le docteur bâille, le général va commencer à raconter ses campagnes, vite un whist.

— Monsieur le curé, voulez-vous être le quatrième?
— Chère enfant, seulement si je suis nécessaire. Je prendrai cela en esprit de pénitence.

— Chère madame, soyez donc assez aimable pour faire la quatrième au whist de ces messieurs.
— Ma toute belle, je n'y tiens en aucune façon, mais je ne voudrais pas faire manquer la partie.

— Mon bon docteur, il y a déjà trois personnes atteintes de la maladie du whist, je vous ai réservé cette place de quatrième; on réclame vos soins.
— Je veux vous prouver tout mon dévouement, chère mademoiselle, j'essayerai cette cure

— Général, une place de quatrième effrayerait-elle votre courage?
— Je n'ai, Mademoiselle, qu'une crainte au monde, celle de ne pas vous plaire.

— Enchanté, chère baronne, d'être votre partenaire.
— Et n'oubliez pas, général, d'enchaîner comme jadis la victoire à nos drapeaux.

On dirait que le docteur a quelques atouts.

Avec un partenaire qui a quelques cartes, on peut espérer le salut!

Passe difficile pour le général.

ENGAGEMENT DE L'ACTION.

LE DOCTEUR. — Mesdames et Messieurs, souvenons-nous que whist veut dire silence.

LA BARONNE. — Vite, nous ne sommes pas ici pour nous amuser.

LE CURÉ. — Un peu de modération, ici j'ai charge d'âmes.

LE GÉNÉRAL. — A vous à donner, Curé. *Cedant arma togæ.*

Avec une figure comme cela
autant dire votre jeu.

— Et la treizième qui est un sept, un joli petit shlem!

— Comment! général, je vous fais une invite à cœur, et vous donnez du pique!

— Mon cher général, vous baissez; car nous avons été battus, et
par qui? par le docteur, qui n'a jamais su jouer, et le curé, qui est
une masette!

DU CHIC.

— Quel chic!... Comme c'est lavé!...
— Mais oui. Le marchand l'a acheté trois cents francs, tu l'as acheté trois mille. C'est bien lavé.

Qu'est-ce que le *chic?*

Le chic est le *nescio quid* des Latins, le *je ne sais quoi* du dernier siècle.

Le chic est une allure, une désinvolture, un aspect, une élégance impromptue, dont la possession classe momentanément ou d'une manière durable l'être ou la chose qui en sont revêtus.

Le chic est une sorte de prétention réussie.

*   *
*

Le mot *chic,* mot bizarre, dérive directement des ateliers, où il était en usage bien avant d'avoir acquis ses lettres de grande naturalisation.

En terme d'atelier, un croquis fait avec *chic,* une peinture faite avec *chic,* sont des œuvres brillantes enlevées vivement et d'aplomb, d'une façon audacieuse, élégante et non compassée.

On peut être un grand peintre et n'avoir aucun chic.

Prud'hon, Géricault, H. Vernet, Raffet, Delacroix, avaient du chic.

Ingres, David et Gérard n'en avaient pas.

On ne peut pas dire le chic de Raphaël ni le chic de Léonard de Vinci.

Mais on dit très-bien le chic de Rembrandt, de Rubens, de Velasquez ou de Van Dyck.

UNE FEMME CHIC.

Est-ce une grande dame? Est-ce une petite dame? Peu importe! Mais, comme dirait le gommeux d'en face, elle a du *zinc*.

UN HOMME CHIC.

UN HOMME PAS CHIC.

Y a pas, y a pas, pour faire bouillir la marmite, faut d' la braise!

47

UNE FEMME PAS CHIC.

TRIBU DES BOULEVARDIÈRES, SECTION DES DÎNEUSES.

Si la femme n'est pas chic, il faut convenir que l'homme ne l'est guère.

Les artistes péniblement consciencieux, à qui l'imagination ou la mémoire ne permet pas ces audacieuses désinvoltures de crayon ou de pinceau, prennent le mot en mauvaise part. Et ils disent, avec une légère teinte de mépris, en regardant dessin ou esquisse : C'est du chic!

L'œuvre vivement enlevée, d'après l'impression et le sentiment, non copiée sur le mannequin, la nature ou le modèle, est ce qu'on appelle *faite de chic.*

* * *

Malgré ses détracteurs, le mot *chic* a prévalu dans les ateliers pour désigner quelque œuvre tout à fait supérieure ; et l'on dit très-bien : J'ai vu un Meissonier excessivement chic !

* * *

Généralement, donc, le mot *chic* s'emploie en bonne part. Dans les ateliers, lorsqu'on veut employer une expression d'un genre analogue, mais qui, au lieu d'un degré d'admiration, désigne un degré de moquerie, on se sert du mot *touche.*

Voyez-moi cette touche ! A-t-il une touche ? dit-on d'un personnage dont l'accoutrement ou les allures sont grotesques ou fâcheux.

* * *

Les deux mots ont émigré des ateliers et sont passés dans l'usage général en français.

Le mot *chic,* nous assure-t-on, vient du mot allemand *schik,* qui veut dire aptitude, tournure, habileté, et que les artistes allemands, qui généralement n'en ont guère, employaient avec une admiration de bon aloi en voyant les œuvres françaises dans les ateliers de Paris.

Si ce mot est d'origine allemande, il est devenu néanmoins éminemment français, et même, qui plus est, éminemment parisien.

Le mot *chic*, passé dans l'usage, désigne donc généralement ce qui est brillant, élégant, doué d'allure et *genreux*, suivant une expression nouvellement introduite dans le langage *jeune homme.*

※ ※ ※

On dit un homme chic.

Une femme chic.

Un salon chic.

Un cocher anglais est chic.

Une nourrice russe est excessivement chic.

Le quartier Saint-Germain est chic, ainsi que le quartier Saint-Honoré. Le quartier des Batignolles ou des Jeûneurs n'est pas chic.

Il y a des théâtres chic, comme l'Opéra, les Italiens, les Bouffes, les Variétés.

Les autres ne sont chic que les jours de première représentation.

※ ※ ※

Parmi les clubs où se réunissent les jeunes gens qui n'ont pas assez d'intérieur, les hommes mûrs qui en ont trop, et les vieux qui n'en ont plus, sans compter tous les gens mariés qui en ont besoin, pour excuser leurs fugues, comme celles de l'affaire Chaumontel (lisez Balzac!), il y a des clubs chics et des clubs qui ne le sont pas.

Le seul qui ait un grand chic est le Jockey-Club.

※ ※ ※

Dans le monde des viveurs, une danseuse de l'Opéra est chic : une danseuse de la Porte Saint-Martin ou de la Gaîté ne l'est pas.

Une écuyère du Cirque d'été est chic; une danseuse du Cirque d'hiver ne l'est pas.

Souper à la Maison d'Or, au Café Anglais ou chez Brébant, est chic; souper sur les boulevards au delà du Gymnase ne l'est pas; souper rue Montorgueil, ne l'est plus.

Acheter des tableaux chez le marchand n'est pas chic; les acheter dans une grande vente à sensation, et les pousser contre Sir un tel ou lord X..., ou le prince Off, par suite les payer le triple de leur prix, est du plus grand chic.

Faire valoir cinq cent mille francs à dix pour cent n'est pas chic.

Perdre cinq cent mille francs au club est excessivement chic.

LE DINER EN VILLE.

GUIDE DU DÎNEUR.

Vous avez reçu votre lettre d'invitation à dîner.

Si elle vous fixe sept heures et demie, c'est un grand dîner ; si elle indique six heures et demie, c'est un dîner moins important.

Arriver cinq minutes après l'heure indiquée est bien ; arriver trop tôt est indiscret ; arriver à l'heure précise est par trop militaire ; arriver trop tard est impoli.

Pour un grand dîner, la toilette de soir est de rigueur. Pour les femmes, la robe décolletée ; pour les hommes, habit noir, cravate blanche, gants paille ou blancs. Le chapeau mécanique, dit chapeau gibus, qui rentre en lui-même comme une lorgnette et peut se jeter sous le bras comme le chapeau claque de nos pères, est plus commode et moins embarrassant à la main que le chapeau rigide que l'on porte le jour. Le chapeau ne doit pas être quitté un seul instant, si ce n'est au moment de passer dans la salle à manger.

Et il doit être retrouvé et repris après le repas.

Un valet de pied vous annonce à la porte du salon.

Vous entrez le chapeau à la main, la main droite dégantée, pour satisfaire au *shake-hand* anglais, maintenant passé dans nos mœurs, et qui n'est poli que sans gants.

Vous avancez sans précipitation, comme sans embarras, vers la maîtresse de la maison, assise près de la cheminée du salon. Vous la saluez avec une aisance respectueuse, puis son mari avec déférence, puis les assistants d'un salut gracieux et général.

Un regard circulaire vous indiquera la composition de la réunion, le motif qui l'a décidée, et, par suite, la personne ou les personnes dont vous devez plus spécialement vous occuper.

Avec du tact, vous jugerez de suite, en raison de l'importance ou du rang des personnes invitées, quelle est celle des dames présentes à laquelle vous devez offrir votre bras pour la conduire à table.

Dans le cas où le maître ou la maîtresse de la maison vous dirait à l'oreille :

— Vous donnerez le bras à madame *** ou mademoiselle ***,

Vous devez vous incliner aussitôt et faire ce qui vous a été prescrit : vous placer près d'elle à table et la ramener ensuite au salon.

Avant le dîner, les dames, au fur et à mesure de leur arrivée, viennent saluer la maîtresse de la maison, qui se lève et s'avance à leur rencontre. Les dames s'assoient ensuite à ses côtés, mais il est d'usage que les hommes restent debout jusqu'au moment où le maître d'hôtel ouvre les deux battants de la porte et prononce les mots sacramentels :

— Madame est servie !

*
* *

Le maître de la maison offre le bras à la femme que son âge ou sa position indiquent comme ayant droit à cette marque de déférence. La maîtresse de

la maison prend de son côté le bras de l'homme le plus considérable, soit de nom, soit de naissance, soit de situation, parmi les invités.

* *

Le maître de la maison passe le premier, la préséance appartenant généralement aux femmes, et par conséquent à celle qu'il reçoit et à laquelle il donne le bras.

Mais dans le cas où le personnage que la maîtresse de la maison a choisi serait dans une situation de famille ou de notoriété tout à fait exceptionnelle,

la maîtresse de la maison peut parfaitement passer la première, sans blesser en aucune façon les convenances de politesse et d'étiquette.

Les personnages les plus marquants passent à la suite.

Il faut savoir s'étudier à suivre à votre rang, ni plus ni moins, et l'apprécier vous-même.

Les très-jeunes gens doivent fermer la marche.

* *

Arrivé dans la salle à manger, vous vous asseyez à la gauche de la personne à laquelle vous avez offert votre bras. Souvent la prescription qui vous a été faite par les maîtres de la maison est complétée par des cartes avec des noms écrits, qui se trouvent placées sur chaque serviette.

Suivez scrupuleusement les indications données; y modifier quelque chose serait une impolitesse grave.

MADAME EST SERVIE!

LA CURÉE DES PLACES.

— Mais, mon ami, c'est bien embarrassant; si je mets le baron auprès de la comtesse, et il n'y a pas moyen de faire autrement, ils se mangeront.

— Cela nous fera des économies.

Ne vous asseyez à votre place que lorsque votre voisine ou vos voisines se

seront parfaitement installées et que le jeu difficile des robes et des traines aura été exécuté de la manière la plus complète.

Vous risqueriez des conflits graves et impardonnables avec les volants, les garnitures et les dentelles.

* * *

Le personnage le plus marquant est assis à la droite de la maîtresse de la maison. Si dans l'assistance se trouve un prélat, cette place lui appartient de droit; de même que, dans le corps diplomatique, la première place appartient encore de droit au nonce du pape.

Les autres convives sont placés, autant que possible, suivant les règles de la hiérarchie sociale et de toutes les hiérarchies ou civiles ou militaires, dont le maître de la maison doit connaître à merveille toutes les gradations.

* * *

Les places dites d'honneur sont celles qui se trouvent à la droite et à la gauche du maître et de la maîtresse de la maison. Les deux femmes le plus en évidence, soit comme position en raison de celle de leur mari, soit les plus âgées, sont placées près de l'amphitryon.

Le tact doit enseigner les dérogations à cet usage général.

Les jeunes gens et les jeunes filles au bout de la table.

Pendant la durée du repas, les hommes placés près des femmes doi-

vent rendre à leurs voisines tous les petits services qui éviteront à celles-ci toute gêne et tout effort.

Ces petits services, fort limités du reste, se bornent le plus souvent à verser l'eau et le vin ordinaire dans le verre de votre voisine, les gens se chargent du reste.

Évitez avec soin toute maladresse, et soyez spirituel, — si vous le pouvez. Il n'est pas mal de se précautionner de quelque nouvelle du jour que vous assaisonnerez de votre mieux.

Si les circonstances vous ont donné pour voisine une personne qui vous

soit inconnue, tenez-vous dans les généralités, de peur de commettre quelque imprudence.

* *

Nous n'avons pas besoin de citer ici l'histoire si connue de l'abbé Cosson.

Ainsi vous savez qu'il ne faut pas déployer complétement votre serviette et l'attacher par un coin à votre boutonnière, ou avec deux épingles de chaque côté de votre gilet;

Que vous ne devez pas manger votre potage en tenant votre cuiller d'une main, votre fourchette de l'autre;

Qu'il ne faut pas couper son pain, mais le casser;

Ne pas porter vos aliments à votre bouche avec votre couteau;

Ne pas nettoyer proprement votre verre avec votre serviette;

Ne pas manger vos olives avec une fourchette ni la salade avec vos doigts;

Ne pas laisser votre coquille d'œuf sans la briser sur votre assiette;

Ne pas demander du bordeaux et du champagne, mais bien du vin de Champagne ou du vin de Bordeaux.

※ ※ ※

Autant vaudrait vous prescrire de ne point imiter ces gens qui, par un temps de chaleur, ôtent leur habit et demandent poliment la permission de dîner en bras de chemise; desserrent la boucle de leur pantalon pour préparer un asile plus confortable aux mets qu'on va leur servir;

Versent le vin dans leur potage, sous prétexte que cette mixtion est des plus stomachiques;

Boivent le bouillon qui reste dans leur assiette à soupe, en portant l'assiette à leurs lèvres;

49

Appellent le domestique garçon ;

Se font servir trois fois du même plat ;

Jettent les os sous la table ;

Boivent dans le verre de leur voisine et l'embrassent au dessert, etc., etc.

Toutes ces pratiques doivent être écartées avec le soin le plus scrupuleux.

Règle générale :

Si par hasard un usage ne vous est pas familier, il est prudent d'observer autour de soi comment agissent les autres. N'ayez pas trop de précipitation.

Dans un dîner prié, un provincial à qui l'on avait servi à la fin du repas un bol d'eau tiède, parfumée, suivant l'habitude, d'un peu d'essence de menthe, s'était empressé de le boire, croyant faire comme tout le monde. Vous jugez du trouble qui suivit.

Huit jours après, nouveau dîner, nouveau bol. Le malheureux refuse énergiquement.

— Je vous rends grâces, madame, dit-il à la maîtresse de la maison, la dernière fois cela m'a incommodé.

*
*   *

Le dîner une fois terminé, le signal étant donné par la maîtresse de la maison, qui se lève la première, vous offrez le bras à votre voisine et vous la reconduisez dans le salon, à sa place.

C'est le moment de reprendre vos gants et votre chapeau. Après le café, qui se sert dans le salon, vous remettrez le gant de la main gauche, et vous tiendrez votre chapeau de la même main.

La politesse vous prescrit de passer la plus grande partie de la soirée dans la maison où vous avez dîné.

Il est de rigueur que la visite qui suit le dîner accepté se fasse dans la huitaine.

LE GRAND DINER.

AMAIS l'homme prudent, qui veut donner à dîner et en retirer le juste profit qu'il en espère, ne doit oublier ceci :

L'invitation à dîner par un inférieur à un supérieur, surtout quand ce dernier est haut placé, se fait en personne.

Il faut dans ce cas, huit jours avant celui fixé pour le dîner, aller faire une visite solennelle et formuler son invitation.

En tout autre cas, les invitations se font par écrit.

Quelques personnes les font par cartes.

Rien ne peut dispenser de donner un dîner pour lequel les invitations sont lancées.

S'il s'agit d'un repas de haute lice et qui ait, pour une circonstance de famille ou de politique, une importance extraordinaire, les billets d'invitation doivent être envoyés aux convives huit ou dix jours d'avance.

Dans les cas ordinaires, trois ou quatre jours d'intervalle sont suffisants.

✳ ✳ ✳

Il y a plusieurs sortes de dîners.

Le dîner de famille, où l'on se comporte comme l'on veut.

Le dîner tout à fait amical, où l'on fait comme l'on peut.

Et le dîner de cérémonie, qui est celui dont la civilité doit se préoccuper plus particulièrement.

✳ ✳ ✳

Il y a aussi le dîner sans cérémonie.

Méfiez-vous des dîners dits *sans cérémonie*.

Cette phraséologie ne sert qu'à couvrir ou le sans-gêne, ou l'avarice, ou la gêne. Dans l'un et l'autre cas, il vaut infiniment mieux s'abstenir.

⁂

— Cher cousin, il faut venir dîner avec nous, sans cérémonie.

— Chère cousine, répondait le cousin en souriant, si ça ne vous faisait rien, je préférerais un petit peu de cérémonie.

⁂

Martainville avait été invité un jour à dîner sans cérémonie. A l'heure dite, il était arrivé, exact au rendez-vous. Le dîner fut tellement sans cérémonie, qu'il se bornait presque à des *ragobitons* de la veille, où l'art d'accommoder les restes brillait par l'absence de recherche et de comfort.

Martainville, qui avait de l'esprit, mangeait et causait du bout des lèvres, avalant la pilule de son mieux, et trouvant que l'effort essayé pour le recevoir était des plus minces.

Une fois le parti pris, l'invité, qui ne dînait guère n'étant pas gêné par les morceaux, n'en fut cependant ni moins gai ni moins séduisant.

Les maîtres de la maison furent enchantés de leur convive.

Après le repas : — Oh ! monsieur Martainville, dirent-ils en chœur, vous êtes charmant; promettez-nous de revenir bientôt, sans façon, nous demander à dîner.

— Comment donc, mais certainement, répondit Martainville avec un aimable sourire, tout de suite si vous voulez; je suis tout prêt à recommencer.

⁂

Le grand maître et professeur en l'art de manger et de faire manger savamment, Brillat-Savarin, a fait précéder son titre d'aphorismes lumineux, parmi lesquels ceux-ci :

Convier quelqu'un, c'est se charger de son bonheur pendant tout le temps qu'il est sous notre toit.

Celui qui reçoit ses amis et ne donne aucun soin personnel au repas qui leur est préparé, n'est pas digne d'avoir des amis.

*
* *

C'est pénétré de ces sages réflexions que l'on doit se lancer dans l'opération délicate et compliquée qui consiste à donner un grand dîner.

*
* *

Jadis la mission était plus difficile et plus pénible : c'était un usage des plus hospitaliers, qui réservait au maître et à la maîtresse de maison le soin de découper et de servir les invités.

Maintenant on s'est affranchi de cet usage; le maître d'hôtel et les gens étant chargés de découper et présenter successivement les plats et les vins à l'acceptation des fidèles, les hôtes n'ont plus qu'à surveiller l'exécution du service. Si l'on s'aperçoit d'une erreur, il suffit de faire un signe au maître d'hôtel, qui vient près de vous et reçoit tout bas l'indication nécessaire.

Les obligations des maîtres de maison ont été ainsi fort simplifiées, et donner un grand dîner n'est plus, à Paris du moins, qu'une question de menu et une question d'argent.

Il est des maisons outillées pour fabriquer des grands dîners sur mesure et sur commande, et les transporter en ville. Il en est des dîners comme de enterrements : il y a des dîners de toutes les classes, depuis le dîner *à gran tralala,* jusqu'au simple repas de famille.

Le spéculateur fournit tout pour ces grands dîners. Il en est même qui fourniraient jusqu'aux invités, — si cela était nécessaire.

*
* *

L'industrie sait tout prévoir.

On assure même que ceux qui redoutent de se trouver treize à table au dernier moment, par l'absence inopinée de quelque invité, ont la ressource *du quatorzième,* homme de bonne tenue, garanti par la maison, qui vient, à point nommé, occuper la place vide, se conduit avec convenance, et part discrètement après le repas. Les appréhensions douloureuses sont ainsi écartées, et l'on dîne sans crainte.

*
* *

Le quatorzième se met sur la note.

Nous avons eu la satisfaction de voir une carte ainsi libellée :

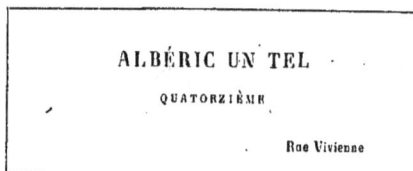

ALBÉRIC UN TEL

QUATORZIÈME

Rue Vivienne

Sauf tous les grands dîners officiels, qui imposent une série inévitable d'invités, le dîner confortable et élégant ne doit réunir que de douze à dix-huit personnes.

Dix-huit personnes sont déjà un chiffre bien élevé, lorsque sur les dix-huit se trouvent de six à huit femmes, avec leurs poufs, leurs traînes et leurs vastes jupons.

*
* *

Il en est de même encore de notre temps que du temps de Boileau, et personne de nos jours, pas plus que lui, n'éprouve de satisfaction à

> Faire un tour à gauche et manger de côté,
> . . . .
> Si l'on n'est plus à l'aise assis en un festin,
> Qu'aux sermons de Cassagne ou de l'abbé Cottin.

Limitez donc autant que possible le chiffre des heureux que vous voulez abreuver et nourrir.

Devant chaque personne, faites placer l'assiette, le couteau, la fourchette et la cuiller.

Sur l'assiette, la serviette damassée se dresse en conque élégante abritant le petit pain doré.

Devant l'assiette, un petit arsenal composé de six verres:

Un grand verre pour recevoir l'eau et le vin.

Un plus petit pour le vin de Madère.

Un pour le vin de Bordeaux.

Un pour le vin de Bourgogne.

Un pour le vin de Champagne.

Un plus mignon pour le vin de dessert.

La nappe doit être damassée, et la table garnie préalablement d'une sorte de couverture en laine qui amortit le choc des assiettes et n'offre pas aux bras nus des femmes la rigidité du bois.

* * *

A Paris, depuis le dîner qui se compose d'un croûton de pain et d'un rond de saucisson, arrosé d'une chopine de vin à cinquante centimes le litre, jusqu'au dîner ministre, ou banquier, ou grand seigneur, les espèces de dîners varient à l'infini.

Il est utile que l'on ait devant les yeux le programme anticipé de ses
jouissances et que l'on puisse les aménager soi-même, en consultant le tableau
de façon à faire des réserves utiles au besoin, avec connaissance de cause.

* * *

Aussi la mode s'est introduite de placer auprès du dineur, à côté de son
assiette et de la gamme des cristaux préparés pour la symphonie des vins, un
programme édité avec le soin correspondant au matériel, au personnel et à la
mise en scène. Ce programme s'appelle *un menu*.

DÉJEUNER A 0 fr. 90 c.

Pour 0 fr. 90 c., on a : Un Potage,
un plat de Viande, un plat de
Légumes ou une Salade, un Dessert, un carafon de Vin, Pain à
discrétion.

Pour 1 fr., on a la 1/2 bouteille.

DINER A 1 fr.

Pour 1 fr., on a : Un Potage,
un plat de Viande, un plat de
Légumes ou une Salade, un Dessert, un carafon de Vin, Pain à
discrétion.

Pour 1 fr. 10 on a la 1/2 bouteille.

PAR CACHET : 0 fr. 05 c. DE DIMINUTION
GLORIA AVEC PETIT VERRE : 0 fr. 30 cent.

MENU
Plats du jour
Potage au pain ou julienne.
Ordinaire, bouilli, ou bifteck, ou lapin sauté.
Pommes de terre ou haricots.
Salade.
Fromage ou pruneaux.

Dans les grands diners de cérémonie, pour lesquels il se dépense de cent à
cent cinquante francs par tête, les menus, placés par les soins de la maîtresse
ou du maître de la maison sur l'autel où chacun doit officier, sont préparés
avec un soin rival de celui qui a présidé au repas.

* * *

Voici le dernier menu que nous avons eu la bonne fortune de dérober à
l'histoire moderne, et qui fut dédié naguère à plusieurs bouches éloquentes et
à quelques ventres bien pensants.

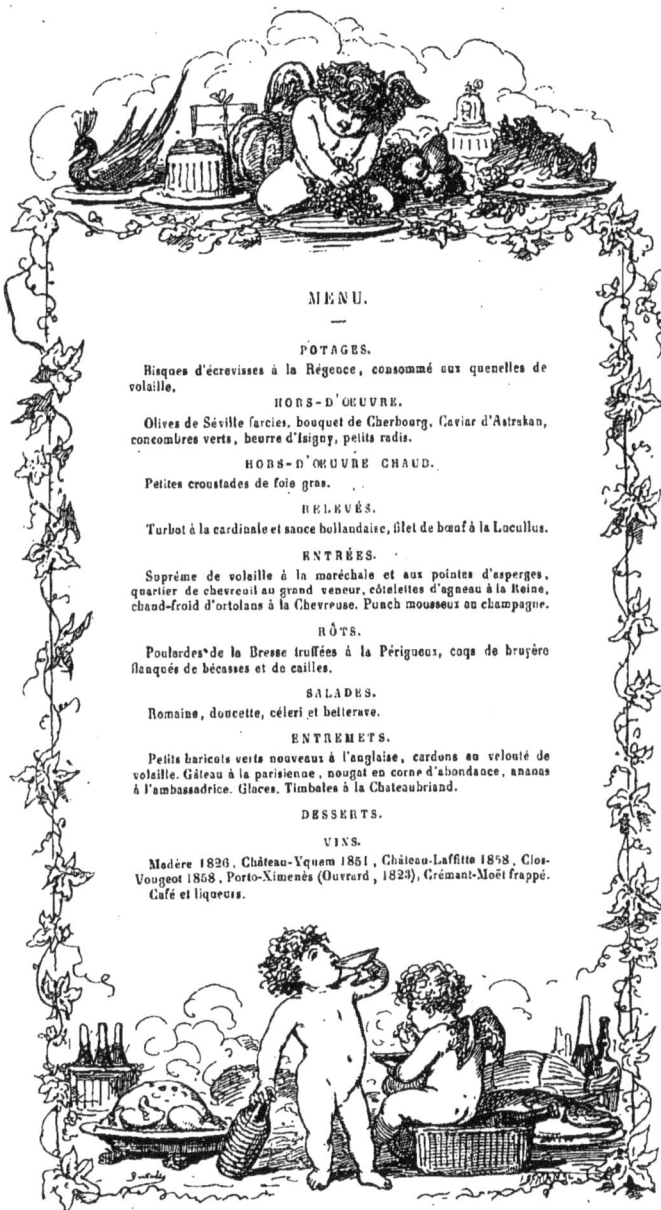

MENU.

POTAGES.

Bisques d'écrevisses à la Régence, consommé aux quenelles de volaille.

HORS-D'ŒUVRE.

Olives de Séville farcies, bouquet de Cherbourg, Caviar d'Astrakan, concombres verts, beurre d'Isigny, petits radis.

HORS-D'ŒUVRE CHAUD.

Petites croustades de foie gras.

RELEVÉS.

Turbot à la cardinale et sauce hollandaise, filet de bœuf à la Lucullus.

ENTRÉES.

Suprême de volaille à la maréchale et aux pointes d'asperges, quartier de chevreuil au grand veneur, côtelettes d'agneau à la Reine, chaud-froid d'ortolans à la Chevreuse. Punch mousseux au champagne.

RÔTS.

Poulardes de la Bresse truffées à la Périgueux, coqs de bruyère flanqués de bécasses et de cailles.

SALADES.

Romaine, doucette, céleri et betterave.

ENTREMETS.

Petits haricots verts nouveaux à l'anglaise, cardons au velouté de volaille. Gâteau à la parisienne, nougat en corne d'abondance, ananas à l'ambassadrice. Glaces. Timbales à la Chateaubriand.

DESSERTS.

VINS.

Madère 1826, Château-Yquem 1851, Château-Laffitte 1858, Clos-Vougeot 1858, Porto-Ximenès (Ouvrard, 1823), Crémant-Moët frappé. Café et liqueurs.

Les chaises de salle à manger doivent être recouvertes de maroquin, sorte de garniture plus fraîche et plus confortable que les étoffes de laine ou de soie.

Évitez les chaises cannées, qui ont pour inconvénient de laisser des traces, gaufrées en quelque sorte, sur les robes de velours.

Le dos des chaises sera autant que possible arrondi, ou sans angles saillants et détails de sculpture, qui accrochent les dentelles des femmes ou bien embarrassent les manches des gens de service, ce qui procure souvent des épaulettes de sauce aux hommes et des traînées de coulis aux robes et aux garnitures des dames.

* * *

De distance en distance, les carafes de vin ordinaire et les carafes d'eau.

Sur la table, éclairée, autant que possible, par la lueur des bougies, — les lampes et le gaz échauffent trop et rappellent trop le restaurant, — le dessert doit être dressé par avance : les fruits assortis, les bonbons de toute provenance, et les fines pâtisseries.

Au milieu, une corbeille de fleurs harmonieusement étagées fait bien, et donne à la table un aspect vivant et coloré. Qu'elle ne soit pas trop haute, de façon à ne pas intercepter le regard.

L'argenterie doit être brillante, le linge éblouissant. Une table ainsi présentée est irréprochable.

Joignez-y le rayonnement de quelques fraîches épaules, quelques diamants aux corsages, l'éclat des fleurs et la diversité des étoffes, et la fête des yeux est complète.

Pour que le service puisse s'exécuter avec la prestesse et la rigidité voulues, il faut avoir un servant pour trois personnes; sans cela le service languit, et il se produit des intermèdes fâcheux.

* * *

Les gens seuls qui font *grande figure dans le monde* peuvent arriver à donner de ces dîners, objets d'art, dont tous les détails sont étudiés et ciselés avec soin, dîners dont on parle longtemps à l'avance et longtemps après! Or, pour faire grande figure dans le monde, il faut posséder un nom, un hôtel, et un minimum de trois cent mille livres de rente, ce qui n'est malheureuse-

SECOND SERVICE.

— J'ai assisté ce matin au service de cette pauvre duchesse de X..., c'était magnifique.

— Il y a eu surtout un *Pie Jesu*, quel chef-d'œuvre !

ment pas, jusqu'alors, à la portée du plus grand nombre. — Plus tard, avec le progrès social, on verra.

Les autres doivent se contenter et essayer de contenter leurs invités à l'aide de ces dîners de confection, taillés uniformément à l'emporte-pièce, et qui sont aux grands dîners, objets d'art, ce qu'est l'objet d'art lui-même au surmoulage et à la copie : ce qu'est le bijou Froment-Meurice à l'article Paris d'exportation.

* * *

Roqueplan, condamné par sa situation et son esprit à dîner trop souvent en ville, était pris souvent de désespoir en pensant à la série de dîners qu'il lui fallait essuyer, et dont il lui était impossible de se garantir.

— Une des plus grandes douleurs du dîner en ville, disait-il, c'est l'uniformité de son organisation et de son menu. Qui en a mangé un en a mangé cent.

Après cette soupe ridicule, composée d'un bouillon pâle et sans yeux, et dans laquelle s'entre-choquent de petits losanges blancs,

« — Madère ! »

s'écrie sans rire un valet de pied qui fait semblant de croire qu'il tient à la main du vin de Madère, et non pas une décoction de fleurs de sureau étendue d'eau-de-vie de pommes de terre.

« — Château-Yquem 47 ! »

s'écrie un autre mystificateur, comme s'il ne savait pas qu'il verse du petit vin de Lunel coupé avec du Grave.

« — Turbot sauce aux câpres ! sauce genevoise ! »

La rage vous saisit. — Nous sommes pincés, disent les gens d'expérience, nous n'éviterons pas le filet de bœuf aux champignons !

Puis, le délire vous prend : on mange de tout un peu, on s'empoisonne avec variété et par petits morceaux, on grignote sa mort.

Dans la généralité, le dîner en ville est mauvais et pernicieux :

Par cette première raison que presque plus personne à Paris n'a de cave, et que la plupart des donneurs de dîners achètent du vin pour la circonstance, comme certains érudits ne prennent que dans Bouillet la science dont ils ont besoin pour le jour même.

C'est la cave Bouillet.

Ainsi parlait Roqueplan. Nous l'avons vu souvent dans la dernière année de sa vie.

— Comment allez-vous?

— Mieux, répondait-il, voilà huit jours que j'ai réussi à ne pas dîner en ville! Son amertume à cet égard était sans bornes.

Il est mort à soixante-cinq ans, persuadé que les dîners en ville et le faux madère l'avaient tué.

.⁎ ⁎

Une victime des dîners en ville de nos jours, c'est Gustave Nadaud, le charmant et spirituel chansonnier; seulement l'empoisonnement n'a point encore eu d'aussi tristes résultats, grâce à la précaution qu'il prend d'aller pendant six mois se mettre au vert à la campagne, sucer des côtelettes et manger les saines ratatouilles de famille, qui compensent les ragoûts truffés subversifs et les vins révolutionnaires du passé.

Lui, Roqueplan, n'avait pas cette ressource; ce qu'il détestait encore plus que les dîners en ville, c'était la campagne, où, par quelque temps qu'il fasse, suivant son dire, on ne rencontre que de la crotte sèche, la poussière, et de la crotte mouillée, la boue. Aussi préférait-il subir les dîners de l'été comme ceux de l'hiver. Il n'y a pas résisté.

Quant à Nadaud, il n'est pas plutôt revenu frais et pimpant, le teint rose et reposé de son séjour aux champs, que les dîners en ville l'assiègent, les lignes de circonvallation sont tracées d'une manière impitoyable autour de lui; il en a deux ou trois par jour. Heureusement pour lui, il ne peut en essuyer qu'un seul.

Et partout et toujours, toujours ce même implacable menu :

A partir du potage julienne ou purée Crécy,

Du turbot sauce aux câpres ou sauce génévoise,

En passant par le filet aux champignons et aux truffes pour arriver à l'inévitable volaille truffée et à la sauce Périgueux. Les mêmes verres, les mêmes vins, les mêmes plats, les mêmes mots à toutes les bouches. Aussi, peu à peu, à mesure que l'hiver s'écoule, le teint du patient pâlit, son moral s'énerve; les joues se vergettent, les yeux se gonflent, le nez, rosé d'abord, prend les teintes enflammées du couchant et du bourgogne; un mois de plus, il prendrait feu. Mais, alors, il est parti s'éteindre au milieu de la fraîcheur des champs.

Vers la fin de cette session de supplices, auxquels, grâce à son bon naturel et à son dévouement amical, il veut bien se résigner, l'invincible nostalgie de la soupe grasse au pain, du bœuf aux choux et du haricot de mouton, s'empare de lui, et parfois il se laisse aller à des migraines salutaires, pour avoir le prétexte de rester chez lui par hasard ou d'aller avec un ami faire une orgie d'œufs sur le plat, de côtelettes grillées et de pommes de terre frites. — Vivent les pommes de terre! haine aux truffes!

*
*   *

La présence de quelques députés, de quelques notables commerçants ou de quelques gros bonnets d'administration, ne jette d'ordinaire ni gaieté ni esprit autour d'une table. Un peintre de talent, un vaudevilliste connu ou un écrivain célèbre, ou un homme d'esprit, font à merveille sur le programme et disposent les invités à des pensées agréables.

Méry était connu pour sa verve intarissable et ses joyeuses histoires, qu'il nommait ses histoires de dîners. Il avait, dit-on, des créanciers auxquels il payait ses dettes en éblouissants racontars qu'il faisait à table.

On prétend que l'un deux l'avait uniquement constitué son débiteur pour être sûr de lui à l'époque de ses grands dîners.

On disait : Nous aurons Méry, comme on aurait dit : Nous avons une dinde truffée. Et en somme cela valait mieux, d'autant plus que parfois l'un n'empêchait pas l'autre.

*
*   *

Un homme d'esprit, bien connu jadis dans Paris, était le commensal d'un banquier qui prenait plaisir à le faire causer. L'aimable convive ayant naturellement emprunté une somme d'argent à son hôte, tout naturellement aussi ne l'avait pas rendue. L'affaire remise aux intendants avait été traitée régulièrement, il y avait billet : on poursuivit. Le débiteur épouvanté cessa de voir son créancier. La prison pour dettes n'étant pas encore abolie, le banquier fit appréhender au corps celui qui le fuyait et le fit conduire... à table.

— Monsieur, lui dit-il, entre vous et moi il en sera ainsi tant que vous ne m'aurez pas payé.

— Au fait, c'est juste, reprit l'autre, vous me devez des aliments!

Certains hommes invités pour leur talent ou pour leur esprit, font parfois à l'amphitryon et à ses dineurs la surprise de ne rien dire du tout, et de passer consciencieusement tout leur temps sans ouvrir la bouche pour autre chose que pour bien manger et copieusement boire.

Un jour, Alexandre Dumas, dans une circonstance pareille, s'était donné le malin plaisir de ne pas proférer le moindre mot.

Le maître de la maison était au supplice; à toutes les invites, on obtenait simplement pour réponse : Oui, ou : Non, ou : Hum! et le spirituel auteur n'en dinait que de plus belle.

Enfin, au dessert, le maître de la maison n'y tint plus :

— Monsieur Dumas, dit-il, n'allez-vous pas nous raconter quelque chose?

— Dame, monsieur, fit Dumas, je veux bien y mettre du mien, mais il faut que les autres commencent. Moi, je fais des histoires, c'est mon état. L'état de mon voisin est d'être capitaine d'artillerie; quand mon voisin aura tiré un coup de canon, je conterai mon histoire.

* *
*

Pour éviter de pareilles déconvenues, le donneur de diners se précautionnera de deux hommes connus, savants écrivains ou artistes, et saura les mettre aux prises adroitement, après le potage, sur une question qui, de près ou de loin, intéressera leur rivalité ou leur vanité.

Il y en aura pour tout le diner.

Un monologue à deux personnes! comédie pour les invités, satisfaction complète pour l'impresario.

* *
*

Peu, parmi les invités à titre d'esprit, ont le courage ou l'abnégation nécessaire pour se livrer à la plaisanterie qui consiste à ne rien dire.

Au dire des maîtres de maison, un invité qui se présente uniquement pour dîner et n'amène pas avec lui, de propos délibéré, ce qui fait son attraction particulière, est un débiteur qui fait semblant de payer et ne fait que grossir sa dette.

Un jour, un riche banquier avait invité mademoiselle Rachel, la grande tragédienne et la femme d'esprit, à un magnifique dîner, où chacun se promettait le plaisir de la voir et de l'entendre.

Au moment du dîner, le père Félix se présenta. Sa tenue, fort convenable du reste, était celle d'un marchand de lorgnettes arrivé.

— Monsieur, dit-il au grand banquier, ma fille est souffrante, et vous prie de l'excuser; mais je suis venu à sa place.

Nous ne croyons pas que ce dévouement paternel ait été une compensation tout à fait suffisante à l'absence d'Hermione. Mais il fallut se contenter du père Félix.

Madame Patti, invitée pour sa voix, n'aurait pas plus de succès en se faisant remplacer par M. le marquis de Caux. Ni madame Nilsson en se faisant suppléer par M. Rouzaud.

* * *

Dumas, About, Paul Féval, ou Monselet, ou Sardou, ces charmants causeurs, dînant traîtreusement sans rien dire, ce serait à coup sûr pour les invités quelque chose d'analogue au marquis de Caux suppléant la Patti, ou au père Félix suppléant Rachel.

* * *

Les donneurs de dîners ne se font pas d'illusions graves sur la nature des plaisirs qu'ils procurent à leurs invités. Les dîners que l'on donne étant généralement une obligation d'état, ou de position, ou de fortune, on se résigne généralement à donner des dîners, comme on se résigne à en accepter. Ce n'est plus qu'un chapitre prévu dans le chapitre du budget.

Il est peu d'amphitryons atteints d'une conviction assez profonde pour, à l'imitation de Brillat-Savarin, faire du dîner l'occasion de savantes méditations, et penser que le véritable bonheur et la suprême satisfaction résident pour leurs invités dans leurs combinaisons gastronomiques.

Mais, enfin, il en existe encore, et, dans notre temps de scepticisme, rien ne réjouit le cœur comme le spectacle d'un homme qui a la foi, et surtout lorsque cette foi s'exerce à notre profit.

Ut insperati fontis aquarum in deserto,
Sic viri boni conspectus animam lœtificat.

Ceux-là, ceux qui ont la foi, choisissent eux-mêmes les primeurs, les poissons, les gibiers, les pièces de bœuf ou de mouton, flairent avec soin les truffes et surveillent les fruits.

Leurs caves sont des bibliothèques où sont rangées avec amour toutes ces chaudes poésies que le vin chante, et qui sont écloses aux rayons du soleil.

Ils disent avec conviction que celui qui invente un nouveau plat, fait plus pour le bonheur du genre humain que celui qui découvre une nouvelle planète.

La connaissance de pareils hommes repose de ceux qui invitent les autres par acquit de conscience et parce qu'ils n'osent pas s'en dispenser; de ceux qui se servent de la cave Bouillet, et achètent des dîners tout faits à la Belle-Jardinière.

*   *

En somme, sauf de rares exceptions, il n'y a de bons dîners que les petits dîners où l'on est quatre, où l'on est six au plus, dîners fins et délicats, petits plats, gibiers choisis, primeurs étudiées, fruits irréprochables, vins reposés et endormis dans la cave depuis dix ans.

Dîners de vieux garçons, qui ont tourné résolûment le dos à Vénus ou à qui Vénus a tourné le dos, dîners de vieux magistrats, de jeunes banquiers, de vieux ducs gourmands ou de vieux curés.

Il y a encore le dîner à deux, le meilleur de tous, assurent quelques auteurs, et celui dont on exige le moins.

A tout bien considérer, et sauf certains condiments qu'on ne trouve qu'à

Paris et auxquels on fait signe, les dîners de province sont encore les meil-

SOLO.

MONOLOGUE.

En partie fine avec son estomac, chapitre des méditations.

DUO.

Voir si on peut entrer.

QUATUOR.

Souvent femme avarie,
Bien fol est qui s'y fie.

— As-tu bientôt fini de faire ton... François 1er?

CHANT DU DÉPART.

— Et maintenant, mon petit chien vert, aux Bouffes.

leurs. Là seulement se trouvent les caves sérieuses et convaincues, sans lesquelles un dîner, quelle que soit la richesse de son menu, n'existe pas plus qu'une comédie sans situation ou une romance sans musique.

* *
*

Madame Geoffrin disait : — A dîner, il faut de grands couteaux et de petites histoires.

Petites histoires si l'on veut, mais histoires intéressantes et gaies, si l'on peut.

Les donneurs de dîners le savent si bien, qu'ils s'étudient à trouver, à connaître et à inviter, çà et là, quelques gens d'esprit ou artistes, lesquels

AU RESTAURANT.
— Qu'est-ce qu'attend madame pour commander ?
— Le commandant.

font partie importante du menu et servent à aiguiser les sauces comme à faire glisser sur les vins.

Cette idée n'est pas nouvelle; du temps de Boileau elle était déjà mise en vigueur :

> Molière avec Tartuffe y doit jouer son rôle,
> Et Lambert, qui plus est, m'a donné sa parole.

En province se sont abrités les gens qui, secoués par les orages de la vie, ont enfin trouvé un port et soignent le plaisir de la table comme celui qui peut s'associer à tous les autres plaisirs, mais qui reste le dernier pour nous consoler de leur perte.

Mais ces dîners de province ne tarderont pas à perdre leur caractère, grâce aux chemins de fer, aux télégraphes, à tous les moyens rapides de locomotion.

* * *

Le dîner de confection commence à déborder au dehors, et le filet de bœuf, sauce aux truffes, sauce Périgueux, mis sur le feu à Paris, commence à arriver tiède et à point nommé sur toutes les lignes rayonnantes.

La Belle-Jardinière envahira tout. C'est la démocratie et le niveau appliqués à l'alimentation comme au costume.

TOILETTE DU DINER.

Un grand dîner étant généralement suivi de réception, exige habituellement chez les femmes la grande toilette, c'est-à-dire la coiffure en cheveux, avec diamants, ou fleurs, ou dentelles, jamais de chapeau; la robe décolletée et les manches courtes.

Quelquefois une écharpe, un mantelet ou une pèlerine de fourrure se jettent sur les épaules, pour garantir au moment du passage à la salle à manger.

On les repousse généralement sur le dossier de la chaise lorsque la chaleur des mets et des bougies a élevé la température.

* * *

Pour les dîners de moindre importance, la toilette tient le milieu entre la robe de ville et celle de soirée.

Les robes, montantes pour les personnes plus âgées, sont, pour les jeunes femmes, agrémentées de corsages décolletés mais recouverts de tulle, de mousseline ou de dentelles transparentes.

Les dîners priés de troisième classe tolèrent les robes complétement montantes.

Pour les dîners d'ordre suivant, dîners d'intimité ou autres, les femmes
se mettent exactement suivant leur fantaisie.

*
*   *

Quant aux hommes, leur tenue est immuable.

Les variations ne s'exercent que du côté de la cravate : cravate blanche ou
cravate noire. Il est toujours plus prudent d'arborer la cravate blanche; de
cette façon l'on est paré pour toutes les éventualités.

UN GRAND DINER AU CHEF-LIEU.

PAGES TIRÉES DE L'ALBUM D'UN NEVEU.

ᴇ député nommé dernièrement par la ville de Z... — nous disons la ville de Z..., pour que l'on ne puisse nous accuser de voir ce qui ne nous regarde pas, — a réuni de nombreux suffrages.

Les gens de l'ordre se sont groupés autour de lui; quelques agitateurs de café, très-forts sur le billard, ont essayé de le traîner un peu dans la crotte, rien n'y a fait. Les bons campagnards sont venus à la rescousse. Un bon coup de brosse après, il n'y paraissait plus. Les opposants sont retournés à leur billard et les campagnards à leurs moutons.

Enfin, mon oncle a été nommé, — car ce député est mon oncle. — Il est officiel par nature. Pour lui, le pouvoir est le pouvoir; peu lui importe que ce soit Pierre, Paul, Jacques ou Baptiste : il y a un personnage quelconque qui donne des ordres, il faut marcher.

Mon oncle a jadis été officier, puis il est devenu filateur, puis rentier. Son avis est donc celui-ci : On a beau changer le colonel dans un régiment, le caporal n'en pose pas moins ses quatre hommes, et le sergent ses caporaux, et le sous-lieutenant ses sergents; et il faut que tout emboîte le pas par file à droite ou par file à gauche. De même dans une fabrique, lorsque la roue maîtresse commande, il n'y a pas à dire, il faut que les autres tournent, et tous ces mouvements réunis font marcher les broches.

Avec de pareils principes, mon oncle ne devait pas jeter l'inquiétude dans le sens du pouvoir. Aussi, depuis la préfète jusqu'au dernier facteur rural, tous ceux qui sont rattachés à l'administration par la plus minime ficelle, ont été pour lui.

Il faut dire que la femme de mon cher oncle, ma tante par conséquent, y a beaucoup aidé.

Je soupçonne cette chère tante de s'ennuyer considérablement à Z... — Elle est mariée depuis une quinzaine d'années, elle n'a pas d'enfants, et ne sait que faire de son temps.

Passer quelques mois à Paris, y être quelqu'un, suivre les spectacles, les bals, les réceptions, ne lui déplairait pas, je pense. Elle a dû faire au moins les trois quarts du travail pour les élections.

Quant à mon oncle, il est encore vert, et lorsque dernièrement il est venu à Paris pour marquer sa place à la Chambre, goûter au verre d'eau sucrée parlementaire, et faire valider son élection, on l'a rencontré trois ou quatre soirs à Mabille !

Il a fallu donner un grand dîner et une soirée pour cette circonstance, et c'est une grave chose en province.

Depuis huit jours, ma tante court et se démène. Il faut que les choses soient faites avec soin et convenance. La cuisinière du général passe pour un véritable cordon bleu; mon oncle, en sa qualité d'ancien militaire, est bien avec le général, qui, pour ce jour solennel, a donné un permis de permuter à sa cuisinière.

Il y a surtout une purée de gibier qu'elle exécute comme personne, et qui est une des gloires du chef-lieu.

Marguerite, la cuisinière de mon oncle, sera quelque peu froissée de se trouver en second ordre, mais elle va tâcher de découvrir le secret de la fameuse purée : c'est une compensation.

Pour le service, il y a Jean et Baptiste, le cocher; ils n'ont pas grande habitude, mais Théodore, le maître d'hôtel de louage, que l'on a retenu quinze jours à l'avance, leur donnera le mot; et ils pourront se tirer d'affaire.

Théodore a servi longtemps à Paris en qualité de garçon de bureau dans un ministère, et le soir, après le bureau fermé, il se louait pour les diners chez les chefs de bureau, les chefs de division, les directeurs même, découpant, servant les vins, distribuant les glaces et sorbets.

Il sait à merveille son monde et son personnel officiel.

Un hasard l'a conduit à Z..., où il s'est marié et fait florès. C'est lui qui, sauf chez le préfet, est la cheville ouvrière de toutes les réceptions.

Le général a promis François, son planton, pour aider le service; l'intendant amènera le sien. Quant à Félix, le valet de chambre du receveur général, ce serait un aide excellent, mais il fait l'important, et l'on ne peut compter complétement sur lui. On dit même qu'il est de l'opposition.

Mais enfin, même sans lui, tout est prévu, et le service est assuré.

Les invitations ont été faites avec soin.

M. le préfet et madame la préfète, nécessairement.

Le général et sa femme. Il y a un aide de camp qui est charmant, dis-

tingué, le vicomte de Prévert. On l'accuse d'être empressé près de la générale.

Il eût été convenable d'avoir l'évêque; mais depuis quelque temps la question romaine a jeté un froid réel dans les relations de l'évêché avec la préfecture.

On s'est rabattu sur le curé de la cathédrale, qui s'est posé en véritable gallican et fait quelque opposition à l'évêque.

Il doit être accompagné du second vicaire, un jeune abbé qui a eu beaucoup de succès aux dernières retraites, que ces dames ont suivies avec intérêt.

Le receveur général, un Parisien pur sang, parent, dit-on, de l'un des ministres.

Il y a encore l'intendant, un homme aimable; le président, qui a fait

DINER DE CONSEIL GÉNÉRAL.

— Monsieur le duc, je suis bien reconnaissante que vous ayez bien voulu accepter mon modeste dîner. Monseigneur est à ma droite, veuillez prendre place à ma gauche.

— Ce bon évêque! j'ai été ravi de le retrouver! Son père était notre fermier, et nous avons été au collége ensemble.

DINER DE CONSEIL GÉNÉRAL.

LE PRÉFET, LA PRÉFÈTE ET LE PROCUREUR ......AL.

MADAME LA GÉNÉRALE.

Une femme de tête, conduit le général à la baguette, et élève les petits sous-lieutenants
à la brochette.

l'année dernière une traduction d'Horace; le procureur et son substitut.

Le directeur des domaines, une fourchette émérite et un connaisseur en diners; l'ingénieur en chef du département. Enfin l'un des ingénieurs qui vient de se marier il y a quinze jours, et qui présente pour la première fois une jeune Parisienne, sa femme, une primeur.

Les deux dames de Saint-Gleton, qu'il était important d'inviter pour ne

pas s'en faire de dangereuses ennemies, et leur cousin, un des conseillers municipaux de la ville.

Le commandant de gendarmerie, deux ou trois conseillers généraux, et deux ou trois maires de la circonscription chère à mon oncle.

Voilà le menu des dineurs.

Quant au menu du dîner, tout le monde le connaît : il est le même, frappé à l'emporte-pièce et cliché pour Paris, la banlieue et les départements.

Deux potages : la purée Crécy et le potage jardinière.

Le turbot sauce aux câpres ou sauce genevoise, etc., etc.

Suit la litanie obligée, entrecoupée de madère après le potage, le bourgogne au premier service, le bordeaux au second, le champagne frappé, ensuite les vins d'Espagne au dessert.

Il n'y a que la purée de gibier qui se détache comme un phare lumineux sur l'ensemble, et le général en sourit paternellement dans sa moustache.

***

Cela n'a pas été une mince affaire de distribuer les places, afin que personne ne subisse de froissement, et que l'amour-propre de chacun soit à peu près sauf.

***

Dans un dîner donné l'année dernière, le préfet, le premier personnage du département, avait été forcé par les convenances de laisser la première place à l'évêque; le général commandant le département ne venait qu'en troisième. Le général a été furieux, il ne retournera pas dans cette *cassine*.

Lorsque le préfet n'est pas de la fête chez ceux que ne lie aucune attache

officielle, la première place appartient de droit à Monseigneur. Le général, en ce cas, prend un air demi-respectueux, demi-narquois. *Cedant arma togæ,* dit-il en souriant; et il se rend sans murmurer à la seconde place. Mais passer à la troisième, c'était trop dur.

Ici, l'absence de l'évêque a tout aplani; le curé de la cathédrale est placé à la droite de la préfète, et ne s'en trouve pas mal; il s'agit d'une œuvre pour les jeunes rétameurs.

A droite de l'amphitryon la préfète, à gauche la générale; à droite de la générale, le receveur général, puis la nouvelle mariée. Mesdames de Saint-Gleton, près de M. le préfet et du général, puis l'intendant, l'ingénieur en chef, les conseillers généraux, le directeur des domaines, le commandant de gendarmerie, etc., etc.

* *

Le dîner se passe à merveille, les vins circulent doucement.

Théodore, en homme prudent, met de côté quelques bonnes bouteilles, au quart entamées. Je pense que c'est pour boire à notre santé dans l'office.

* *

Au dessert, mon oncle fait une motion généreuse, et porte un toast au grand parti de l'ordre et à la liberté sagement aménagée. Le général approuve, et le préfet, solennellement ému, semble bénir l'assemblée.

Les dames de Saint-Gleton sourient en se pinçant les lèvres, et ne quittent pas du regard le receveur général, qui s'est montré des plus attentifs pour la nouvelle mariée, et le vicaire, qui baissait les yeux sur son assiette, afin de ne pas subir les distractions séculières offertes par le corsage à gaze transparente situé à sa gauche, et par l'absence de corsage à sa droite.

* *

Retour au salon pour prendre le café.

* *

On forme quelques aparté.

54

MADAME DE SAINT-GLETON. — Quel niais que notre cher député! un imbécile de plus à la Chambre.

MADEMOISELLE DE SAINT-GLETON. — Quel sot important que notre préfet!

LE COUSIN. — Quel abruti que notre général!

MADAME DE SAINT-GLETON. — Et le receveur général!

MADEMOISELLE DE SAINT-GLETON. — Un sac prétentieux sentant le patchouli.

MADAME DE SAINT-GLETON. — Avez-vous vu comme il regardait cette petite Parisienne, la femme de cet imbécile d'ingénieur? Quelle folie de se marier avec une pareille poupée! Celui-là est sûr de son affaire!

LE COUSIN. -- Un homme à la mer!

MADAME DE SAINT-GLETON. — Le directeur des domaines n'a rien dit, ni à droite ni à gauche. Rien ne le dérange de ses fonctions; c'est un estomac.

MADEMOISELLE DE SAINT-GLETON. — Et il est si bête! Par exemple, mon voisin, le commandant de gendarmerie, est un puits de science.

LE COUSIN. — Un puits? allons donc! Je l'ai regardé boire tout le temps; je parie qu'il ne renferme pas une goutte d'eau.

MADAME DE SAINT-GLETON. — Eh bien! cet homme est brave comme son épée. Boire comme il l'a fait de tous ces vins détestables, frelatés, ridicules, c'est faire preuve de dévouement à l'amphitryon. Voilà qui est d'un ami véritable. Moi, je n'ai bu que de l'eau.

MADEMOISELLE DE SAINT-GLETON. — Et ce dîner froid, mal servi!

LE COUSIN. — Par exemple, il y avait la purée de gibier, la purée du général, une primeur!

MADEMOISELLE DE SAINT-GLETON. — Ici, à Z..., c'est une purée obligatoire.

LE COUSIN. — Et laïque.

MADAME DE SAINT-GLETON. — Pas du tout, j'en ai encore subi une chez le curé dimanche; mais au moins c'était mieux servi.

LE COUSIN. — Triste, triste, s'il n'y avait pas eu le filet de bœuf!

MADAME DE SAINT-GLETON. — Un empoisonnement. Je n'ai rien mangé; je me ferai servir quelque chose ce soir en rentrant.

MADEMOISELLE DE SAINT-GLETON. — Ce pauvre petit vicaire, entre ces deux dames décolletées jusqu'à la ceinture! Quelle inconvenance!

MADAME DE SAINT-GLETON. — Heureusement que ce qu'on lui montrait était énorme et horrible à voir. C'est à guérir à tout jamais du péché.

LE COUSIN. — Peut-être, il y en avait tant! La quantité quelquefois compense la qualité.

MADAME DE SAINT-GLETON. — Si nous faisions notre petite partie de whist avec un mort?

LE COUSIN, *riant.* — Celui-là, au moins, ne dira du bien de personne.

* * *

LA GÉNÉRALE, *à la maîtresse de la maison.* — Chère madame, je suis au désespoir, je ne savais pas que vous auriez le curé et son vicaire. Je n'ai pas mis de corsage de tulle. Le curé a soixante-quinze ans, très-bien, mais ce pauvre vicaire! J'ai été malheureuse pour lui tout le dîner.

LA MAÎTRESSE DE LA MAISON. — Consolez-vous, ma chère, il ne sera pas damné pour si peu.

LA GÉNÉRALE. — C'est égal, vous auriez dû le mettre à côté de mademoiselle de Saint-Gleton, une planche véritable.

LA MAÎTRESSE DE LA MAISON. — En ce cas, c'eût été une vraie planche de salut.

* * *

LE GÉNÉRAL, *à son aide de camp.* — Ces femmes de province, c'est sot, laid et prétentieux.

L'AIDE DE CAMP. — Il y a des exceptions, mon général! Ce n'est pas pour la maîtresse de la maison que je dis cela.

* * *

LE PRÉFET, *à son secrétaire.* — Mon Dieu, que ce député est bête!

LE SECRÉTAIRE. — Mais il est bien dévoué.

LE PRÉFET. — Ça ne dira rien à la Chambre, mais ça votera.

* * *

LE MAÎTRE DE LA MAISON, *à sa femme.* — Décidément, le préfet n'est pas fort; quant au général, il est ramolli.

MADAME. — Le dîner a été très-bien. C'est un peu cher, il est vrai, mais cela a produit un excellent effet.

LE MAÎTRE DE LA MAISON. — Et ça nous donne des racines sérieuses dans le département.

***

DUO. — Et maintenant, à Paris!

LES BANQUETS.

ORSQU'UN dîner se donne dans un endroit public et réunit un certain nombre de convives, à propos d'une idée, d'un fait politique ou non, d'une association d'un ordre quelconque, il cesse de s'appeler dîner, et prend le titre de banquet.

On en compte de toutes les espèces.

A leur tête, les banquets *politiques*. Ils se subdivisent en banquets *démocratiques*, où l'on mange la salade, le veau froid légendaires, où l'on boit du vin au litre, où l'on monte sur la table pour faire des discours, tant qu'on n'a pas assez bu, pour être couché dessous.

En banquets *libéraux* ou *conservateurs*, où l'on humilie la salade et le veau froid de la démocratie par le turbot sauce aux câpres et le filet sauce Périgueux de la bourgeoisie. Autant de discours au menu que dans les banquets démocratiques, seulement on ne monte pas sur la table et on tombe plus rarement dessous.

Il y a encore le banquet *philanthropique*, où l'on mange pour les pauvres qui meurent de faim.

Les banquets de toutes les corporations : coiffeurs, jardiniers, blanchisseurs, avoués, notaires, etc.

Les banquets d'actionnaires.

Les arts ont leurs banquets, l'industrie ses banquets.

Tous les banquets, quels qu'ils soient, se rencontrent sur un point identique. Les banquets ne sont que des dîners détestables, dans lesquels les mets communs, froids et tièdes, mal déchiquetés, les vins frelatés, vulgaires, ou escamotés par les gens de service, forment l'ensemble le moins satisfaisant pour les adeptes de la gaie science.

Excepté pour ceux qui comptent ou espèrent y conquérir une position, soit dans le domaine de la politique, soit dans celui de la finance ou de l'industrie, le banquet n'est point un plaisir, c'est une corvée que l'on subit, et dont on n'a pu se garantir, soit par intérêt, soit par convenance.

Une seule espèce de banquet échappe à ces inconvénients, et encore! c'est celui qui réunit les vieilles amitiés de l'enfance.

Les banquets de collége se multiplient de nos jours et se sont constitués sous l'impression d'une excellente pensée, celle de la solidarité née sur les bancs du collége et de la protection familiale, élargie en dehors des limites trop étroites de la famille.

Mais... il y a bien des mais. Cependant l'idée n'a pas toujours été inféconde. En général, de nos jours, le banquet, ce nouvel instrument inventé par le progrès du dix-neuvième siècle, a été moins habile pour fonder que pour détruire.

Depuis soixante ans, les émeutes, les bouleversements et les révolutions se font à table.

UN BANQUET DE COLLÉGE.

« *Vous êtes prié d'assister au banquet des anciens élèves du collége X..., qui se fera dans les salons de l'hôtel du Louvre, le... janvier..... Le prix de la souscription est de 15 fr.* »

Quinze francs ! Les souvenirs et les regrets, les vieilles amitiés, les parfums littéraires et classiques, son enfance, sa jeunesse, les premières vanités, les premiers déboires, les premiers triomphes, tout cela pour quinze francs ! Va pour quinze francs !

Hier donc, à six heures du soir, je franchissais allègrement les degrés de l'escalier monumental qui illustre la grande cour vitrée à l'hôtel du Louvre.

En haut de l'escalier se promenait un gentleman d'une excellente tenue, dont l'aspect me rappela complétement celui de notre sous-préfet; la serviette blanche qu'il portait négligemment sous le bras gauche, était le seul indice de nature à préciser la nuance qui sépare ces deux fonctionnaires; il s'avança vers moi d'un air gracieux.

— Monsieur est sans doute du banquet de MM. les dentistes? Suivez le corridor à droite.

Moi, qui suis notaire à Brioude, près de Clermont-Ferrand, depuis quatre ans à Pâques, je ne pus m'empêcher de lui indiquer par la gravité que je sus imprimer à ma physionomie, à quel point était ridicule son manque de discernement.

— Banquet du collége X..., lui dis-je avec une dignité froide.

— Très-bien, monsieur, fit-il sans s'émouvoir; prenez le corridor à gauche. Et il recommença tranquillement sa promenade.

*
 * *

Au bout du corridor à gauche, un homme noir, à cravate blanche, m'ouvrit respectueusement une porte dorée sur tranche, à travers laquelle bruissaient les rires et les voix. A peine ma personne eut-elle le temps de s'encadrer dans l'ouverture de cette porte qu'un hourra salua mon entrée.

— Tiens, c'est Durand!

— Ce bon Durand!

— Ce vieux Durand!

— Cet excellent Durand! Vive Durand! *Durando salutem!*

Et tout aussitôt une dizaine de mains s'emparèrent des miennes, je fus pressé, accoladé, embrassé.

— Mon brave Durand! d'où viens-tu? d'où sors-tu? Il y a plus de dix ans qu'on ne t'a vu!

— Messieurs, leur dis-je, je ne veux pas vous dissimuler plus longtemps la vérité. Je suis notaire, et notaire à Brioude, en Auvergne, non loin de Clermont-Ferrand, ce qui est une circonstance atténuante. Voilà pourquoi, depuis dix ans, je n'ai pas revu ni vous ni Paris; et au fait, c'est à peine si Paris et vous je peux vous reconnaître, c'est à peine si je me reconnais moi-même : cependant il me semble que je n'ai pas l'air d'un dentiste!

— Un dentiste ! allons donc ! tu es tout ce qu'il y a de plus notaire !

CHOEUR GÉNÉRAL. — Vive Durand ! vive le notaire de Brioude !

*
* *

C'est alors que je pus seulement jeter un coup d'œil autour de moi.

— Comment ! c'est là mon petit Sainte-Menehould ! Ma parole d'honneur, je t'aurais rencontré dans la rue que je n'aurais pu deviner que c'était toi. Quand je pense que tu forçais le 8 à saute-mouton ! Comment diable as-tu fait pour collectionner cet admirable embonpoint ?

— Je te donnerai l'adresse de mon boulanger. Tu verras quel homme supérieur !

— Ce n'est pas comme ce pauvre Dupont ; toi, mon vieux, tu as encore trouvé le moyen de maigrir.

— Voilà ce que c'est de conserver les anciens fournisseurs du collége ; on n'est jamais victime que de ses bons sentiments.

— Eh ! eh ! ce brave du Breuil commence à arborer le genou ! *Nudoque genu progreditur.*

— Ne blaguons pas du Breuil, il y a déjà deux ans que je ramène.

— Que celui de nous qui ne ramène pas lui jette la première pierre.

*
* *

Ces messieurs sont servis.

*
* *

— Vite au réfectoire, mes amis ! nous dit Sainte-Menehould ; j'ai été appelé par la commission à veiller au menu ; pour cela je suis féroce, et vous m'en direz des nouvelles,

— Vive Sainte-Menehould !

— Ah çà, mes petits trognons, il ne faut pas nous quitter, nous sommes tous copins ; faisons un bloc, tous du même côté ; nous sommes les jeunes, laissons les mûrs à part, respectons les vieux, et tenons les gamins à distance.

Un tourbillon passe auprès de nous en courant.

— Vivement ! au bout de la table, là-bas, ceux de la rhétorique de 63, pas de vétérans ! à bas les vétérans !

* * *

La table est richement ornée de poires, pommes, oranges, de galantines et de fleurs en papier.

Je constate que la rédaction de ces banquets n'a pas sensiblement varié depuis une dizaine d'années ; quelques nuances habilement touchées révèlent seules le coloriste, et Sainte-Menehould est, dit-on, le Delacroix de la chose.

Potages : Julienne, purée Crécy.

Vins : Madère et Xérès sec.

Attention, messieurs ! voilà l'entrée de poisson ! En avant le turbot, le turbot, cet inséparable compagnon du grand dîner. — Virgile l'a dit, fait du Breuil, un de nos forts en version.

> *... In grandine turbo*
> *Volvitur.*

— Bravo ! Virgile.

Qu'on dise donc encore que les études classiques ne sont bonnes à rien !

CHOEUR.

> C'est le turbot
> Qui s'avance beau,
> Qui s'avance beau.

— Garçon, sauce genevoise !

— Garçon, sauce aux câpres !

— Moi, je préfère la barbue.

CHOEUR.

> La barbue
> Qui s'avance bue,
> Qui s'avance bue.

— Silence à l'orchestre !

— Eh! là-bas! mille baïonnettes! le capitaine du fond. C'est lui! C'est Gustave de Chauvin! oncques ne l'ai vu depuis que nous étions cornichons ensemble, au bahut, et que nous potassions notre bachot.

— Silence, messieurs! pas d'argot, pas de langage Benoîton!

— Nous sommes tous littéraires!

— Oh! mes amis, l'argot du collège n'est pas du Benoîton.

Dulces reminiscitur Argos.

CHOEUR. — Cinq cents vers à l'élève du Breuil!

*
**

— Dites donc, vous autres, qui est-ce qui se souvient du petit Fontaine?

— Parbleu! tout le monde, je vois encore l'omelette qu'il avait chipée à la cuisine, un vendredi, et que nous avons mangée à quatre pendant la classe d'histoire naturelle.

— Où est-il donc?

— Le voilà là-bas, il est procureur impérial, du roi, de la république, il est assis entre Ducros, qui a mal tourné : il s'est fait abbé... et Dusacq, le joli Dusacq, qui est devenu agent de change!

— Te rappelles-tu comme cet animal-là trichait à la bloquette?

— Je parie qu'ils parlent de la conversion de l'Emprunt mexicain.

— Oh! oh! à la porte! à la porte!

CHOEUR.

La barbue
Qui s'avance bue,
Qui s'avance bue.

— Ah çà, dites donc, garçon, j'ai choisi du saint-émilion 54, et vous nous donnez du 57; vous savez, celle-là, mon petit, il ne faut pas me la faire, et remportez votre bouteille.

— Vive Sainte-Menehould! vive le commissaire!

— Et puis, regardez-moi donc ces truffes, c'est du charbon calciné; franchement, j'aime mieux des truffes en mérinos.

— Bravo, le commissaire! une fourchette d'honneur au commissaire!

— Eh ! là-bas ! Sainte-Menehould, et le falerne ! on n'a pas encore passé de falerne ; en avant le cœcube.

— Faites-moi venir Théodore, le sommelier.

— Théodore, vous savez la marque que j'ai choisie pour notre champagne, et tâchez de ne pas vous tromper. Je connais le *Masque de fer*, je vous en avertis, et si je n'en suis pas content, je le prierai de parler de vous dans le *Figaro*.

CHŒUR GÉNÉRAL. — Vive Sainte-Menehould ! un autel à Sainte-Menehould ! Evohé ! évohé !

— Allons, mes enfants, c'est le moment de prononcer quelques paroles bien senties.

— Chut ! voilà le président du banquet qui parle. Qu'est-ce donc que ce vieux-là ?

— C'est un général retour du Mexique ; il n'est pas de notre temps, aucun de nous ne l'a connu, mais il paraît que c'est un brave ; il est borné au nord par le vieux proviseur qui a quitté en 55, au sud par Chose, de l'Académie française ; voilà de véritables gloires pour notre collége.

— Ah çà ! taisez-vous donc là-bas, on n'entend pas l'orateur.

L'orateur élevant la voix :

— ..... Et resserrons les premiers liens de notre jeunesse.

(*Salve d'applaudissements.*)

❊ ❊
❊

Les garçons écoutent d'un air convenable et suffisamment convaincu : — Ce vieux sec a l'air d'un militaire ; ces gens-là, ça parle fort, mais ça ne parle pas longtemps ; ce n'est pas comme l'avocat général d'hier, ou les curés de la semaine dernière ; — nous pourrons bientôt lever notre couvert.

. A l'armée française, ce précieux rempart de nos institutions !

A la littérature, aux sciences et aux arts, ces pionniers de la civilisation !
A la presse ! à l'union des arts !
Au baron Taylor !

Claudite jam rivos, pueri : sat prata biberunt.
(Applaudissements frénétiques.)

— Maintenant, il s'agit d'aller prendre le café, la fine liqueur et le cigare...

— Dis donc, Châteauroc, te rappelles-tu la baguette aux habits du pion de cinquième, que tu avais chipée au vestiaire, et que nous avons fumée derrière le pavillon, avec le gros Delcourt ; te souviens-tu comme il a été malade ?

Faucibus ingentem fumum, mirabile dictu,
Evomit...

Il s'en est payé deux jours d'infirmerie.

— Eh bien ! où est-il donc ?

— Oh ! tranquillise-toi, il est sorti de l'infirmerie : on dit même qu'il vient de se marier.

— Pauvre diable ! j'étais sûr qu'il finirait comme cela. A propos, j'ai rencontré hier notre vieux professeur de troisième, le père Cardut.

— Avait-il encore son chien Zamor ?

— Non, la pauvre bête l'a quitté pour un monde meilleur. En voilà un chien précieux pour corriger les compositions : le père Cardut, qui n'a jamais été un grand piocheur, jetait les copies au milieu de la chambre, et Zamor les rapportait une à une à son maître.

— Parfait, parfait ! les places étaient données suivant l'ordre où Zamor rapportait les copies.

— Le père Cardut était un homme qui comprenait son époque !

— Je bois ce petit verre au souvenir du père Cardut.

* * *

— Ah çà, est-ce vrai, mon pauvre Ernest, que toi aussi tu es professeur ?

— Que veux-tu ! mon bon vieux, tout le monde ne peut pas être notaire.

— A preuve que voici là-bas Bernardin qui est médecin. Il est venu ici pour chercher de la clientèle, et je ne lui donnerais pas mon chien à soigner.

— Où est donc Sainte-Menehould ?

— Il vient de partir à l'instant ; drôle de bonhomme, ce Sainte-Menehould, un dîneur en ville sans vergogne ; il a fait un trou à la lune, mais il excelle à retourner les salades et à amener du monde dans les grandes tables d'hôte.

— Et Dupont ?

— Le maigre Dupont ! il a une jolie position : son père s'est enrichi en faisant faillite trois fois avant 48 ; il a épousé une gentille petite femme qui coupe dans le genre Benoîton et lui en fait porter de grises.

— C'est donc un homme à voir.

Quant à Dufour, un niais qui s'amusait à nous recevoir, à nous donner des dîners splendides, il est ruiné ; personne ne le voit plus, c'est bien fait.

— On ira dîner ailleurs.

— On dînera toujours mieux qu'ici, les vins surtout sont détestables ; moi, j'ai une propriété près de Bordeaux, un vin délicieux, un bouquet ! une saveur !! 450 francs la pièce, c'est donné, j'en ai placé huit ce soir. Tiens, voilà mon adresse...

— Certainement, je ne l'oublierai pas. — As-tu causé avec le petit du Breuil ? C'est un charmant garçon, il a tenu ce qu'il promettait, lui qui était si fort dans les classes, il m'a remis sa carte dans ma poche, et m'a prié d'aller le voir.

— Eh bien, mon ami, tu feras à merveille. Il m'a extirpé un cor la semaine dernière, et j'en ai été très-satisfait.

Il est pédicure de S. M. le roi de Portugal.

Hélas !

*
* *

Comme je partais, Dusacq, l'agent de change, et Gaston de Châteauroc s'en allaient aussi, bras dessus bras dessous, et riaient aux larmes ; je pus m'approcher sans être vu, ils parlaient de moi.

— Ce pauvre Durand est superbe ! Est-il assez notaire ! est-il assez Auvergnat ! Et son habit, quelle coupe ! comme on sent que son tailleur habite Saint-Flour !... Mais il y a là un client. Le père de sa femme a fait une fortune superbe dans les pâtes de Clermont, c'est lui qui a eu l'heureuse idée d'ouvrir à la citrouille de nouveaux horizons, et de la produire dans le monde sous le nom de pâte d'abricots.

— Très-fort, très-fort, le beau-père.

— Et je compte proposer quelques petites affaires au gendre.

— Grand merci ! mes bons amis, grand merci ! Et je suis rentré tristement à mon hôtel.

Demain je repars pour Brioude.

* *

Saintes émotions, joyeux souvenirs de l'enfance, je vous ai retrouvés avec bonheur. Non ! je ne regrette pas mes quinze francs, mais je ne sais quel vague mécontentement m'assiége. Dix ans se sont passés sans que j'aie jamais pu rencontrer un de ces braves garçons avec lesquels, pendant sept ou huit années, j'ai cultivé les barres, le saute-mouton, les racines grecques, la balle au mur et le *Gradus ad Parnassum*. Nous n'avons plus rien qui nous réunisse maintenant que ces lointains souvenirs.

Chacun a de son côté éparpillé sa vie laborieusement et péniblement aux quatre vents du ciel, chacun de nos mots, chacune de nos pensées nous l'apprend. Nous nous sommes revus non sans plaisir, nous nous séparons sans peine.

Le côté cruel, le voici : dix ans se sont passés, et moi qui me voyant chaque jour, non sans quelque complaisance, j'oserai le dire, ne saisissais ni la marche des années ni le misérable travail auquel se livre sans relâche le temps, cet impitoyable distributeur de rides et de pattes d'oie, je constate avec effroi de terribles ravages. J'ai vu les cheveux qui sont tombés, ceux qui commencent à blanchir, les crânes dénudés, les nez qui rougissent, les pommettes qui s'accusent, les rides qui grimacent en profondes ciselures, les tailles qui épaississent, les abdomens qui pointent, et je n'ose plus faire mon inventaire. C'est égal, une des choses qui m'ont le plus attristé, moi notaire, c'est d'avoir été pris par le garçon pour un dentiste.

Pour M. Durand, notaire,

B.

DE LA PHOTOGRAPHIE.

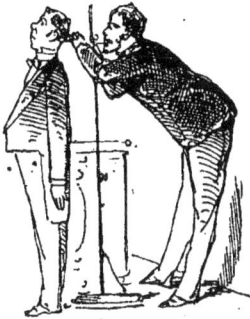

Tâches de prendre l'air excessivement naturel.

A peuple nouveau art nouveau. La photographie est à coup sûr une forme de démocratie dans l'art qui caractérise plus particulièrement les tendances de notre époque.

Cette invention merveilleuse, mise à la portée de tous, qui fixe et immobilise un instant de la vie et fait asseoir la Vérité sur sa sellette, y fait comparaître en même temps toutes les petites prétentions, toutes les petites vanités, comme aussi toutes les petites illusions inhérentes à la nature humaine.

Si, comme l'a souvent dit le Sage, toutes les vérités ne sont pas bonnes à dire, toutes les vérités ne sont pas davantage agréables à voir, au moins celles qui vous concernent personnellement.

Le poëte qui disait :

Il n'est pas de serpent ni de monstre odieux
Qui, par l'art imité, ne puisse plaire aux yeux.

n'avait pas prévu l'invention de Niepce de Saint-Victor et Daguerre. En tout cas, il est à croire que le serpent et le monstre odieux à qui l'on montrerait leur portrait photographique ne se plairaient pas à leurs propres yeux, et déclareraient leur épreuve mal réussie.

Ou du moins le serpent se complairait à l'image du monstre, et le monstre à l'image du serpent, réservant tous deux la critique pour leur image personnelle.

Un photographe, en quelque temps de pratique, devient forcément un philosophe, pour peu qu'il prête attention aux scènes variées, quoique toujours les mêmes, que la comédie de son temps lui représente dans son officine.

Si la Vérité a été représentée toute nue, et difficile à tirer du puits qui lui sert de vêtement et d'abri, la fable qui l'a imaginée ainsi est des plus intelligemment conçues. Celui ou celle qui semble demander une image vraie, ne pense qu'à déguiser la vérité. Une femme qui sait que ses yeux sont petits, les écarquille de tout son pouvoir. Si sa bouche est grande, elle s'efforce de la rapetisser, et la contracte et la plisse comme l'orifice d'une bourse à coulisse dont on a serré les cordons.

Si la bouche est trop petite, elle s'efforce de la distendre par un sourire contraint.

Celui dont l'attitude est habituellement simple et bonasse prend des allures de capitan.

Celui dont les traits sont violents s'étudie à les édulcorer par des airs gracieux.

Et ainsi de suite.

Si les portraits ne ressemblent guère, à qui s'en prendre?

De là cette supériorité marquée des portraits d'enfants et de vieillards; les uns n'ayant pas encore appris à n'être pas naturels, les autres (avec quelques exceptions cependant) ne tenant plus à ne pas être tels qu'ils sont.

Quant aux jolies femmes, elles ont beau faire, elles le sont toujours; mais beaucoup moins pourtant qu'elles ne le voudraient, et surtout moins qu'elles ne le pensent.

* * *

On a beaucoup médit de la photographie.

On l'a surtout beaucoup calomniée.

Celui qui examine avec soin les Expositions artistiques depuis un certain nombre d'années, doit reconnaître les progrès incontestables que lui doivent les arts du dessin, et comment la photographie est le meilleur maître de dessin qu'on ait jamais eu.

Maître de dessin non pas seulement pour ceux qui font des dessins ou de la peinture, mais encore pour ceux qui les regardent.

L'habitude de voir à chaque instant et partout la forme correctement fixée et immobilisée sur le papier, donne à l'œil du peintre, comme à celui du public, une exigence qu'ils n'avaient pas jadis.

On ne saurait plus admettre sans protester, ni les plis incorrects, ni les emmanchements infirmes, ni les proportions fausses:

Ce premier résultat a été celui de chasser à jamais les hideux portraits à cinquante francs, ressemblance garantie, dont jadis se hérissaient toutes les portes du boulevard.

Et si, par impossible, il était donné de rapprocher l'ensemble d'une Exposition faite en 1835 d'une des dernières que nous venons de voir, on serait frappé, sauf à coup sûr les grandes et magistrales exceptions, de la supériorité éclatante atteinte par la moyenne des objets d'art exposés de nos jours.

C'est évidemment à la photographie et à ses enseignements répétés à satiété, que ces progrès sont dus.

***

Que la facture ait été considérablement améliorée, c'est là un fait des plus incontestables. L'art de l'imitation ne saurait guère être porté plus loin.

Reste l'art véritable, qui fait son choix parmi tous les enseignements variés fournis par le maître; reste le raisonnement qui les réunit et les groupe, reste l'esprit qui les anime; reste la poésie, qui les dramatise et qui les élève.

***

Toute chose ayant ses exagérations, ses écarts et ses erreurs, il est résulté de l'enseignement donné par la précision photographique une école dite école réaliste, qui ne voit rien au delà de l'imitation exacte et brutale.

L'essence mère de la photographie est de reproduire, avec une fidélité souvent douloureuse pour le modèle, ce modèle lui-même, avec ses incorrections, ses défaillances et ses défauts, comme avec ses qualités et son caractère.

La mission de l'art est de poétiser cette forme et ce modèle, et de se servir des documents nouveaux que lui livre ce nouveau procédé pour choisir ceux qui dégagent, plus grand et plus élevé, le caractère entrevu. Par suite, il n'est

56

plus permis à l'artiste d'être incorrect, mais il lui est enjoint de montrer, s'il veut être compté parmi les artistes, du goût, de l'imagination, ou de la science, ou du génie, ou tout au moins de l'esprit.

Ce que nous voyons journellement autour de nous cesse de nous impressionner et de nous toucher. Mais pour celui qui arrête un instant sa pensée sur les résultats, quelle surprenante et merveilleuse conquête !

Quel portrait peut égaler celui que nous donne la photographie ?

* * *

Celui qui pose devant cet appareil implacable, qui semble le miroir de la Vérité, peut bien, s'il n'est pas sincère, chercher à dissimuler quelque chose parmi les défauts ou les qualités qui le caractérisent, mais sur l'épreuve que rend l'instrument fidèle, la dissimulation elle-même est écrite, et l'effort essayé apparaît !

On comprend l'œil impérieux qui cherche à s'adoucir ou qui s'exagère ; la bouche volontaire, ou bavarde, ou gourmande, qui se modère et s'atténue ; le sourire indulgent, ou cruel, ou moqueur, ou narquois, dont l'expression se force ou s'éteint.

Plusieurs épreuves comparées peuvent donner à l'observateur la clef d'un caractère, et éclairer la physionomie de toute une existence.

* * *

Ne connaîtrions-nous pas mieux les hommes et les temps du passé si la photographie eût été plus vieille de plusieurs siècles ? Les traits exactement tracés de Marat, de Robespierre, de Mirabeau, de Malesherbes, de Louis XVI, de tous les Girondins, comme de tous les Jacobins, seraient pour nous à étudier comme une révélation de la nature et de l'histoire.

Il y a tel rictus, telle ride, tel froncement de sourcils, bien qu'atténués volontairement ou dissimulés, qui sont toute une révélation ou toute une explication à un acte et même à une vie.

Les portraits dus au pinceau des artistes parmi les plus grands et les plus illustres, peuvent être des morceaux merveilleux de peinture et d'art ; mais ils ne sont que des manifestations brumeuses, ou incomplètes, ou passionnées, ou abusées de la pensée de l'artiste.

Le peintre, quelque grand et intelligent qu'il fût, a toujours vu son modèle à travers une préoccupation d'un ordre quelconque, préoccupation de courtisan, d'enthousiaste ou de critique.

Le portrait d'un homme n'est que le reflet de la pensée personnelle de l'artiste sur l'homme qu'il peint, ce n'est pas l'homme lui-même.

La poésie dans le portrait d'une personnalité nuit à cette personnalité même. Un portrait est de l'histoire, l'histoire ne doit se préoccuper que de la vérité. C'est la poésie passionnée dans un sens ou dans l'autre qui nous a défiguré l'histoire.

Un portrait doit être vrai, sinon ce n'est plus un portrait, ce n'est plus que la conception mensongère d'un flatteur ou celle d'un détracteur prévenu.

Qui ne voudrait, en ce moment, avoir dans son album la photographie sans retouche du Christ, de Socrate, celle d'Auguste, celle de saint Louis, celle de Henri IV, celle de Salomon de Caux, celle de Newton, celle de Vincent de Paul.?

Il semble que la pensée elle-même est écrite dans cette manifestation exacte des traits qui l'ont renfermée, et que l'étude de cette pensée devient par cela même plus limpide et plus facile pour ceux qui veulent s'y livrer.

***

Dans la vie actuelle, au-dessous des sphères plus élevées de l'histoire, quel est le portrait échappé de la main d'un artiste, quelque merveilleux qu'il puisse être, dont l'aspect saisisse autant l'esprit et le souvenir que ce reflet dérobé au miroir de la vérité, qu'on appelle une photographie?

Un portrait est un essai plus ou moins habile des variations plus ou moins inexpérimentées sur un motif donné; la photographie est le motif lui-même.

Le portrait d'une mère ou d'un enfant que l'on a eu la douleur de perdre, vous plaît et ravive votre souvenir, s'il est l'ouvrage d'un peintre; il est le souvenir lui-même, si ce portrait est une photographie.

Un instant du passé, un instant fugitif, un instant vrai, exact, est là figé, immobilisé, saisi sur nature. C'est l'instant lui-même, l'instant vécu, avec toutes ses physionomies, toutes ses aspirations, toute sa vitalité disparue.

Les molécules désagrégées maintenant, et livrées depuis à la main de Dieu, sont réunies sous la main de l'homme et fixées pour la satisfaction de ceux qui restent.

C'est un instant de la vie de l'être aimé et perdu que vous pouvez considérer attentif et ému. Le portrait peint vous le rappelle, la photographie vous le montre.

CHEZ LE PHOTOGRAPHE EN RENOM.

PERSONNAGES.

LE PHOTOGRAPHE.
SON PRÉPARATEUR.
LA BARONNE, cinquante-deux ans, en reconnaît trente-huit; membre de l'OEuvre des petits Samoyèdes.
LA VICOMTESSE, trente-six ans, en avoue vingt-sept; membre de l'OEuvre des petits Samoyèdes.
LA MARQUISE, quarante-cinq ans, ne permet pas d'allusion à son âge; membre de l'OEuvre des petits Samoyèdes.
MADAME SÉRAPHINE, n'ayant plus d'âge; membre de l'OEuvre des petits Samoyèdes.
M. CHAPELART, cinquante-six ans; Directeur de l'OEuvre.
MADEMOISELLE BLANC DE CYGNE, dix-neuf ans.
MADAME DE R..., soixante-deux ans, jolie femme en retraite.
DE PLANTEROSE, trente-cinq ans.
M. et MADAME DUPONT, hors d'âge.
LE COLONEL, attend sa retraite.
GONTRAN DU BREUIL, cocodès.
LE BARON OSCAR GÉLINOT, gommeux.

PERSONNAGES DIVERS.

SCÈNE PREMIÈRE.

LA BARONNE. — Mon Dieu, monsieur, permettez-moi tout d'abord de vous faire ma confession : je vous apporte une réelle difficulté à surmonter. Jusqu'ici jamais on n'a pu me réussir.

LE PHOTOGRAPHE, *d'un air convaincu.* — En vous voyant, madame, j'oserai dire que cela me paraît tout à fait invraisemblable.

LA BARONNE. — Enfin, monsieur, malheureusement c'est ainsi, et je viens chez vous en désespoir de cause. Figurez-vous que personne n'a jamais pu me reconnaître. On me fait toujours une bouche énorme, des yeux imperceptibles, et un nez!... Je ne sais réellement pas où ils prennent un nez pareil. Quant à la taille, on s'obstine à me donner une taille grosse, aplatie, sans forme, sans tournure. C'est un désespoir véritable.

LE PHOTOGRAPHE. — Chez vous, madame, la physionomie est si variée, si mobile... Peut-être, madame, éprouvez-vous quelque difficulté à poser?

LA BARONNE. — De difficulté, non; de l'ennui, certainement. Il est si désagréable d'obtenir des résultats pareils à ceux que vos confrères m'ont apportés jusqu'alors! Enfin, monsieur, j'ai entendu parler de votre habileté, de votre talent, et je suis persuadée que, grâce à vos soins, nous obtiendrons un résultat favorable. Voici une de mes amies qui a été faite chez vous il y a quelque temps. C'est dans ce genre-là que je voudrais ma photographie.

LE PHOTOGRAPHE. — En effet, je me rappelle parfaitement une jeune personne de dix-huit ans, qui venait de se marier, et partait pour l'Italie.

LA BARONNE. — Peu de physionomie, peu de caractère, pauvre tournure, il est vrai; mais enfin, bien qu'elle en dise, la photographie est bonne, je dirai même que vous avez mis un grain de flatterie dans vos préparations chimiques. Serait-ce trop réclamer de vous que de demander une préparation dans le même genre?

LE PHOTOGRAPHE. — Croyez, madame, que je suis décidé à faire tout ce qui dépendra de moi pour vous satisfaire.

LA BARONNE. — A demain donc, monsieur, à une heure; je compte sur toute votre obligeance. (*Elle sort.*)

SCÈNE II.

LA VICOMTESSE. — D'abord, monsieur, je tiens à vous dire ceci : jusqu'alors personne n'a pu me réussir.

LE PHOTOGRAPHE, *gracieusement.* — En vérité, madame, je ne saurais le croire.

LA VICOMTESSE. — C'est comme je vous le dis, personne ne me reconnaît; on me fait des yeux petits et ronds, une bouche bête, un nez fantastique. (*Elle regarde en souriant d'un air aimable.*)

LE PHOTOGRAPHE. — En effet, madame, je me refuse à croire qu'il y ait une intention pareille dans l'esprit de mes prédécesseurs; ils seraient alors bien coupables.

LA VICOMTESSE. — J'ai tout jeté au feu jusqu'alors; on m'a fait espérer que je serais plus heureuse avec vous. Voici la photographie de mademoiselle Z..., que je trouve excellente; c'est comme cela que je voudrais être.

LE PHOTOGRAPHE. — Nous imiterons la pose aussi complétement que possible. (*Elle sort.*)

SCÈNE III

LA MARQUISE. — Je ne peux imaginer à quoi cela peut tenir. Jamais je n'ai pu être réussie.

LE PHOTOGRAPHE, *gracieusement*. — Réellement, madame, je ne saurais deviner sous quel prétexte.

LA MARQUISE. — Et cependant c'est un fait, je viens vous prier de le

démentir. Voici un portrait qui vient de chez vous, celui de mademoiselle Y..... Il faut me faire un portrait dans ce genre-là.

LE PHOTOGRAPHE. — Mais, madame, cette demoiselle est au théâtre : elle a dix-neuf ans à peine.

LA MARQUISE. — L'âge n'y fait rien. Quant au théâtre, affaire de nuances ; ce n'est pas à un homme de votre tact et de votre intelligence qu'il faut chercher à les indiquer.

LE PHOTOGRAPHE. — J'essayerai, madame.

SCÈNE IV.

MADAME SÉRAPHINE. — Monsieur, je vous amène monsieur Chapelart, le directeur de l'OEuvre des petits Samoyèdes, un portrait auquel nous tenons beaucoup, et qui malheureusement, jusqu'alors, n'a jamais pu être réussi.

LE PHOTOGRAPHE. — Madame, vous pouvez compter sur tout notre zèle.

MADAME SÉRAPHINE. — M. Chapelart est un homme remarquable et excellent ; il lui faut une pose dans laquelle on puisse lire comme un résumé de sa vie tout entière.

Mon domestique apportera son fauteuil habituel, son coussin, et le petit Samoyède sauvé par son ange gardien, groupe en argent offert par les dames patronesses et que nous désirons voir figurer dans l'épreuve. Surtout qu'il n'attende pas. Sa santé est quelque peu délicate, et je crains avant tout de lui imposer une souffrance.

Entrent mesdames la vicomtesse, la marquise, la baronne.)

SCÈNE V.

MADAME SÉRAPHINE. — Ah ! voilà ce cher monsieur Chapelart.

M. CHAPELART. — Chère madame, je vous présente mes devoirs. Monsieur le photographe, je viens en homme résigné me remettre en vos mains. Ces portraits sont affaire de vanité, et, par principe, je ne saurais les approuver. On m'assure cependant qu'en faisant ce qu'on me demande, je puis aider à la propagation d'une bonne œuvre et faire le bien. C'est la seule considération qui me décide. Mesdames, voici votre victime : puisse mon petit sacrifice être agréable à notre sainte cause. (*Au photographe, souriant d'un air charmant.*) Monsieur, prenez ma tête.

CHOEUR DE DAMES. — Quel homme excellent! quel cœur!

MADAME SÉRAPHINE. — Il vous sera tenu compte de tout cela, mon ami.

SCÈNE VI.

DANS L'ATELIER.

M. CHAPELART. — Mesdames, quelle surprise! Comment! mon fauteuil pré-

sidentiel! ce charmant groupe! Vraiment, je suis confus; mais quel embarras, quelle préoccupation pour vous! Savez-vous que vous me conduisez tout doucement sur la pente du péché d'orgueil et de vanité? Je devrais me fâcher, je n'y arrive pas, c'est une faute.

CHOEUR DE DAMES. — Cher monsieur Chapelart, pardonnez aux petits Samoyèdes.

MADAME SÉRAPHINE. — Oui, mon ami. Ce sacrifice est l'avant-dernier. Le dernier sera de poser, de bien poser avec votre bonne et éloquente physionomie, et puis nous n'aurons plus rien à vous demander.

M. CHAPELART, *souriant*. — Que dites-vous, chère madame? alors seulement commencera le temps des épreuves.

CHŒUR DES DAMES. — Charmant! charmant! délicieux! l'esprit uni à l'abnégation et au dévouement.

M. CHAPELART. — Monsieur l'artiste, me voici à votre disposition. Rappelez-vous seulement que jusqu'alors personne n'a pu me réussir. (*Les dames s'empressent autour de lui; on dispose le fauteuil, le coussin; le groupe est posé d'une main habile sur la petite table.*) — Suis-je bien ainsi, mesdames? J'ai l'air de vous présider. La séance est ouverte. (*Le photographe approche l'appuie-tête.*)

CES DAMES, *en chœur.* — Oh! monsieur, je vous en supplie, n'approchez pas cet affreux appareil : rien n'est plus déplaisant et plus pénible. Ce pauvre M. Chapelart!

LE PHOTOGRAPHE. — Mais, mesdames, cela est tout à fait indispensable, si vous voulez obtenir quelque chose de satisfaisant.

M. CHAPELART. — Laissez, laissez, mesdames. Je vous l'ai dit, je suis prêt à tout; cette barre m'est désagréable, c'est vrai (*souriant avec calme*); mais Notre-Seigneur a souffert bien autrement, et il ne se plaignait pas.

CES DAMES. — Excellent ami, quel cœur!

LA MARQUISE. — Je demande que cette main si bonne, si loyale, et qui, je le dirai tout bas, est belle comme une main d'évêque, soit étendue sur le petit livre qui contient le compte rendu de l'OEuvre.

CES DAMES. — Approuvé.

LA BARONNE. — La tête un peu de trois quarts, comme le portrait de Berryer.

CES DAMES. — Très-bien.

LA VICOMTESSE. — Le pied est petit, ne l'oublions pas; il ne faut pas qu'il l'avance; l'objectif grossit toujours un peu. (*Elle recule légèrement le coussin.*)

CES DAMES. — Certainement.

M. CHAPELART. — Maintenant, monsieur l'artilleur, à vos pièces! Ne bougeons plus.

LE PHOTOGRAPHE. — Une, deux...

— C'est fini.

M. CHAPELART. — Merci, mon Dieu!

TOUTES CES DAMES. — Pauvre bon monsieur Chapelart! c'est fini, vous voilà délivré. Merci, merci, merci, pour nous toutes et pour nos pauvres petits Samoyèdes.

M. CHAPELART, *bas au photographe.* — Je reviendrai voir les épreuves demain, mon cher monsieur; surtout n'en montrez pas une à ces dames avant que je donne l'autorisation. Si je ne trouve pas la chose à mon goût, un petit mensonge anodin, le cliché gâché, perdu, que sais-je, moi? Vous serez absous; l'intention sera bonne. Il faut que mon portrait, pour produire l'effet demandé, possède quelque charme. Un peu de retouche, je ne la crains pas. S'il est bien, vous prendrez les ordres de ces dames. Que Dieu vous garde, cher monsieur. — Mesdames, nous n'avons que juste le temps d'arriver au *Salut*. Que les autres se perdent s'ils veulent, moi je me sauve.

(*Ils sortent.*)

SCÈNE VII.

MADAME DE R... — Vous voyez, monsieur, je suis fidèle au rendez-vous. Une toilette sombre, quelques dentelles. Je voudrais quelque chose de simple, une rose dans les cheveux, les yeux au ciel; un souvenir de Mignon, à la différence d'âge près. Suis-je bien ainsi?

LE PHOTOGRAPHE. — Très-bien; la tête moins levée, les yeux plus bas. Si nous dissimulions un peu la rose, qui est un peu voyante?

MADAME DE R... — La tête est un peu basse, maintenant, il me semble.

LE PHOTOGRAPHE. — C'est vrai. Je prierai madame de prendre l'air moins sérieux.

MADAME DE R... — Je ne veux pas sourire; la dernière fois j'avais la bouche fendue jusqu'aux oreilles. Enfin, rappelez-vous que je désire être tout à fait comme cette photographie de mademoiselle Angelo, du Gymnase.

LE PHOTOGRAPHE. — Très-bien, madame, je ne l'ai pas oublié; ramenez un peu les bras vers la taille, s'il vous plaît. Nous sommes prêts, madame....

Nous avons fini, madame! Dans deux jours je vous soumettrai les premiers essais.

MADAME DE R... — Monsieur, je vous remercie mille fois.

SCÈNE VIII.

AU BUREAU.

Deux jours après.

LA VICOMTESSE. — Montrez-moi donc les cartes de la marquise et de la baronne?

LE PHOTOGRAPHE. — C'est un jeune homme blond qui est venu chercher celles de madame la marquise.

LA VICOMTESSE. — Tiens, tiens, tiens! Qui donc ça peut-il être? Est-il décoré?

LE PHOTOGRAPHE. — Je crois que oui, madame; une petite rosette, ruban panaché.

LA VICOMTESSE. — Je parie que c'est M. Ernest; c'est inconcevable!

LE PHOTOGRAPHE. — Du reste, madame, voici encore deux cartes qui nous sont restées. Voici celle de madame la marquise et celle de madame la baronne.

LA VICOMTESSE. — La baronne est superbe, belle épreuve. Je vous fais mon compliment; c'est bien son air un peu rogue et sa tournure anguleuse : c'est parlant. La marquise est admirable. La noblesse d'une dame de comptoir; c'est bien son gros air réjoui, peut-être un peu commun, mais, à tout prendre, agréable. Ah! mon Dieu! et celle-ci, qui est-ce donc? Dieu me pardonne, je crois que c'est la mienne; je reconnais ma robe. Évidemment l'objectif était fatigué, vous aussi; ne le dites pas, nous recommencerons tranquillement. Mais je vous fais un compliment sincère pour le portrait de ces dames.

SCÈNE IX.

(Entre madame de R..., accompagnée de Gontran du Breuil et du baron Oscar.)

MADAME DE R... — Je viens voir ces terribles épreuves.

LE PHOTOGRAPHE. — Les voici.

MADAME DE R... *(Elle regarde longuement.)* — Toujours la même chose! c'est affreux. Mon Dieu, monsieur, dites-moi donc qu'est-ce que c'est que tous ces petits détails inutiles, tous ces méplats? On croirait réellement que ce sont des rides; et ces noirs sur le côté, sous les yeux, au cou?... Je suis persuadée, monsieur, que vous ne pouvez être satisfait de votre œuvre.

LE PHOTOGRAPHE. — Cependant, madame, l'épreuve est superbe, venue dans la perfection, une suavité de modelé remarquable.

MADAME DE R... — Laissez-moi donc tranquille avec votre suavité; vous savez parfaitement que ce portrait est détestable; je demanderai l'avis de ces messieurs.

GONTRAN DU BREUIL, *regardant les épreuves, bas à madame de R...* — Chère madame, c'est affreux.

M. DE R... — C'est hideux!

LE BARON OSCAR, *bas.* — Ce n'est pas un portrait, c'est une diffamation.

GONTRAN DU BREUIL., *bas.* — Ce photographe est un cancre.

LE BARON OSCAR, *bas.* — C'est un savetier.

MADAME DE R..., *au photographe.* — Ces messieurs sont de mon avis. Je vous avais cependant bien averti : je tenais à avoir une photographie exactement comme celle de mademoiselle Angelo.

LE PHOTOGRAPHE, *piqué.* — Eh bien, madame, rien de mieux! j'ai encore le cliché, je vais donner l'ordre de vous en faire tirer vingt-cinq.

(*Madame de R... sort tragiquement et monte en voiture.*)

GONTRAN DU BREUIL. — Moi, je la trouve bien bonne.

LE BARON OSCAR. — Elle la trouve mauvaise. (*Ils sortent en riant.*)

SCÈNE X.

M. CHAPELART. (*Il regarde son portrait d'un air navré.*) — J'étais sûr, monsieur, que ces portraits ne réussiraient pas; il y avait trop de monde autour de nous. Je reviendrai seul. La cravate blanche me donne l'air d'un Esquimau, mon gilet va mal, et il y a un pli au pantalon que j'ose à peine vous signaler. Ce n'est pas chez moi affaire de vanité ou de coquetterie, mais quand un portrait doit être répandu, il faut qu'il soit irréprochable, sans cela le but ne serait pas atteint. Vous aurez la bonté de me mettre un peu de poudre de riz, un peu de cosmétique à la mèche droite, et fortement retoucher le coin de la bouche et le dessous des yeux. A demain donc, monsieur, si Dieu nous prête vie.

SCÈNE XI.

DE PLANTEROSE. — Je suis passé par le petit escalier, j'ai esquivé ma belle-mère, quelle veine! Je venais, monsieur, pour vous parler de la photographie

de mademoiselle Blanc-de-Cygne; elles sont fort bien; j'en voudrais cent. Vous lui en livrerez soixante-quinze. Les vingt-cinq plus intimes, vous savez, sont

pour moi seul. Quant à la mienne, n'en tirez pas; je me trouve un petit air niais qui déplaît à mon cœur. Nous recommencerons la chose. Marquez tout cela au nom de M. Jules.

SCÈNE XII.

MADAME DUPONT. — Voyons donc les essais de nos photographies. Ah! voilà celle de mon mari, c'est parfait; c'est bien son air un peu ennuyé, je dirai même ennuyeux. Par exemple, la mienne ne vaut rien. Je viendrai reposer. Tirez-en vingt-cinq de mon mari. En voilà une, surtout, c'est lui, comme si on le voyait. Moi, je ne me reconnais pas. (*Elle sort.*)

SCÈNE XIII.

M. DUPONT. — Je viens voir ces fameuses photographies. Ah! voilà ma femme, c'est frappant; j'en voudrais cinquante. Par exemple, la mienne, je la trouve manquée. Ne voyez-vous pas comme mon gilet fait mal? Je reviendrai poser avec un autre gilet. Du reste, le nœud de ma cravate est trop de côté. (*Rentre madame Dupont.*)

MADAME DUPONT. — Mon ami, toi, tu es parfait; mais quant à moi, ma photographie c'est une horreur, je n'en veux à aucun prix.

M. DUPONT. — Ce n'est pas du tout mon avis; mais si tu as la prétention d'être encore une jeune première, il faut le dire.

MADAME DUPONT. — Parce que je suis ta femme, ce n'est pas une raison pour être malhonnête.

M. DUPONT. — A ta place, je me ferais faire mon portrait par un peintre, au moins ça aurait la chance de ne pas te ressembler.

MADAME DUPONT. — Il ne te manquait plus que d'être grossier !

M. DUPONT, *furieux*. — Monsieur le photographe, j'ai demandé cinquante portraits de madame, vous en ferez soixante-quinze. Ne tirez pas les miennes.

(*Ils sortent en frappant la porte. La discussion continue à la cantonade.*)

SCÈNE XIV.

LE COLONEL T... — Ma foi, monsieur, je serai franc avec vous, je ne sais pas dissimuler. Évidemment vous avez donné tous vos soins à mon lieutenant,

M. Z... ; c'est à cause de son portrait que je suis venu. Voyez ma carte, c'est gros, c'est lourd ; j'aimerais mieux essayer d'une nouvelle pose.

SCÈNE XV.

MADEMOISELLE BLANC-DE-CYGNE. — Je voudrais cinquante de plus de mes photographies à cheval sur la Fumeuse. Ne le dites pas à M. Jules, c'est M. Dupont qui payera la note en passant. Je viens de rencontrer le colonel T..., qui sortait d'ici; surtout qu'il ne sache pas que je suis venue. On m'a dit qu'il avait

posé ici. Tàchez donc de me mettre de côté une carte de ce gros M. Chapelart, ça me fera un peu de bon temps.

(*Elle sort.*)

SCÈNE XVI.

LE PHOTOGRAPHE. — Ouf !

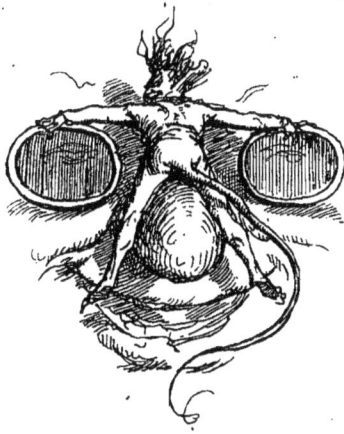

LES LUNETTES.

Les lunettes sont d'invention moderne dans notre hémisphère. Les Égyptiens, les Assyriens, les Romains et les Grecs ne les connaissaient pas.

Ce sont les Italiens, ces compatriotes de Machiavel, qui en ont doté l'Europe.

Les lunettes ont été inventées non-seulement pour voir mieux, mais encore pour être moins vu.

La pensée se lit dans le regard. Ceux qui veulent dissimuler leurs pensées ont trouvé par les lunettes un moyen de décourager l'indiscret qui cherche à les interroger dans leurs yeux.

De là les lunettes qui voilent la pensée des politiques, des juges, des procureurs et des hommes d'affaires.

Les lunettes à verre blanc brisent et déconcertent le rayon visuel de l'interlocuteur et dissimulent suffisamment, par leur miroitement, la direction et l'expression de l'œil de leur propriétaire.

Si ce verre blanc s'entoure d'un cercle d'or, la lunette prend une sorte de majesté et d'opulence qui en impose au vulgaire.

Le rayonnement de l'or a toujours ébloui et empêché de voir distinctement celui qui le porte.

Ceux qui ne trouvent pas leurs secrètes pensées suffisamment abritées par le verre blanc passent au verre bleu, qui dissimule davantage.

Si le verre bleu laisse encore par trop filtrer les intentions cachées, on passe aux lunettes vertes.

Si le besoin de dissimuler se fait sentir d'une manière plus intense et plus indispensable, on arrive aux lunettes à verres noirs, qui sont le dernier degré d'obscurcissement auquel il soit raisonnable de prétendre.

Parmi les porte-lunettes célèbres de notre temps, on distingue M. Proudhon, dans la pensée duquel on n'est même pas encore parvenu à lire avec certitude.

M. de Cavour, dont les lunettes à monture d'écaille avaient si bien dissimulé le but où ses regards étaient fixés, qu'on le reconnut seulement quand il était devenu impossible d'empêcher qu'il pût l'atteindre.

M. Émile Ollivier, dont les lunettes noires ont si parfaitement caché les yeux, que le but fut dépassé et que lui-même avait cessé de voir.

M. Adolphe Thiers, dont les lunettes à cercle d'or rayonnent de feux si variés et si inattendus, qu'on n'a jamais pu deviner de quel côté ses regards se fixaient; si éblouissants, même pour lui, qu'il semble n'avoir jamais su de quel côté précis il regardait lui-même.

Avant ces lunettes historiques et qui datent toutes de notre siècle, on ne pouvait enregistrer qu'une paire digne de la célébrité, celle de Franklin.

***

Il y a encore les lunettes de M. Prudhomme, dont le verre reflète tout, mais dont le regard n'exprime rien — que ce reflet modifié sans cesse suivant les variations ambiantes.

Lunettes indispensables, me dit-on, car M. Prudhomme est rangé à bon droit parmi ceux qui ont la vue courte : — ses lunettes ne l'allongent guère.

***

Les lunettes modernes sont une preuve flagrante de la dégénérescence de notre temps. Jadis les hommes disposaient d'une somme plus considérable d'énergie, et dissimulaient avec plus de puissance ce qu'ils avaient intérêt à ne pas laisser voir.

LE BINOCLE
de mademoiselle Nélusca de Saint-Gleton
aux Champs-Élysées.

LE LORGNON
de la comtesse de Z...
dans sa loge à l'Opéra.

LES LUNETTES
de la mère Durand dans sa loge
au rez-de-chaussée.

BINOCLE
du remisier.

Sous la remise.

MONOCLE
Pour avoir de l'œil!

LUNETTES
du colleur pour le bachot.

LUNETTES
de monsieur le censeur.

ACADÉMIE DES SCIENCES.
Calcul différentiel et intégral.

Armes savantes.   Pour y mieux voir.   Pour être moins vu.

Pour voir mieux.   Lunettes politiques.   Lunettes pour contentieux.

L'industrie a dû suppléer à cet affaiblissement, comme elle est venue au secours de toutes les infirmités.

De nos jours, ceux dont la volonté n'est pas assez énergique pour empêcher leurs traits et leurs regards de trahir leur pensée, se procurent à peu de frais de quoi suppléer à l'énergie qui leur manque.

L'art de l'opticien, pour une faible dépense, leur permet de se placer la dissimulation à cheval sur le nez.

Heureusement, quand ils sont rentrés chez eux et qu'ils n'en ont plus besoin, ils peuvent laisser dormir leur dissimulation dans l'étui et se mettre à leur aise.

Voici ce qui prouve la vérité de cette assertion :

Quand un homme a un réel intérêt à voir parfaitement, il remonte ses lunettes sur son front. Lorsqu'il a bien vu, il rabaisse ses lunettes.

*
* *

Et l'histoire nous raconte comment le peuple le plus cauteleux et le plus dissimulé de la terre est le peuple chinois ; et comment aussi les lunettes étaient en vigueur chez les Chinois plusieurs siècles avant notre ère.

Une observation de plus est celle-ci : Presque tous les Allemands du Nord portent des lunettes.

*
* *

Il faut le dire et l'avouer.

Les femmes sont évidemment plus fortes et plus habiles que les hommes, et n'ont pas besoin d'une aide extérieure pour cacher leurs secrètes pensées.

Aussi l'usage des lunettes est bien moins répandu chez ces dames qu'il ne l'est chez nous autres hommes.

Celles qui croient nécessaire d'avoir recours à ce petit appareil, sauf naturellement certaines et rares exceptions, sont des femmes dont l'aspect anguleux et masculin explique et motive la résolution.

Non-seulement pour les usages de dissimulations diplomatiques, ou contentieuses, ou de précaution en cas d'affaires, les lunettes ont leur vertu ; mais il faut l'avouer, elles ont parfois, dans certains cas, une véritable utilité en dehors des nécessités de l'ordre moral.

C'est le cas où l'on a plus de soixante ans et où l'on veut lire son journal, c'est-à-dire si l'on est enrégimenté parmi les presbytes, ou bien lorsqu'on veut regarder à plus de quinze pas devant soi, tandis qu'on ne peut apercevoir nettement les objets que s'ils sont placés au bout de son nez et que l'on compte parmi les myopes.

*
* *

Comme il arrive presque toujours, l'esprit d'imitation s'est emparé de ceux qui n'avaient besoin ni de lunettes ni de leurs dérivés, les lorgnons, les monocles et les binocles, soit pour dissimuler leur pensée, soit même pour voir. Et la mode est venue de se placer sur le nez, ou dans le coin de l'œil, un ou deux petits carreaux ronds ou carrés, à travers lesquels on regarde les passants, et surtout les passantes.

Mode aussi bizarre que celle qui consiste à porter une canne comme les vieillards, qui en ont besoin pour assurer leurs pas.

Aussi bizarre que celle qui conduirait à porter sous le bras une béquille comme les infirmes à jambes torses.

Ou bien à tenir accroché à son cou un cornet d'or ou d'argent comme ceux dont l'oreille est devenue dure et qui n'entendent plus.

Mais la mode ne se discute pas.

La myopie jadis était rare. Depuis Jules César, qui fut myope, à ce que dit l'histoire, ce qui semblait alors une étrange exception, le nombre des myopes paraît avoir considérablement augmenté.

Les médecins assurent que cette modification dans l'organisation de l'œil s'est opérée sur une vaste échelle, principalement depuis l'invention de l'imprimerie, dont les caractères ténus et délicats forcent l'œil à se concentrer pour regarder de plus près, et modifient ainsi peu à peu, par l'exercice, la contexture elle-même de l'organe.

Ce qui semblerait donner raison à leur opinion, c'est que la myopie se rencontre peu ou point chez les paysans et les gens qui négligent complétement la lecture pour le labourage, tandis qu'elle sévit fortement sur les professeurs et les élèves de l'École polytechnique.

Le peuple allemand, qui passe pour le plus versé dans l'exercice de la lecture, est aussi le peuple le plus riche en myopes et en gens portant lunettes.

Quel qu'en soit le motif, cette modification dans l'œil moderne existe et produit des résultats dont il faut tenir compte, notamment dans les arts plastiques, cette manifestation particulière à l'organe de la vue.

DE LA CONFORMATION DE L'ŒIL AU POINT DE VUE DE L'ART.

Il est dans le domaine de l'art, comme dans tous ceux où se trouvent circonscrites d'autre part les intelligences humaines, des tyrannies devant lesquelles il faut se courber et des servitudes qu'il est impossible de ne pas subir. Je veux parler de celles que nous imposent les dispositions particulières de notre nature et de notre conformation.

De même qu'il est difficile d'imaginer un fantassin dépourvu de pieds, de même aussi il n'est guère possible de concevoir un peintre sans yeux. Les pieds ne sont pas sensiblement plus nécessaires à la profession de fantassin que les yeux à l'art du peintre.

Du moment où les pieds s'affirment, le fantassin commence; du moment où les yeux sont à leur poste, le peintre devient possible. Mais il y a peintres et peintres, comme il y a fantassins et fantassins, comme il y a fagots et fagots.

Le moindre sergent instructeur vous dira comment de la conformation du pied dépend le degré de valeur du piéton, et la classification militaire qu'il convient de lui donner.

Nous croyons, nous autres, que de la conformation de l'œil dépend la classification artistique dans laquelle il convient de ranger le peintre et le degré de sa valeur, suivant qu'il a pu discipliner son intelligence et sa main à ne pas dépasser les limites que la nature s'est plu à lui assigner.

Il eût été aussi impossible à Delacroix de faire du Meissonier qu'à Meisso-

59

nier de faire du Delacroix. Rubens n'aurait pas mieux réussi dans l'emploi des Albert Durer que Rembrandt dans celui des Miéris ou des Abraham Mignon.

La conformation particulière de leurs yeux portait ces hommes, qui tous, à des titres différents, furent de grands peintres, à suivre le vœu de leur nature, et ils n'ont été grands peintres que parce qu'ils l'ont suivi.

* * *

Selon nous, les peintres doivent être partagés en deux grandes catégories : les MYOPES et les PRESBYTES.

Les myopes sont ceux que leur nature rend forcément amoureux de la précision des détails, de la délicatesse des lignes, de la finesse et de la netteté du contour, puisqu'ils ne voient les choses qu'en les examinant de fort près. Ils font l'analyse de la nature.

Les presbytes en font la synthèse. Ce qui les préoccupe, eux qui ne voient qu'à distance, ce sont les grandes localités, les grandes masses de couleur. Pour eux, les lignes se fondent dans les harmonies des tons, les détails disparaissent dans les combinaisons des nuances et des effets, des lumières et des ombres.

Les myopes tendent donc à être dessinateurs, les presbytes à être coloristes. Alors que le célèbre myope Gérard Dow, la loupe à la main, consacrait quatre jours à peindre, fibre à fibre, le manche d'un balai microscopique, Rembrandt, le grand presbyte, recevant dans son atelier un personnage qui examinait son tableau de trop près : « Éloignez-vous, monseigneur, lui dit-il « d'un ton bourru, mon tableau ne doit pas être regardé ainsi, la peinture « est malsaine.

La conformation de l'œil, chez les myopes, ne leur permet pas d'embrasser les vastes compositions, les grands espaces, de même que les presbytes ne sauraient ciseler les précieux détails d'un tableau de chevalet.

Dans le développement même du talent et du faire d'un artiste de génie, l'influence de cette loi naturelle se reconnaît à chaque pas.

Prenons Raphaël, par exemple, le plus complet peut-être parmi les peintres : son œil est d'abord à la recherche des choses infiniment ténues, des plis délicats, des brins d'herbe et des cheveux détaillés pour ainsi dire un à un, comme dans son petit *Saint Michel* et ses panneaux de première manière.

Peu à peu, à mesure que par suite du travail des années, la cornée de son cristallin s'aplatit et ne lui permet plus de voir d'aussi près, les détails le saisissent moins, l'ensemble l'attire davantage, son cadre s'agrandit, il peint la *Vierge au voile*, sa seconde manière.

La nature de son œil se modifiant encore, il obéit graduellement à cette modification et arrive à sa troisième manière, qui est la plus grande, la plus large et la plus éclatante, celle de la grande *Sainte Famille*, de la *Transfiguration* et des *Stanze*.

Au fond, Raphaël est toujours resté quelque peu myope, il n'a pas cessé d'être dessinateur et n'a peut-être pas eu le temps de devenir tout à fait coloriste.

* * *

Les grands presbytes comme Titien, Véronèse, Rembrandt, Murillo, Velasquez, Van Dyck, sont des coloristes par excellence.

Moins doués que Raphaël du côté du style et de l'élévation de la pensée, ils ont reçu de la nature un œil moins sensible aux lignes et aux finesses, mais mieux combiné pour percevoir les masses colorées et les prestigieux ensembles.

Chez eux, le détail et la ligne sont les humbles serviteurs de l'impression et de l'effet, — ce qui est le contraire chez l'autre.

Dès leurs premières œuvres, on comprend cette influence particulière et primordiale de l'œil. On sent qu'ils ne sont pas courbés sur leur toile. Leur peinture se fait à distance, à bout de bras, pour ainsi dire, et l'œil ne s'égare pas à la poursuite de minuties dont le rendu aurait pu nuire aux larges harmonies de la masse générale.

Les grands myopes comme Holbein, Albert Durer, les Mignon, Terburg, Gérard Dow, Metzu, Miéris, ne sont pas condamnés à n'être pas coloristes, mais ils le sont dans la mesure mathématique que permet chez eux l'organisation de l'œil et le champ que la nature leur a distribué.

Mais il y a des myopes ambitieux, comme il est des presbytes inconscients.

Le jour où le peintre Gérome, homme d'un vrai talent du reste, s'est plongé la tête la première dans les cent mètres superficiels de peinture que réclamait sa composition *la Clémence d'Auguste*, il a fait un malencontreux essai qu'il ne recommencera plus à coup sûr.

E. Delacroix, au contraire, était mal à l'aise lorsque sa brosse fougueuse n'avait pas à couvrir des voûtes et des murailles entières. Sauf en deux ou trois toiles exceptionnelles faciles à citer, comme *le Tasse dans sa prison* ou *l'Amende honorable*, il était embarrassé, gauche, maladroit même lorsqu'il voulait contraindre son œil, fait pour de grands espaces, à se concentrer sur des petits.

* * *

N'y a-t-il point là un enseignement précieux, et combien n'ont point atteint la place et le talent auxquels ils pouvaient prétendre, pour n'avoir pas suivi les conseils dictés par leur nature!

N'ayez garde que Meissonier, le premier à coup sûr parmi les myopes de notre temps, se lance dans de pareilles aventures! Son premier tableau, *le Liseur,* avait dix centimètres de largeur sur douze de hauteur. Peu à peu, la manière de l'artiste s'est agrandie, il est vrai, mais prudemment et avec circonspection. Après quarante années d'exercice, il est arrivé, par la force des choses, à vingt ou trente centimètres dans les deux dimensions.

Il n'en sortira pas, et il fera bien. Dans cette mesure, il voit vrai : la forme est précise et fine, la touche est juste, colorée, spirituelle; son œil couvre le sujet et le domine.

Depuis dix années, un grand tableau de quatre-vingts centimètres de largeur sur soixante de haut, *Une Sieste Louis XV sur l'herbe,* commencé dans un moment d'ambition irréfléchie, reste inachevé sur son chevalet.

Il n'ose pas encore terminer ce tableau; il attend que l'âge, exerçant son action sur le cristallin, lui permette enfin d'aborder ces dimensions supérieures. Il le réserve pour ses vieux jours.

Et il n'a pas tort. — S'il eût forcé sa dimension, il fût devenu une sorte de Picot ou une manière de Delaroche.

* * *

À la suite de Ingres et derrière Meissonier, les plus illustres myopes modernes jusqu'ici, marche le bataillon à lunettes de la haute myopie contemporaine : les Gérome, Detaille, Bouguereau, Worms, Leloir, Berne-Bellecour, Fichel, Brillouin, Vibert, Toulmouche, Desgoffes, etc.

Derrière Géricault, Delacroix et Corot, les grands chefs des presbytes modernes, on distingue Rousseau, Decamps, Troyon, Baudry, Regnault, Chaplin, Courbet, Ribot, Roybet, Vollon, etc.

Entre ces deux démarcations, les myopes purs et les presbytes convaincus, se trouve cette classe d'artistes à vue intermédiaire, ni myopes ni presbytes, ni dessinateurs ni coloristes, sans parti pris d'aucune sorte, sans défauts flagrants, ne prenant place dans l'art que par l'adjonction de certaines facultés d'invention, de goût littéraire ou politique, tels que sont Ary Scheffer, Delaroche et beaucoup à leur suite, et à qui leur nature même refuse les moyens matériels d'arriver à certain degré permis à d'autres, mais qui peuvent néanmoins, en raison de leurs qualités intellectuelles, atteindre la réputation, la popularité, la gloire même.

* * *

En admettant cette classification puisée dans l'observation physiologique, on est frappé à l'aspect des tableaux réunis au Salon, d'un symptôme tout particulier : la grande peinture s'en va, la petite peinture est au pouvoir; les myopes arrivent, les presbytes disparaissent.

A cela rien d'extraordinaire; à notre époque de lorgnons, de lorgnettes, de binocles, de monocles et de lunettes, de petits appartements, de voyages, de déplacements, de déménagements et de photographie, le succès est à la peinture de myope et aux tableaux précieux de dimension restreinte.

Les fortunes se créent vite et disparaissent de même. Les grands hôtels inféodés aux vieilles et riches familles, aux situations jadis inébranlables, tombent chaque jour sous la pioche du démolisseur; à leur place, les petits hôtels, les appartements coquets et mignons, où se succèdent les luxes éphémères et viagers.

Les grandes peintures, les grandes machines des coloristes et presbytes deviennent donc chose encombrante, irréalisable à un moment donné, et pour ainsi dire immeubles par destination.

Il faut, pour les besoins de l'époque, des objets d'art, mobiliers le plus possible, faciles à transporter, négocier, aliéner de toute manière. Il faut des tableaux se prêtant aux dimensions exiguës des panneaux, pouvant être maniés, retournés, regardés de près par le vendeur et l'acheteur, prêts à partir pour l'étranger, disposés pour toutes les exportations.

Aussi se forme-t-il chaque jour des artistes en vue de ces besoins. Les grands prix atteints par les Meissonier, les Gérome, les Detaille, ont fait naître une troupe de précieux, de fins, de mignons, de ciselés, œuvres faciles à embellir, à mettre en poche, à accrocher partout.

Les myopes seuls réussissent complétement dans ces produits de l'art, du goût et de l'esprit français que l'on vient de toute part chercher ici, à des prix que l'on ne connaissait point naguère. Il y a place pour les intermédiaires; mais que les presbytes se fassent avocats ou notaires.

Place aux myopes !

LES ARTISTES.

Le temps n'est plus où Grandville pouvait dessiner un aveugle, disant à son chien qui allait solliciter de son écuelle la bourse de deux passants :

— Mais tu ne vois donc pas que ce sont des artistes !

Cet aveugle, clairvoyant alors, cesserait de l'être aujourd'hui.

Ce n'était même pas encore le temps où Delacroix vendait trois cents francs à M. Thomas un petit tableau vendu depuis en vente publique trente et un mille cinq cents francs.

Alors il ne vendait pas du tout son tableau ; et s'il donnait deux sous à l'aveugle du pont des Arts, il se livrait à une munificence.

Alors Meissonier faisait pour une cinquantaine de francs, à l'éditeur Curmer, quelques-unes de ces petites merveilles de finesse et de dessin dont le prix se solderait maintenant par plusieurs milliers d'écus, et M. Ingres, dont plus tard un seul tableau a pu atteindre deux cent mille francs, devait se contenter d'une femme de ménage pour faire sa petite pot-bouille et lui cirer ses bottes.

Lorsque vous parliez d'un artiste au plus modeste commerçant, au plus simple bonnetier et quincailler, on levait invariablement les épaules.

Introduire un peintre ou un sculpteur dans l'intérieur de la famille d'un débitant de calicot ou d'argent, était considéré comme une sorte d'énormité.

Un artiste, invité par tolérance, devait gagner son invitation en amusant joyeusement le public. Au dessert, on lui faisait raconter les désopilantes charges d'atelier. On lui enjoignait de faire des tours, et d'imiter d'une façon réaliste le cri des bêtes ou le chant des oiseaux. Après dîner, quelques artistes reconnaissants poussaient la condescendance jusqu'à faire des cabrioles et marcher sur les mains.

Lorsque le maître de la maison voulait reconnaître à la fin cette somme de sacrifices, il commandait, pour un billet de mille francs, à son désopilant convive, le portrait de madame en robe décolletée, celui de son petit bonhomme en hussard, ou le sien en officier de garde nationale, posé fièrement de trois quarts et la main sur son cœur.

Si par hasard le fils de la maison, séduit par la fantaisie de l'invité et par le miroitement artistique, après avoir imité comme lui le chant du coq et la barcarolle du matou jeune premier, s'avisait de pousser l'imitation jusqu'au bout et de s'enrôler dans le régiment des artistes, c'était contre lui un cri unanime dans toute la famille. Il était immédiatement cassé aux gages, déconsidéré. Les pères terribles conduisaient le drame jusqu'à l'interdiction ou la malédiction.

Si la fille de la maison semblait tourner un regard complaisant du côté du jeune homme aimable chargé d'égayer les soirées :

—Mais, ma chère, lui disait-on en chœur, comme l'aveugle du pont Royal, tu ne vois donc pas que c'est un artiste?

Et on consignait vertement mon artiste à la porte, si par hasard il n'était pas doué de quelque père ou oncle bénévole né dans le sucre, le notariat, le café, ou la mousseline de laine.

La gent artistique se vengeait bien de tous ces déboires, en infligeant aux fabricants, marchands de pommade, de confection, négociants ou hommes en place, la dénomination, qu'ils trouvaient injurieuse, de Philistins ou bourgeois! mais ce n'était là pour eux qu'une revanche d'un ordre purement moral et contemplatif.

LE RAPIN

POSANT POUR L'ARTISTE.

— Car le talent, lui aussi, est une royauté, et l'art est un panache.

LE MODÈLE

Posant pour les artistes et pour le torse.

LE FANTAISISTE.

Posant pour la taille.

L'HOMME D'AFFAIRES.

Pose zéro et retient tout.

Mais un beau jour le moment de la revanche réelle a sonné.

Un beau jour la passion des arts s'est emparée du public français ou autre : c'était le moment où l'on achetait des actions de chemins de fer cinq cents francs, pour quelque temps après les revendre mille.

Plusieurs banquiers, coulissiers ou matadors de la finance, ne tardèrent pas à remarquer aux ventes publiques après décès, ou pour cause de déconfiture, que certains tableaux ou objets d'art se vendaient avec faveur un prix sensiblement plus élevé que leur prix d'achat. On se raconta comment un petit tableau, acquis un jour de condescendance au prix de cinq cents francs, avait été revendu par M. Pillet, rue Rossini, quelque chose comme trois mille francs.

— Mais la peinture est une affaire ! se dit-on en chœur.

— Mais les peintres sont donc quelque chose? répéta le public.

— Mais un tableau vaut mieux qu'une action de chemin de fer, ou d'industrie, ou de crédit, répétèrent les gens qui parlent d'or.

Aussitôt le décor et les accessoires se mirent à changer.

On s'empressa d'acheter des tableaux, comme on achetait des titres, — non pas pour le placement, mais dans l'espoir de les revendre avec bénéfice. On fit la hausse sur les tableaux et aquarelles, comme on l'avait faite sur les chemins de fer, les actions industrielles et les fonds publics.

On se prit à considérer avec plus d'attention les charmes du peintre.

— Mais c'est qu'il n'est pas mal du tout ce garçon! dirent les papas.

— Mais c'est qu'il est très-bien ! dirent les petites filles.

— Mais c'est que je voudrais bien en faire autant que lui ! dirent les garçons.

Jadis la mode et l'ambition, dans le monde bourgeois, étaient de marier sa fille à un notaire, à un préfet, à un homme en place, à un banquier ou à un agent de change. Quelques-uns parmi ces honorables ayant mis la clef sous la porte, ayant joué indignement les fonds confiés, ou s'étant échappés par de funestes tangentes, ou bien tout simplement ayant été ruinés par les catastrophes politiques et les changements de gouvernement, on se mit à réfléchir. Quelques pères voyant d'autre part que les peintres n'avaient pas été touchés dans les luttes, et que leurs prix se maintenaient, alors que la valeur des titres tombait au-dessous du pair, que les charges baissaient de moitié, que les banquiers faisaient faillite, et que les préfectures allaient tenir mélancoliquement compagnie aux vieilles lunes, ces pères observateurs se prirent à considérer la situation des artistes.

— Mais, se dit un futur beau-père, la peinture n'a pas baissé, au contraire, elle monte. La peinture est un état, et un bon état.

61

Il n'y a pas de révolution qui tienne. On part avec sa boîte et son pinceau, on va en Angleterre, en Hollande, en Russie, en Amérique, on n'a même pas besoin de savoir de langue, pif! paf! le pinceau se promène sur la toile.

Et voilà des roubles, des sequins, des bank-notes, ou des dollars.

C'est bon !

Et il dit au peintre :

— Topez là, vous aurez ma fille.

Et il dit à la peinture :

— Topez là, vous aurez mon fils.

La peinture est devenue une situation ; la sculpture suit plus timidement, mais elle suit.

Somme toute, comme la supériorité du sentiment et du goût artistique est incontestable en France, et qu'elle a survécu sans conteste à toutes les autres momentanément disparues, les artistes ont pris une prépondérance qu'ils n'avaient pas jadis.

— Diable! diable! dit-on en invitant un artiste, voici un personnage!

On se raconte que Meissonier a vendu son dernier tableau deux cent mille francs. Il peut en faire quatre dans son année, disent les teneurs de livres en partie double.

Si notre fils pouvait s'engager dans les Meissonier !

Si notre fille pouvait épouser un élève de Gérome, ou de Cabanel, ou de G. Doré, ou de Baudry, ou de Bonnat, ou de Detaille! disent en chœur les pères et les mères de famille.

— Si tu es bien sage, dit un père prudent à sa fille, je te trouverai un gentil petit artiste, avec lequel tu seras très-heureuse.

Ça ne te ferait rien qu'il soit myope ? cette partie est la plus avantageuse.

— Ça m'est parfaitement égal, papa, dit la jeune première, qui a déjà distingué un petit jeune homme porteur d'un carreau dans l'œil, lequel s'est fait un nom pour sa manière magistrale de peindre un verre de Bohême conversant avec un citron à moitié pelé, et une douzaine d'huîtres d'Ostende.

Et l'on va au Salon suivre les Expositions, pointer les débutants, puis rue Drouot et rue Rossini pour contrôler les ventes.

Et l'on court les ateliers, pour connaître les maîtres actuels, deviner les maîtres de l'avenir, et acheter les tableaux un bon prix, — pour les revendre plus tard un prix meilleur.

* * *

Aussi les artistes ont totalement changé leurs allures. Sauf quelques-uns, qui font leurs études dans les caboulots ou brasseries, et portent les longs cheveux, la barbe de modèle, et le chapeau pointu mis à la mode jadis par le bric-à-brac romantique de 1835, ils s'habillent à peu près comme tout le monde.

— Ceux qui font des tours et persistent à marcher sur les mains, le font uniquement sans y être forcés, ou pour l'amour de l'art. Ils n'y sont contraints en aucune façon. Maintenant, un artiste a le droit d'être spirituel si la chose lui va, mais il lui est permis d'être ennuyeux comme le premier député, le premier notaire, ou le premier banquier, ou le premier commerçant venu, si tel est son bon plaisir.

Il est posé, il est coté.

La tenue des artistes s'est donc modifiée de la manière la plus complète :

Artiste gentleman.   Artiste aux allures d'officier d'état-major.   Artiste notaire.

Artiste gommeux
et à brochette.

Le rêveur.   Le funèbre.   Le jovial.

Il y a aussi celui auquel on ne pardonne rien, celui qui ne gagne rien.

Car la concurrence ne perd pas ses droits, et de même qu'en ce temps où les avocats sont rois, il est des avocats sans cause, il est aussi des peintres qui ne trouvent pas d'acheteurs.

Heureusement les uns et les autres se consolent en méprisant les arrivés et en se disant : L'avenir est à nous !

Artiste sans façon auquel on pardonne tout.

— A soixante-quinze mille francs, vous ne l'aurez pas... C'est bien vu. C'est bien entendu..... Je vais adjuger.....

LA BOURSE DES ARTS.

L'HÔTEL DES COMMISSAIRES-PRISEURS.

ALLEZ derrière l'Opéra, au confluent de la rue Drouot et de la rue Rossini : là se carre un vaste bâtiment dont l'extérieur imite à ravir la forme d'une chaufferette ou d'un fourneau économique. Les côtés de cet édifice sont constellés d'affiches bleues, rouges, vertes, jaunes, qui grimacent sur les murs dans toutes les formes et toutes les dimensions. Vous lisez au front cet exergue : *Hôtel des commissaires-priseurs.*

Vous ne passez point par les fourches Caudines d'aucun tourniquet; vos vingt sous restent tranquillement bercés dans les profondeurs de votre poche. Poussez tout simplement une porte verte, vous êtes arrivé.

Aussitôt une senteur auvergnate vous saisit à la gorge, un tumulte croassant et glapissant vous étourdit; car ils sont tous là, revendeurs, revendeuses, regrattiers, repiqueurs, raccommodeurs, marchands d'habits, marchandes à la toilette, cambrioleurs à la flan; c'est la *Comédie humaine*, ô Balzac! Ils sont tous là qui grouillent, suent, s'agitent, se culbutent. La tribu des Remonencq est là, et madame Cibot, et le cousin Pons, et la mère Nourrisson; l'ignoble Asie elle-même et la fille aux yeux d'or. Ils sont là tous, jusqu'à Nucingen, jusqu'à la marquise de Maufrigneuse, jusqu'à l'élégant Rastignac.

Ici s'apportent, se colportent, se vendent, s'arrachent, toutes choses nommées et innommées, tout ce qui sert à orner l'opulence, à enlaidir la pauvreté : soies, brocarts, dentelles, tableaux, raretés, bijoux, grabats et chiffons, cachemires parfumés, haillons puants et sordides, tout ici trouve son acquéreur.

Et quel peuple pullule dans ce pandémonium de la vie parisienne! Le long des bancs, sur tous les gradins, sont assis ces mornes vieillards que l'absence des banquettes a chassés de la Bourse; tristes épaves laissées à sec par le flux et le reflux du cinq et du trois pour cent; ceux-là mêmes qui s'échelonnaient autrefois en galerie dans les maisons de jeu du Palais-Royal. C'est le dernier asile où, chaudement assis, ils puissent encore trouver un spectre d'émotion dans la vue d'un *alea* quelconque. — A quelle maison Vauquer ces pères Goriot, ces Ferragus, demanderont-ils asile cette nuit? Qui le sait? Mais ils étaient là hier, ils y sont aujourd'hui, ils y seront demain.

Montez le large escalier qui est béant devant vous, et voyez.

Là viennent s'entasser les bahuts, les porcelaines rares, les tableaux de prix, les fines sculptures, les émaux délicats, tous ces précieux bibelots dont le caprice et la fantaisie encombrent les étagères à la mode.

C'est là que se font les ventes de tableaux dont nous devons nous occuper ici : vous êtes dans la *Bourse des Arts*.

Et cette Bourse est bien sœur de la Bourse sise rue Vivienne. Comme celle-ci, elle a ses agents de change, ses coulissiers, courtiers, remisiers, carottiers, ses spéculateurs, ses dupeurs et ses dupés. — Un fil électrique semble les réunir toutes deux. Si la Bourse Vivienne est sans affaires, la Bourse Drouot languit abandonnée; si la Bourse Vivienne monte, la Bourse Drouot grimpe à faire des folies; si la Bourse Vivienne baisse, la Bourse Drouot dégringole. Ce sont les mêmes en effet qui subissent toutes les bourrasques, qui profitent de toutes les embellies. Chose étrange, ces cœurs de financiers, de boursiers et de spéculateurs, qui semblent morts pour toutes choses, et plongés à jamais dans la saumure du chiffre et du calcul, conservent vivant le sentiment et le goût de la peinture et des arts. Tel banquier qui ne daignera jamais fatiguer ses yeux à parcourir les pages profondes ou charmantes de Balzac, de Sand, de Karr, d'About, de Gautier, etc., etc., s'extasiera devant un Ingres, un Decamps, un Meissonier, un Baudry, un Vidal, un Rousseau, etc., etc. Il préfère de beaucoup les œuvres complaisantes, qui, suspendues aux murs de son cabinet, n'imposent à leur propriétaire aucune contention d'esprit, et attendent, toutes feuilletées, et ouvertes à l'endroit réussi, un regard qu'il peut économiser entre une multiplication et une soustraction.

Osons le dire, ils ont beaucoup de bon, ces gens d'argent tant calomniés depuis quelques années; et quand ce ne serait que dans l'intérêt de la peinture et des arts, on ne saurait trop encourager l'élève du millionnaire et son engraissement précoce.

Ce qu'il y a de certain, c'est que les acquéreurs de tableaux se recrutent parmi les industriels, les banquiers, les agents de change, les coulissiers, les boursiers, les chanteurs et les dentistes. Pourquoi les dentistes? On n'a jamais pu le savoir, mais il est un fait, c'est que depuis Stevens jusqu'à Fattet et Seymour, MM. les dentistes possèdent de charmants tableaux bien choisis, qu'ils payent fort cher et en bons écus bien trébuchants. Hommes généreux, vous tous, soyez bénis! — Se connaissent-ils en peinture, tous ces amateurs chéris et acheteurs très-précieux? Peu importe; ils achètent, c'est le principal; ils payent, c'est l'essentiel. — Sauf une dizaine, qui sont fort connus, peu d'entre eux savent distinguer une œuvre bonne d'une médiocre ou même d'une mauvaise. Ces dix privilégiés du goût sont imités avec jalousie, copiés avec fureur. Un jour, M. B..., l'un d'eux, fut subitement atteint d'une violente passion pour les Diaz, il en mit trois dans sa galerie. Aussitôt le Diaz-morbus se déclara dans toute la banque et dans toute la finance, où il sévit encore avec acharnement. Je vous défie de citer un seul coulissier qui n'ait pas au moins un Diaz dans son cabinet. — Les Troyon ont excité le même enthousiasme, les Isabey, les Chaplin, etc., etc. Du reste, les préoccupations du jeu n'abandonnent jamais ces fortunés spéculateurs. V... s'empresse maintenant d'acheter un Baudry, un Pils, non parce que la composition est charmante, le dessin fin ou accentué, la couleur puissante et vigoureuse, non; mais il sait que les Pils et les Baudry sont vivement demandés: par conséquent, il doit y avoir hausse sur la valeur.

L'important pour un peintre est donc d'avoir quelque tableau placé dans le salon d'un de ces dix hommes de goût, que les autres acceptent volontiers pour modèles. Nous ne les nommerons pas ici, de crainte de leur attirer trop de visites intéressées. Mais le peintre assez heureux pour accrocher une de ses toiles à cette place enviée voit immédiatement son nom classé à la cote de la rue Drouot. Aussitôt les marchands de la rue Laffitte s'éveillent, se remuent, étudient la route qui conduit à son atelier. Il est lancé.

Les rudes gaillards que ces marchands! et quel nez! Comme ils savent flairer la trace de votre tailleur, qui fut trop pressant ce matin! Comme ils devinent que Marco désire un burnous, que le propriétaire s'est montré dépourvu de gaieté! etc. C'est alors qu'ils obtiennent pour cent écus ce qu'ils revendront huit cents francs demain.

Quand ces messieurs les marchands ont ainsi bibeloté et récolté à droite et à gauche un certain nombre de tableaux d'artistes connus ou à faire connaître, ils couvrent tout à coup les murs et les journaux d'affiches et de réclames.

A vendre la magnifique collection de tableaux modernes réunie par les soins du célèbre M. X..., etc., etc.

L'exposition se fera tel jour, hôtel des commissaires-priseurs; la vente se fera tel autre jour. Qu'on se le dise!

Aussitôt les journalistes amis embouchent le trombone de la louange, de l'admiration, de l'enthousiasme : Un tel a du dessin! Chose a de la couleur! Machin a du génie!! Tous sont de grands hommes. Baoum! baoum! Entrez, suivez le monde, profitez de la vente, prenez vos billets!

Les tableaux sont disposés avec art dans l'une des salles; arrive le public. Des hommes de choix forment les groupes chargés de chauffer le spectateur et de donner le ton : c'est le chœur antique. — Quelle finesse, monsieur, quel modelé! Voyez donc un peu quelle transparence dans les ombres! — C'est d'une pâte excellente! et quelle touche spirituelle! C'est la couleur du Titien, c'est la suavité du Corrége, c'est le dessin de Raphaël!! — Il faudrait ne pas avoir deux mille francs dans la poche pour se priver d'un pareil tableau!

On entend de tout dans cette salle.

— Mon bébé, dit une naïve enfant en se penchant onduleusement sur le bras de son jeune premier, moi je ne suis pas exigeante, je ne te demande point un grand tableau; mais si tu es gentil, tu me payeras ce tout petit-là.

— Là blonde jeune fille a vu qu'il était signé Meissonier; c'est pour elle comme la signature de Garat ou de Decrouzas-Cretet. On connaît sa petite place financière. Il n'est pas plus défendu de laver un Meissonier que vingt-cinq Nord ou vingt-cinq Mobilier.

— Sapristi! dit un autre, ce Diaz est trop large pour ma place libre; ma foi, tant pis! je le ferai scier par le milieu, ça me fera deux Diaz; Norzy n'en a qu'un!

— Quelle chance ! reprend M. F*** ; voici un Troyon. MM. A. Dumas, Goldsmith, Adolphe Moreau en ont deux. Il faut que je m'applique celui-là. Les vaches sont bien en feutre, mais c'est du feutre première qualité ! On va m'abandonner le 30 une prime dont 1 sur 18,000. Je pousserai jusqu'à six mille francs !

Les messieurs blancs ou gris-pommelé qui ont eu la jeunesse aimable et possèdent un âge mûr folichon, s'empressent autour des baigneuses, des Susanne au bain, des jeunes filles timides délaçant leur corset, articles charmants qui provoquent parfois des enchères insensées. C'est la valeur de placement par excellence, celle qui, sans contredit, est de toutes la plus demandée. Rien de M. Courbet.

* * *

Les désirs excités, la convoitise aiguisée, l'heure de la vente sonne.

C'est alors qu'apparaît l'agent suprême, le *Deus ex machinâ,* cet homme qui mène tout de son bâton d'ivoire, comme les sénateurs romains de l'ancien régime. Ombre de Bonnefonds de Lavialle, où es-tu ? C'est toi dont la grande figure personnifie la vieille école du commissaire-priseur, toi qui eus l'honneur d'être chanté par Balzac !

Nul, en effet, ne possédait comme Bonnefonds de Lavialle l'œil rapide et scrutateur, la profonde intelligence de la physionomie et du cœur, les brusques fiertés du langage, l'éloquence qui entraîne jusqu'à faire jaillir l'argent des goussets rebelles.

Les hommes plus jeunes qui ont succédé à ce glorieux vétéran de la vente, bien qu'ils ne puissent encore lui être comparés, possèdent cependant les intelligences et les finesses du métier. Ils savent tous deviner dans la foule qui les entoure ceux qui pourront être entraînés par le mirage de l'objet présenté. Ils reconnaissent de suite celui chez lequel s'allumera le désir, celui qui passera du désir à la convoitise, de la convoitise à la passion. Si parmi ceux qui sont présents ils découvrent un homme, ils en découvrent deux, ils en découvrent trois qui frémissent à l'aspect du marteau d'ivoire suspendu, oh ! alors, tout est chaleur, passion, frénésie ! Hourra ! hourra ! les enchères vont vite ! Hourra ! les francs succèdent aux francs, les centaines aux centaines, les milliers aux mille. Hourra ! hourra ! le marteau tombe avec un bruit sec et strident. L'art du commissaire a valu vingt pour cent de plus à la vente. L'acheteur, heureux d'abord et glorieux, reste étonné, presque honteux : le tour est fait.

Les aides et accessoires du commissaire-priseur ne sont pas non plus à dédaigner. D'abord l'expert, dont le ton tranchant fixe la mise à prix ; puis le crieur, dont la voix éclatante l'annonce. C'est Jean, l'illustre Jean, qui représentait le type idéal du crieur. Jean semblait une de ces figures fantastiques rêvées par Hoffmann; il avait des tics et des grimaces inconnus, des gestes éperdus ou enthousiasmés, des accents de colère, de dédain ou d'encouragement, qui miroitaient devant l'acheteur, l'étourdissaient et l'enlevaient à sa propre conscience. Jean n'est plus, mais il a laissé des imitateurs et des élèves.

O vous, promeneurs désœuvrés qui étiez entrés sans but, et qui pouvez être surpris par un désir, il ne faut pas tourner les yeux vers ces messieurs quand ils travaillent! Un coup d'œil vaut dix francs, un regard vaut cent francs, un signe de tête vaut mille francs! Garde à vous.

Autour des acheteurs bénévoles et sérieux sont échelonnés les allumeurs, hommes bien couverts, gantés, à breloques, à lorgnon; ce sont eux qui commencent les enchères, qui simulent la passion, qui se laissent entraîner à propos, qui s'arrêtent à temps, pendant que les gogos continuent à fond de train leur course échevelée.

Tous les marchands, quelques artistes, dit-on, mais c'est un faux bruit, je pense, se servent avec habileté de ces Romains d'un autre genre, et savent ainsi faire atteindre à leur valeur les cours inespérés.

Ainsi qu'à la Bourse Vivienne, il est vrai, les tableaux restent parfois entre les mains des allumeurs et des marchands, comme les actions entre celles des banquiers; mais ce n'est qu'une affaire remise. Les prix n'en sont pas moins pointés, enregistrés, et serviront de base à la vente prochaine : la cote est faite.

— Ce bibelot est superbe ; je vous le garantis neuf.
— J'aimerais mieux que vous me le garantissiez vieux.
— Alors il faudra le maquiller et le salir un peu. Ce sera vingt-cinq francs de plus.

LE BIBELOT, LE BRIC-A-BRAC ET LE SIMILIVIEUX

E caractère particulier à notre époque est de ne pas en avoir.

Quelles que soient les prétentions et l'habileté de nos contemporains, il ne fait doute pour personne que ce dix-neuvième siècle doit laisser sa trace uniquement par le côté industriel.

Pour le reste, littérature, ameuble-ment, peinture, sculpture, architecture; à de rares exceptions près, il doit apparaître plus tard comme le siècle des imitations, des contrefaçons, des compilations de toute sorte. C'est de toutes parts, politique comprise, un gigantesque musée des copies.

On imite la phrase de Voltaire, de Beaumarchais, de Jean-Jacques et de Rivarol. On contrefait ou l'antique, ou Clodion, ou Coustou, ou Germain Pilon ; ou compile Chardin, Debucourt, Boucher, les anciens Hollandais, les anciens Flamands. On calque aveuglément les œuvres et les meubles du passé, les Boule, les Gouttière, les Riesener, et l'on bâtit sur le plan des vieilles églises, des hôtels et des palais de l'ancien temps !

Chaque époque jusqu'ici aura présenté un style personnel et bien particulier. L'antique, le grec et le romain, le gothique, le Moyen âge, la Renaissance, puis le style Henri II, Henri III, Louis XIII, Louis XIV, Lous XV et Louis XVI. Styles tous variés en art, tous caractéristiques et caractérisés, n'émanant de rien autre que d'eux-mêmes.

Sauf les chemins de fer et leurs gares, les halles centrales et les grands marchés qui les imitent, et les poteaux alignés de nos lignes télégraphiques, notre époque n'aura rien produit d'intime et de personnel.

Pour tout le reste elle pastiche effrontément les objets d'art des temps passés, dont elle fait, au gré du moment, des amalgames, des combinaisons de toute sorte, ou tout bonnement, quand elle est bien inspirée, de simples copies.

Les glorieuses conquêtes de 89 ont eu pour premier résultat, au point de vue artistique, de jeter à tous les vents le style charmant, coquet et enrubanné de l'art Louis XVI ; depuis, tout style a disparu.

Car ce qu'on nomme improprement le style du Directoire et celui de l'Empire, ne fut autre chose que l'imitation maladroite des monuments, des ajustements, du mobilier de l'antique, introduite par David et ses élèves pour la glorification des anciennes républiques de Grèce et de Rome, embourgeoisée par le mauvais goût des nouvelles couches arrivant trop rapidement au pouvoir.

Le style pendule et troubadour, qui suivit, n'était qu'un pauvre compromis entre l'Empire et les vieux souvenirs mal restaurés.

Une révolution nouvelle, celle de 1830, se fait. Louis-Philippe arrive. Sous ce potentat, l'art inquiet se bouleverse. Alexandre Dumas, Victor Hugo, s'écrient d'une voix forte :

> Qui nous délivrera des Grecs et des Romains !

Et les voilà qui découvrent la tour de Nesle, le gothique, le moyen âge, secouent la poussière des dressoirs et des bahuts, fourbissent les vieilles dagues, arborent les vieux drapeaux, décrochent les arquebuses à rouet, chaussent les souliers à la poulaine, déploient avec fracas les grandes barbes et les longues chevelures, se coiffent des feutres Henri II ou Louis XIII.

Les artistes peintres, sculpteurs et dessinateurs les suivent dans cette voie. Au lieu de représenter leur époque, les voilà, comme les hommes de lettres, lancés à corps perdu dans les époques disparues. Ils dépeignent et peignent à l'envi ce qu'ils connaissent mal, et des personnages qu'ils ignorent.

Qui pourra nous dire, dans quelques centaines d'années, l'époque précise où vécut Meissonier?

Ces petits bonshommes poudrés, à perruque, à bas de soie, à souliers à boucles, le peintre a-t-il vécu avec eux? leur a-t-il parlé? les a-t-il vus? s'est-il promené à leurs côtés sous les boulingrins au temps de Louis XV et Louis XVI? A-t-il peint pour ce financier ou pour ce marquis à cadenettes?

Paul Delaroche a-t-il vécu sous la Ligue ou sous Henri III?

Quand florissaient au juste Ingres et Delacroix?

Ainsi des autres qui ne se plaisent qu'aux époques lointaines et semblent vouloir ainsi échapper au contrôle.

Mais pour ceux qui regardent avec attention quel est le mérite qui se dégage de ces œuvres, où l'on sent, en dépit du talent de l'auteur, le modèle qui joue la comédie d'une époque dans laquelle on comprend qu'il n'a pu vivre.

Ils sont rares ceux qui peignent tout simplement le temps où ils vivent, celui qu'ils voient et qu'ils connaissent, ainsi que faisaient jadis Molière, la Fontaine, Regnard, Beaumarchais, Rubens, Van Dyck, les Flamands, les Français, les Italiens, les Espagnols.

Ainsi qu'ont fait, de nos jours, les Balzac, les Dickens, les Dumas, les Sandeau, les Augier, les Gavarni, et, ne craignons pas de le dire, les Paul de Kock.

* * *

Les littérateurs et artistes de toute sorte, à qui l'art simple et vrai manquait, ont donc cherché à le remplacer par le décor, et se sont livrés au pastiche du passé.

Mais au moins ils voulaient le sauver et intéresser par les accessoires. Le règne du Bibelot était venu.

* * *

Quelques hommes érudits, épris des temps disparus, de leur science, des formes variées de l'art, dans lesquelles ils étaient si grands maîtres, avaient commencé à réunir, en quelques collections, les vestiges conservés de ces précieuses époques.

Les artistes, qui avaient besoin des anciens objets pour les représenter dans leurs tableaux, firent comme eux.

Les bourgeois en visite dans les ateliers trouvèrent le coup d'œil vivant, chaud d'aspect, agréable, et ils se mirent à imiter les collectionneurs et les artistes.

Des ateliers, le goût de toutes ces choses se mit à déborder dans les cabinets, les boudoirs et les salons. Le bibelot et le vieux meuble s'étaient emparés du pouvoir.

Le cousin Pons, de Balzac, fit école, comme tous les personnages de ce grand maître, un de ceux dont l'art fait exception, au milieu de la pléiade moderne, et tout le monde s'y mit.

* * *

Ce fut une chasse générale dans toutes les vieilles maisons, dans toutes les bourgades, dans toutes les chaumières. L'acajou, qui naguère avait dominé ce monde, fut relégué honteusement au grenier, et tout ce qu'on y rencontra de vieux fut triomphalement tiré de la poussière.

Quand on ne trouva plus assez de vieux, et que toutes les vieilles couches furent épuisées, on en fabriqua de tous côtés.

On fit du similivieux.

Le faubourg Saint-Antoine se mit avec ardeur à sculpter des bahuts Henri II et Louis XIII, tous les tourneurs de chaises tournèrent des pieds tordus pour les tables moyen âge. Le Marais surmoula du Boule, et du Gouttière, et du Riesener.

Ce fut une moisson d'horloges, de plats en cuivre, de glaces de Venise, de buires, de candélabres, d'épées, d'armoires, d'étoffes antiques et de lustres.

* * *

Les objets une fois fabriqués, on leur procura la patine et la couleur antiques. On inventa les petites et délicates vrilles pour imiter la piqûre du ver, on trouva des acides pour altérer savamment les bronzes et polir les arêtes que le neuf accusait avec trop d'énergie.

Les objets ainsi grimés, comme pour une comédie, réalisaient de magnifiques succès d'argent.

On les disséminait avec précaution chez les portiers, chez les paysans, dans les auberges avoisinant les stations thermales.

Le portier, le paysan, l'aubergiste, dressés avec soin, jouaient la comédie du bibelot avec des larmes aux yeux, comédie du sentiment ou de l'avarice.

Le bibelot, fabriqué trois mois auparavant, avait sa légende datant de plusieurs siècles : pieux souvenir, monument d'une race antique disparue, on ne s'en séparait qu'avec le cœur déchiré.

Total, mille francs extirpés au touriste enthousiaste et ravi, en échange d'un pauvre bibelot dont on n'aurait pas obtenu deux cents francs en vente à Paris.

* * *

Quelques naïfs se laissent encore prendre à ces malices cousues de fil de toutes les couleurs, mais généralement le goût s'est formé, et l'on commence à savoir reconnaître, au milieu de l'art, les traces évidentes et palpables de l'industrie.

Quelques commerçants, hommes convaincus, élevés à l'école de M. du Sommerard, fondateur du Musée de Cluny, gens instruits et experts en toutes choses, comme le vieux Mombro, ou Recappé, conservent, avec un soin jaloux, la spécialité du véritable et respectable vieux, ne s'abandonnant jamais aux caresses trompeuses du similivieux.

Presque tous les autres ne dédaignent pas ces compromis fâcheux, source de joyeux bénéfices ; et ceux qui franchement vous donnent des copies authentiques, faites avec soin, choisies parmi les plus beaux et agréables modèles du temps passé, tout simplement parce que ces modèles sont plus riches, plus heureux de lignes et plus agréables à voir, et moins coûteux que les modèles du temps présent, ceux-là sont rares.

UNE PREMIÈRE REPRÉSENTATION.

VERT-VERT, A L'OPÉRA-COMIQUE.

C'est le n° 17. Mesdames Irma et Juliette occupent triomphalement le devant de la loge ; toilette de ville demi-soirée à grand orchestre.

MM. Oscar de Gardefeu; Maxime de Herr et Tony Boulot, de la coulisse, sont placés en espalier derrière ces dames : gilets en cœur à trois boutons, décolletés jusqu'à la ceinture, lilas blanc à la boutonnière.

IRMA. — Je ne cacherai pas à M. Toto que cette loge est un bouge, une soupente. D'abord, moi je ne comprends que les avant-scènes ; c'est là seulement qu'on doit conduire des femmes comme il faut.

OSCAR. — J'ai proposé de couvrir d'or l'homme de l'agence : pas d'avant-scène, toutes en main. Ils m'ont fait payer ça cent cinquante francs.

JULIETTE. — Pauvre petit chat ! c'est moi qui vais le plaindre !

IRMA. — Allons bon ! voilà qui me console un peu ! Marguerite aux secondes avec son baron !

TONY BOULOT. — Son baron ! fini, usé, il montre la corde, il va falloir qu'elle s'en fasse mettre un autre.

MAXIME. — Attention! mesdames, voici l'ouverture, on la dit charmante

IRMA. — L'ouverture, merci! c'est comme les préfaces. Qui est-ce qui lit es préfaces? On l'entend, on ne l'écoute pas. Passe-moi le *Figaro*.

JULIETTE. — *Vert-Vert*, un drôle de nom. Qu'est-ce que ce peut bien être?

IRMA. — J'ai toujours entendu dire que *Vert-Vert* c'était un journal.

OSCAR. — Quant à la couleur, elle est suffisamment indiquée.

JULIETTE. — Faire une pièce là-dessus, ça ne doit pas être commode.

MAXIME. — Les auteurs sont des malins qui connaissent leur métier.

JULIETTE. — Ça les regarde. Quant à moi, je ne retourne plus à la Maison-d'Or; ça devient par trop gargotte. Des écrevisses bordelaises rédigées comme ça, c'est écœurant.

MAXIME. — On croirait lire l'*Étendard*.

IRMA. — Il n'en faut plus. (*On continue de jouer l'ouverture, les voisins demandent silence.*)

MAXIME. — C'est bon, on y va. Très-joli ce passage, un peu froid cependant.

OSCAR. — Ça me rappelle le passage de la Bérésina.

TONY BOULOT. — Taisez-vous donc, bavards.

JULIETTE. — Toto, passe-moi la lorgnette. Voici la duchesse qui fait son entrée; elle a des cheveux neufs. Ah! voilà Chose qui emplit sa stalle. Une chaîne de plus.

OSCAR. — Puisqu'il entre au *Petit Moniteur*, un couloir pour l'Académie française.

JULIETTE. — C'est égal, les écrevisses n'étaient pas drôles. Quant au vougeot, de l'argenteuil première.

TONY BOULOT. — Avec quelques coupures intelligentes...

Ici applaudissements de toute la salle.

L'ouverture terminée, Juliette, Irma, tous ces messieurs applaudissent.

IRMA. — Il paraît que c'est charmant. C'est égal, j'aurais mieux aimé une avant-scène.

JULIETTE. — Justement voilà Sa Maigreur la grande Olympe qui arrive dans l'avant-scène de gauche avec son Russe d'avant-hier et le vieux Turc des Champs-Élysées. Quelle poussière!

IRMA. — Ils se regardent comme deux chiens de faïence.

JULIETTE. — Un os survient, voilà la guerre allumée.

TONY BOULOT. — La question d'Orient reparaît palpitante à l'horizon.

PREMIER ACTE.

Tony Boulot. — Attention ! Mesdames, la toile est levée, voilà Capoul. Ah ! r'lan ! rataplan ! je bats aux champs.

Irma. — Pauvre petit Capoul ! Eh bien ! là, vrai, je regrette ses moustaches.

Oscar. — Le fait est qu'il est devenu affreux, la bouche a triplé.

Maxime. — Oui, la bouche est grande et vaste; elle semble doublée de satin noir.

Juliette. — Pure jalousie. Moi, je le trouve aussi laid qu'Oscar.

Oscar. — Merci.

Tony Boulot. — Capoul est en baisse. Je vends vingt-cinq Capoul à découvert fin du mois.

Oscar. — C'est égal, j'ai eu tort de ne pas vendre plus d'Italiens; trois francs de baisse en quatre jours, c'est joli.

Tony Boulot. — Je vous l'avais bien dit.

Maxime. — Voilà un chœur de femmes qui est réussi; c'est délicieux. Ces petites pensionnaires ne sont pas de votre avis : voyez comme elles lui passent la main dans les cheveux !

Juliette. — Moi, j'ai un faible pour Sainte-Foy. Il a surtout deux dents et demie sur le devant qui font ma joie. Dis donc, petit, tu devrais l'inviter pour souper ce soir. Seulement je demande un autre cabaret. Rien de la Maison-d'Or. A bas les écrevisses !

Irma. — Écoutez ce petit air de Capoul, c'est gentil; mais quand donc va entrer Dupuis? Moi, d'abord, quand on joue de l'Offenbach, si je ne vois pas avancer Dupuis ou Léonce, ça me gêne.

> Tony Boulot. — Dupuis qui s'avance,
> Puis qui s'avance.

Maxime. — Voilà le départ, ça sent la fin de l'acte. (*Chantant.*)

> Allons, allons, allons,
> Partons, partons, partons.

Tony Boulot. — (*Il chante.*) Pars pour la Crète !
> Pars pour la Crète !

On connaît ses auteurs.

Les voisins. — Silence ! (*La toile baisse. — Vifs applaudissements.*)

PREMIER ENTR'ACTE.

Au foyer.

LE BARON. — Qu'est-ce que vous en dites? Ça ne me paraît pas mal. Je viens de voir Azevedo, il est furieux, c'est bon signe.

OSCAR. — Le premier acte va bien. Qu'est-ce que vous pensez de l'Italie et des tabacs?

LE BARON. — L'Italie est chargée jusqu'à la culasse. Moi je couperais quelque chose dans le premier acte; les moustaches de Capoul ne suffisent pas.

OSCAR. — Avez-vous vu la grande Émilia dans la loge du duc! c'est à pouffer de rire. La paire de chevaux gris de quatorze mille francs est dans son écurie depuis hier au soir.

LE BARON. — Avec qui êtes-vous donc?

OSCAR. — Deux aimables grues de la connaissance de Tony Boulot. En l'honneur d'Offenbach, j'ai vendu douze mille dont deux sous hier, la prime a été abandonnée. Trente louis à dévider ce soir avec ces dames. On sait protéger les arts.

LE CRITIQUE FAROUCHE. — Les arts, allons donc! Offenbach est le Paul de Kock de la musique.

LE BARON. — Eh bien, après? Paul de Kock a fait rire Messieurs les pères, Offenbach fait danser le cancan à Messieurs les fils. Le cancan est la musique de l'avenir.

MAXIME. — A bas Wagner!

LE BARON. — Remarquons ensemble ceci, mes très-bons : Paul de Kock et Offenbach sont les êtres les plus parisiens du siècle; ni l'un ni l'autre ne sont de Paris. O décentralisation!

OSCAR. — La Belgique et l'Autriche, ça se complique. Je vendrai trente mille contre prime de cinq sous, demain matin avant la Bourse.

DEUXIÈME ACTE.

IRMA. — Le plus souvent qu'Oscar aurait été nous chercher des fondants chez Boissier!

TONY BOULOT. — Fondants demandés, voilà; seulement je veux qu'on m'appelle son petit *chien vert*.

JULIETTE. — Qu'est-ce qu'on dit au foyer? que dit la critique?

TONY BOULOT. — Les uns disent ceci, d'autres : C'est pas ça; d'autres : Voilà ce que c'est.

IRMA. — L'opinion se forme.

JULIETTE. — Avez-vous vu la robe de Cora? une merveille!

IRMA. — Au moins, si la femme est fanée, la robe ne l'est pas; il faut des compensations.

OSCAR. — Mesdames, le président vous rappelle à l'ordre. Écoutez donc l'orateur. C'est l'honorable M. Capoul qui dit un petit *Alleluia* très-senti. Je vous le recommande.

JULIETTE. — C'est très-joli; mais je ne vois pas jusqu'à présent qu'il soit question du journal!

OSCAR. — Quel journal?

TONY BOULOT. — *Vert-Vert,* parbleu!

MAXIME. — Le journal! il paraîtra seulement vers la fin de la pièce ; c'est une surprise.

IRMA. — Quelqu'un qui me plaît, c'est Potel.

MAXIME. — Potel! je vois ton affaire, encore de la gourmandise. Tu crois que c'est de la maison Potel et Chabot.

IRMA. — Ça serait un charme de plus. Mais Potel est toujours en militaire, et puis il parle gascon comme un ange. Voyez-moi un peu comme il est supérieur à son camarade qui a le nez en vrille.

JULIETTE. — Voilà mademoiselle Cico en dragon. Je vous demande un peu à quoi sert de mettre Cico en dragon ; et puis, franchement, quand on a des jambes aussi insuffisantes...

IRMA. — On devrait bien rester tranquille.

TONY BOULOT. — Offenbach l'a exigé, dit-on, il trouve que Cico remplit très-bien son rôle.

JULIETTE. — Son rôle, je ne dis pas, mais son pantalon.

MAXIME. — Mesdames, une fois encore, je vous rappelle à l'ordre. Voilà les chansons à boire, le besoin commençait à se faire sentir de prendre quelque chose!

TONY BOULOT. — Écoutez-moi ça un peu. Du recueillement, Mesdames...

OSCAR. Au bout des seconds actes d'Offenbach, il y a toujours un finale, et on danse.

> Allons donc, buvons donc,
> Allons donc, dansons donc.

Les voilà les dragons, les braillards, les pochards! Bravo, Offenbach!
(*La toile baisse! Applaudissements universels.*)

MAXIME. — Tu sais, Irma, il y a un gros chauve dans la loge à côté, un homme sérieux, trompette de député ou conseiller d'État. Je crois que tu as fait sa conquête. La forte dame qui est sur le devant est furieuse!

Et l'avare Achéron ne lâche pas sa proie.

O Irma! méfie-toi. Je vais savoir quand paraîtra le journal.

DEUXIÈME ENTR'ACTE.

Au foyer.

LE CRITIQUE FAROUCHE. — Ils applaudissent encore! C'est pitoyable! Le mauvais goût multiplié par lui-même et par la sottise du public idiot.

LE BARON. — Offenbach refuse vingt mille francs de sa partition!

OSCAR. — Le chef de la mission égyptienne vient de lui apporter le grand cordon de l'Ibis bleu.

MAXIME. — C'est égal, Offenbach se retient trop. Parce qu'on est à l'Opéra-Comique, ce n'est pas une raison. Quand Offenbach se retient, son profil ressemble à celui de M. Clapisson.

LE CRITIQUE FAROUCHE. — Voilà la scène prise; une fois encore, pour une centaine de représentations. Et les jeunes auteurs, les disciples de l'art vrai, de la mélodie!...

TONY BOULOT. — On prétend que Wagner va passer le Rhin demain matin avec une armée de trois cent mille cornets à piston, vieux style, et ophicléides à aiguille.

OSCAR. — Il faut espérer que le gouvernement ne consentira jamais à sacrifier Offenbach

TROISIÈME ACTE.

IRMA. — Je dois vous avouer franchement que j'attendais des glaces.

TONY BOULOT. — Vous n'y pensez pas, Madame, c'est ce poulet truffé qui vous attend patiemment au Café Anglais; des glaces maintenant ne seraient pas hygiéniques.

Oscar. — La leçon de danse, voilà qui a du chic. Je retrouve enfin mon Offenbach, celui de mes rêves. Et allez donc, Mesdemoiselles, une, deux, le pied à la hauteur du front; bravo, bravo! voilà qui me plaît!

Maxime. — Jusqu'à présent la partie littéraire n'est pas corsée. Meilhac sans Halévy, c'est un bâton qui a perdu son aveugle. Ça nuit ter.... terriblement à mon entrain.

Oscar. — Monsieur Maxime, si je n'étais pas avec des femmes comme il faut, après un mot pareil...

Tony Boulot. — Nous arrangerons l'affaire au souper.

Juliette. — Scène d'amour entre le père Couder et mademoiselle Revilly, c'est toujours cocasse, ces choses-là. Mais c'est égal, je ne comprends pas grand'chose à la pièce.

Tony Boulot. — Il n'y a pas de nécessité à ça. Les opéras-comiques n'ont jamais été destinés à être compris. Tiens! voilà Capoul qui est réellement mieux qu'au premier acte.

Oscar. — C'est sans doute que ses moustaches ont un peu repoussé.

Tony Boulot. — Observation pleine de justesse.

Irma. — Voici le mariage de la fin, demandez nos manteaux à l'ouvreuse.

Oscar. — Tu sais, Irma, il ne faut pas t'inquiéter si le journal n'est pas encore paru ce soir. On vient de me dire qu'il ne paraîtrait qu'à la seconde.

(La toile baisse. Applaudissements frénétiques.)

M. Palianti, en notaire, vient respectueusement nommer MM. Meilhac et Nuitter, et le maëstro Offenbach. Les applaudissements redoublent.

Juliette. — Ils ont tous l'air très-content. On applaudit vigoureusement, du reste. Je ne m'y connais pas. Si vraiment la pièce est bonne, je verrai ça demain dans mon journal.

Oscar. — Allons, mesdames, au Café Anglais.

UNE PREMIÈRE AUX BOUFFES.

De madame la baronne de X... à madame Fanny Z.... à Cannes.

J'ai enfin vu une première ! Depuis longtemps j'étais assiégée de l'incommensurable désir d'assister à une de ces fêtes de l'intelligence et de l'esprit, comme dit mon journal, un journal bien pensant, cependant, je te supplie de le croire.

Mon désir avait pris des proportions telles, un véritable désir de nonne, comme aurait dit notre bon la Fontaine, qu'il fallait absolument céder et se rendre, ce que j'ai fait consciencieusement.

Justement mon mari venait de partir il y a huit jours pour aller faire sa tournée électorale dans le Midi, car il aspire à représenter notre département, ce cher Gontran.

J'ignore, en vérité, ce qu'ils y gagneront, ces bons électeurs. Si mon mari est élu, que va-t-il leur promettre ? Je n'en sais rien, ni lui non plus, c'est probable. Sa nature est bonne au fond ; et étant assez habile, comme je l'espère, pour ne rien promettre du tout, il sera, je crois, de force à tenir sa promesse.

Bref, il était parti, et moi quelque peu libre de mes actions. Ne s'était-il pas permis un beau jour, je ne sais pourquoi, un tel *pronunciamiento* à propos des premières, aux Bouffes notamment, que jamais je n'aurais osé insister ; mais l'aiguillon ne se faisait que plus sentir.

Le baron Paul de S..., que tu as vu cet été au château, un garçon d'esprit, un peu littérateur, un peu artiste, un peu flâneur surtout, qui connaît tous les mondes et qui les traverse chaque jour sur la pointe du pied, a bien voulu devenir mon cicérone et mon complice.

Ma tante de P... et mon oncle ont consenti à couvrir mon escapade de leur présence tutélaire. Je riais en pensant au tableau. Ma bonne tante et son mari en anges gardiens, ailes blanches déployées sur fond d'or ; le baron représentant Lucifer, moi vaporeuse et flottant au milieu.

Je parie pour dix tableaux du même genre à l'Exposition prochaine. Il n'a fallu que six jours de négociations, à peine autant que pour l'affaire francobelge. Le septième, la loge a été enlevée d'assaut, et il y avait des intelligences dans la place. On a dû, m'a-t-on dit, user de corruption.

Qu'importe ! quand on accepte une faute, il faut l'accepter complétement. Ce qui m'a été le plus dur, je l'avouerai, c'était de céder si lâchement le lundi de la semaine sainte : une énormité, je le sais ; mais l'esprit de résistance n'y était plus, ce soir-là j'aurais jeté mon bonnet jusque par-dessus la butte des Moulins.

Quand nous sommes entrés, on finissait une petite pièce, et les acteurs ne semblaient jouer que pour la forme ; ils auraient été remplacés par deux poupées de carton que personne évidemment n'aurait cherché à s'en apercevoir.

C'était un concert de portes qui s'ouvrent et se ferment, un conflit de petits bancs, des conversations à haute voix, des bonjours, des saluts et des exclamations à n'en plus finir.

Tous ces gens-là avaient l'air de se connaître et d'être chez eux. Quelques-uns semblaient même nous regarder avec un étonnement qui ne paraissait pas joué ; j'en ai vu chuchoter en souriant : j'aime à croire que c'était à cause de ma tante.

Les acteurs, eux, jouaient toujours, dévidant leur petite affaire entre eux, et nul n'avait l'indiscrétion de les écouter.

Enfin la toile s'est baissée, et vraiment j'en ai été bien aise ; car je souffrais pour ce bon petit domestique et sa Frischen.

* * *

Les stalles d'orchestre et celles de balcon se garnissent de messieurs décolletés... la véritable fleur des pois. Le baron me les nomme les uns après

autres. Ces messieurs appartiennent à différents clubs très-connus : celui-là
est le fils d'un banquier célèbre, celui-là est un coulissier en renom. Voici
le héros et le ténor d'un merveilleux journal dont je suis véritablement
honteuse de n'avoir jamais lu une seule ligne. Je ne me rappelle plus même
les noms de toutes ces célébrités, que le baron ne me signale qu'avec admiration. Toutes ces illustrations se confondent et se bousculent dans ma pauvre
cervelle. Machin, l'incomparable nouvelliste ; Chose, qui a tant de style et de
couleur, et ce prince du crayon, et cet archiduc de la palette. J'ai demandé
à voir Émile Augier, dont je connais et admire le talent ; je ne sais pourquoi il
n'était pas venu. On prétend qu'il serait quelque peu en délicatesse avec un
des auteurs. Jules Sandeau n'a pas pu bouger ce soir. Michelet serait accouru,
mais des considérations politiques l'ont retenu. Quant à Montalembert, la
semaine dans laquelle nous vivons est une excuse. Mérimée est encore souffrant, Thiers occupé de ses élections, Alphonse Karr à son jardin, Jules Janin
a la goutte, etc., etc. Mais que de riches compensations !

On me signale quelques membres de la haute diplomatie étrangère : trois
petits ducs, dont l'un très-rachitique, mais d'un rachitisme très-distingué ;
deux princesses, quatre marquises et sept baronnes : ce sont de jolies femmes, bien mises, et je n'ai pas le temps de vérifier leur généalogie.

Dans une avant-scène viennent d'entrer deux femmes charmantes, ce sont
des célébrités de la haute galanterie : elles sont peinturlurées, blanchies, les
yeux soulignés de noir. Mais cette belle grande blonde a un chapeau merveilleux ; son corsage est coupé de la façon la plus inattendue et la plus charmante.
Jamais je n'ai vu une garniture de point d'Alençon plus délicate et placée
plus habilement sur une étoffe. J'ai supplié le baron de me savoir l'adresse de
la modiste et celle de la couturière. Il me la trouvera coûte que coûte, et
j'aurai un chapeau comme cela demain.

Figure-toi une passe légèrement plus élevée sur la droite que sur la gauche ;
un fouillis gracieux et adorable de gros de Naples blanc et de fine Angleterre,
une aigrette sur le côté droit, un papillon de diamants posé sur le côté gauche,
un autre retenant à l'origine du cou les brides qui prennent leur naissance
derrière l'oreille, et sur lesquelles brillent des boucles d'oreilles montées en
brillants. Rien n'était plus habillé et plus élégant. Les cheveux blonds
s'échappent en boucles mêlées de tresses par derrière, et tombent gracieusement sur le corsage. Quel dommage que de pareilles toilettes soient consa-
crées à de telles créatures ! Ces messieurs viennent les uns après les autres
saluer et échanger quelques mots avec ces dames, qui les écoutent d'un air si
singulier et si bizarre. C'est là une bonne étude à faire.

64

Je n'ai jamais osé mettre une pointe de noir sous mes yeux; je remarque cependant que cela leur donne une vivacité particulière.

Pendant tout ce temps on a déjà joué l'ouverture, qui a été saluée par une salve d'applaudissements. Cependant on ne semble pas écouter beaucoup. On se lorgne, on s'envoie des petits signes de tête et de doigts, on fait comme nous dans notre loge, on cause prodigieusement avec son voisin ou sa voisine.

Enfin la toile est levée, c'est la chambre de la diva, qui n'est encore que simple couturière. Arrive une troupe de petites filles, ses compagnes, qui viennent chanter un chœur très-amusant.

Madame Thierret fait ensuite son entrée dans un costume des plus étranges. Elle a l'air d'un gros homme en peignoir, qui vient de se faire raser. Toute l'assistance rit. Durant toute la pièce, madame Thierret embrasse quelqu'un ou quelque chose, cela paraît fort drôle à tout le monde. Le garçon de café lui demande un pourboire, elle l'embrasse; puis elle embrasse son neveu, puis Galuchet, l'ami de son neveu, puis le marquis, puis le domestique, puis le souffleur, puis les acteurs; l'effet ne manque jamais sur le public.

Enfin voici la diva en toilette de mariée et fleurs d'oranger : couplets quelque peu égrillards sur cette fleur. On rit, on s'amuse beaucoup à l'orchestre. Je ne sais pourquoi, je ne ris guère. La fiancée n'arrive pas, le mariage est manqué. Mademoiselle Schneider fait monter du charbon pendant que toutes ses amies mangent du fricandeau à l'entre-sol; elle se serait *fait périr*, si Désiré, le jovial Désiré, n'arrivait pas à temps pour casser un carreau. Voici le premier acte.

* * *

Au second acte on est dans la loge de la diva, et ses compagnes y arrivent en costume. On joue *Ariane* à la cantonade. Toutes les jeunes filles ont leurs jupés d'un court, mais d'un court... c'est à peine si j'ose les regarder. Il y en a surtout une qui joue le rôle de l'Amour. Je vois du coin de l'œil les yeux de mon oncle qui brillent d'un éclat que je ne leur ai jamais vu. Ma tante est furieuse et indignée.

Voici la diva dans des costumes superbes; elle change deux ou trois fois de vêtement sur la scène ou derrière un paravent. La mère Thierret arrive pour embrasser quelqu'un, puis le comte, esclave de la diva, puis des Prussiens en même temps, qui chantent une tyrolienne à mourir de rire. Les figurantes défilent en chantant les plus jolis rantaplans du monde, et une petite chanteuse, nommée Bonelli, enlève trois fois l'assistance à bras tendu avec six notes qu'elle détaille merveilleusement. Le marquis vient chercher le comte, son neveu, qui l'envoie promener. Voilà le second acte. On le voit, l'intérêt se soutient.

*
* *

Dans le troisième, on se trouve sur la scène où se joue *Ariane*. Madame Thierret est en Minerve et veut se livrer aux derniers embrassements ; la diva fait Ariane. Chacun sur la scène parle à tort et à travers de je ne sais qui et de je ne sais quoi ; je ne comprends plus rien ; du reste, personne dans la salle ne s'inquiète de comprendre. Entre deux coups de lorgnette et quelques plaisanteries dites au voisin, on entend un chœur bien enlevé, un petit morceau bien dit, une mesure entraînante, voilà tout ce qu'on demande. Qu'importe le motif? Comme les auteurs le disent eux-mêmes, ce n'est pas précisément du Molière. — La toile baisse, on applaudit tant qu'on peut, et l'on jette sur la scène force bouquets.

*
* *

Un ou deux messieurs soufflent dans leur cléf. Pourquoi, je vous le demande un peu? Les pièces que j'ai vues précédemment de ces mêmes littérateurs me paraissent exactement les mêmes : prétexte à couplets, à danses et chansons à boire.

Qu'en pensent tous les illustres qui peuplent la salle? Le baron n'a pas pu me le dire positivement. — Pendant un entr'acte, deux messieurs parlaient dans le couloir à côté de la loge.

— La jolie petite rousse à gauche, disait l'un, l'as-tu remarquée?

— Oui.

— Eh bien! c'est la petite de Gontran.

— C'est celle qu'il avait l'année dernière?

— Parfaitement.

Je ne connais nullement ce monsieur. Il n'y a pas que mon mari qui s'appelle Gontran. Cependant cela m'a fait froid... Est-ce donc pour cela qu'il ne pouvait m'entendre parler des Bouffes-Parisiens? Le baron me dit que ces messieurs lui sont inconnus. Si Gontran les connaissait, il les connaîtrait de même. Ce n'est donc pas lui.

*
*   *

Nous sommes descendus. Sous le péristyle, chacun attend sa voiture. La grande blonde et les deux amis, je les revois encore au passage. Elle a un pardessus sortie de bal en cachemire blanc soutaché d'or : impossible de rêver mieux. Mais son chapeau est idéal. J'en veux un pareil, et je te donnerai l'adresse.

BARONNE DE X...

Pour copie conforme,

B.

LES COULISSES.

UN COUP DE LORGNETTE DERRIÈRE LA TOILE.

(Chapitre à passer par les personnes raisonnables qui se sont fait une loi de ne pas aller au théâtre. *Avis de l'auteur.)*

LE PÈRE MERCURE.

— De la part du gros blond, troisième rang à l'orchestre; méfiez-vous, y a un billet doux.

— Il le croit doux, dit-il, mais le moindre billet de mille ferait bien mieux mon affaire !

— M. le régisseur vient de me dire que tu ne travaillais pas assez tes rôles, mais que tu avais du ballon. Ça flatte toujours une mère.

— Mon petit auteur chéri, je me contenterai de trois mots à dire; pourvu qu'ils soient fins, spirituels et à effet. Tu seras un gros trésor !...

TÉLÉGRAPHIE PRIVÉE.

— Il y est ?

— Non, mais sa femme y est, et elle a une robe verte. Ça veut dire qu'il m'attend ce soir à souper chez Brébant.

— Aussi tu es bête! tu le vois dans sa loge avec sa femme,
sa belle-mère, et tu lui fais tout le temps un œil! Que le
pompier en a pris les armes!

— Pour qui la choppe?
— Ici à droite, pour madame la marquise!
— Boum!...

LE DOCTEUR.

— Dame!... le pouls est vif, fréquent, il faut vous soigner, mon petit chat. Évitez les truffes et
les écrevisses bordelaises.

— Oui, mademoiselle, dans des états comme les vôtres, quand on a de l'œil, de la jambe,
et qu'on se conduit convenablement, on arrive à tout!

— Ah! vrai! les directeurs sont pas raisonnables : songe que dans cette boîte, je gagne tout bonnement soixante francs par mois!

— Oui! mais faut être juste, tu dépenses cinq mille francs par moi!

— Tiens, c'est le petit Gontran de mes rêves! Attendez un peu, cher Monsieur,
le temps de passer mon maillot, et je suis à vous.

CONFIDENCES.

— Lorsque je vois Adèle, qui est une grue, avec deux chevaux et une voiture, quand moi je vais en remise, je pense à toi et je me dis : Voilà un baron qui est un pas grand'chose !

SUSPENSION.

Ne pas tenir la dragée trop haute.

Nom de nom! pour avoir l'œil sur tout cela, et que rien ne prenne feu,
il y a de l'ouvrage!...

CHEZ M. LE DIRECTEUR, UNE ARTISTE DRAMATIQUE.

— Ma chère enfant, je n'ai qu'un rôle de page à vous offrir, une lettre à donner. Mais le
costume est charmant. Je vois que vous remplirez ça parfaitement.

— Au lieu de tirer le cordon comme sa mère, la petite à la mère Michel a des lundis ousqu'elle reçoit des Anglais, des Russes de la haute, des princes et des ambassadeurs.

— V'là ce que c'est que de donner de l'éducation à sa demoiselle.

BOULEVARD.

Posant pour le chien.

L'AMAZONE.

— Posant pour le cheval. —

LES VISITES.

Celui qui veut vivre dans la vie du monde ne saurait se dispenser de faire des visites.

L'homme du monde proprement dit, c'est-à-dire celui qui n'a rien à faire, devient l'homme le plus occupé, rien que par la préoccupation des visites.

Chaque femme qui tient un état de maison ayant été conduite, par les nécessités des visites qu'il faut rendre, à faire élection d'un certain jour pour celles qu'il faut recevoir, il s'ensuit que le livre des adresses et des visites appartenant à un homme lancé doit être tenu comme un livre commercial et comme un carnet d'échéances.

Le lundi, madame la baronne de C..., la marquise de L..., madame R..., la charmante madame P...

Le mardi, la duchesse de X...

Le mercredi... etc.

Ah! si l'on pouvait imposer le même jour aux différentes personnes de ses relations qui demeurent dans le même quartier!

Mais, hélas! me disait un faiseur de visites convaincu, « ces dames semblent

« s'être donné le mot. Celles du même jour demeurent aux quatre coins de
« Paris. Tant pis pour mon cheval. Mais que de temps perdu sur les routes ! »
Et ceux qui n'ont pas de chévaux ! — il y en a.

Les hommes notoirement occupés sont condamnés à moins de visites que
ceux qui vivent complétement désœuvrés.

Ce sont les femmes alors qui se font des visites entre elles, et tiennent le
terrain libre pour les soirées de leur mari.

Les garçons, vieux ou jeunes, désireux de se marier, ou célibataires
endurcis, mais mondains, doivent s'ingénier, s'ils ne s'imposent point par
une supériorité indiscutable, à trouver le temps de faire quelques visites,
dans le cas où ils tiendraient à conserver leurs relations.

* * *

Eugène Süe, qui malgré la tournure socialiste de ses romans était accueilli
avec faveur dans certaines familles du grand faubourg, en raison de relations
anciennes, était un jour adossé à la cheminée d'un salon des plus aristocratiques.

La question des visites était sur le tapis.

— Les visites sont un impôt ridicule et vexatoire ; quant à moi, disait-il
en passant négligemment le doigt dans l'entournure de son gilet, jamais je ne
fais de visites.

— Eh bien, c'est la différence qu'il y a entre vous et Monsieur votre père,
dit le vieux marquis de Biencourt, qui était assis près de là, à une table de
whist ; Monsieur votre père était mon médecin, et lui, il faisait des visites le
plus qu'il pouvait.

Il faut donc combiner et aménager son temps, quelque occupé qu'on soit,
pour faire les visites indispensables.

* * *

Il y a plusieurs sortes de visites :

Les visites motivées,

Et celles qui ne le sont pas.

— Les visites motivées sont celles indispensables à ceux qui ont de la
politesse et du savoir-vivre.

Ce sont les visites que l'on doit dans les huit jours, à la suite d'un dîner prié, les visites dites *de digestion.* Une indigestion ne saurait en dispenser.

Les visites à la suite d'une grande réception ou d'un grand bal.

Les visites de félicitation.

Les visites de condoléance.

Les visites en réponse à un billet de faire part quelconque.

Les visites de noces.

Les visites de jour de l'an !!

***

Une visite ne doit pas se faire avant trois heures, ni après cinq heures et demie.

Arriver trop tôt est sans gêne, et de nature à gêner, la toilette de la maîtresse de la maison pouvant n'être pas terminée.

Arriver trop tard est indiscret.

Celui qui arrive trop tard peut paraître attiré par l'heure du dîner.

Si vous êtes pique-assiette, et que cette petite spéculation vous soit nécessaire, arrivez vers les six heures moins le quart, tâchez d'avoir à votre disposition une anecdote palpitante, et prenez du temps en la racontant le mieux que vous pourrez. Si la conversation ne languit pas, grâce à des observations que vous vous efforcerez de faire fines et spirituelles, il est bien rare qu'on ne finisse par vous inviter. Seulement, il faut en prendre votre parti, vous courez la chance d'un mauvais dîner.

Il ne faut pas abuser de ce procédé, qui, au bout de quelque temps, finirait par être percé à jour, et vous attirerait des désagréments.

***

Un pique-assiette aimable, qui a du monde et qui sait s'y prendre, pour peu qu'il aménage ses connaissances et qu'il en ait une trentaine environ, saura combiner ses jours pour recevoir des invitations à dîner à l'avance, et conquérir les autres, de façon que tous les jours du mois soient pris : il arrivera ainsi à ne pas répéter souvent la même scène dans la même maison, et à ne pas laisser lire dans son jeu.

Mais pour parvenir à réaliser ce genre d'économies, il faut des relations, de la tenue, de la mémoire, un peu d'esprit, beaucoup d'aplomb.

Le dîneur en ville peut appeler sa dextérité en pareille matière du savoir-vivre. C'est son droit; il est vrai que nul n'est juge en sa propre cause.

Les gens qui savent vivre se contentent généralement de dîner de n'importe quoi, et de dîner chez eux.

La toilette admise pour les visites est la toilette de jour. Sauf pour audience chez un important personnage, pas d'habit : la redingote, pantalon de fantaisie, gilet fermé, gants demi-clairs. Pour les femmes, toilette de ville, chapeau.

⁂

Les visites qui ne sont pas motivées par une obligation quelconque de relation, de monde et de politesse, sont livrées à la discrétion des visiteurs. Elles doivent se faire uniquement entre parents et amis intimes. Certaines gens complétement désœuvrés ne savent comment réussir à perdre leur temps.

Non contents d'avoir à dépenser vingt-quatre heures par jour pour leur propre compte et sans rien faire, ils semblent avoir conçu l'entreprise de faire dépenser de la même façon le temps d'autrui.

Ceux-là rentrent dans la catégorie des gêneurs.

Et M. Autrui a parfaitement le droit de les mettre à la porte, de la façon la plus rapprochée de la politesse qu'il lui sera possible d'imaginer.

Il y a encore le procédé anglais. *Cut directly,* disent les Anglais, gens éminemment pratiques; et ils coupent court en jetant au visiteur intempestif la porte sur le nez.

⁂

Les visites d'affaires, rentrant dans le cadre des occupations utiles et du travail, ne doivent pas figurer parmi les visites proprement dites. C'est du temps employé. — *Time is money.*

Une femme qui reçoit la visite d'une autre femme se lève et fait quelques pas pour aller à sa rencontre.

Si c'est un homme qui se présente, la maîtresse de la maison peut parfaitement ne point se lever, à moins que ce ne soit un vieillard, ou un personnage dans une situation exceptionnelle, ou un membre du clergé.

Si c'est un homme, tous les hommes doivent se lever; si c'est une femme, les hommes et les femmes se lèvent.

Lorsqu'il y a dans le salon un certain nombre de personnes, on peut disparaître sans rien dire, lorsque le temps convenable sera écoulé; cela s'appelle le *départ à l'anglaise.*

Si vous êtes seul, laissez-vous reconduire à la porte du salon, mais pas plus loin.

Il est complétement contraire à la politesse que la maîtresse de maison laisse un instant les visiteurs seuls dans le salon, fût-ce même pour reconduire un oncle vieux garçon, riche et grinchu.

Le maître de la maison, laissant sa femme faire les honneurs du salon, reconduira les visiteurs jusqu'à l'escalier, si c'est à Paris.

A la campagne, il est de bonne compagnie d'offrir le bras à la femme venue pour vous visiter, et de la reconduire tête nue jusqu'à sa voiture.

A Paris, les hommes de haute politesse le font quelquefois, mais dans le cas seulement où ils ont à eux une cour d'honneur et un hôtel, ce que je vous souhaite, ami lecteur.

* *
*

Les femmes, nous l'avons dit, ne doivent pas reconduire le visiteur; il est certaines circonstances dans lesquelles il est de leur devoir de le faire reconduire.

Du reste, cette situation est assez exceptionnelle, et se voit surtout au théâtre.

..... Alors la maîtresse de la maison s'arme d'une dignité froide, et tirant avec fermeté le cordon de la sonnette :

— Reconduisez monsieur, dit-elle à Baptiste.

Le devoir du visiteur est alors de saluer avec un respect mêlé d'un nuage de tristesse et d'une pointe d'ironie, puis de ne pas prolonger davantage sa visite.

— Dans ce cas, allumer son cigare dans l'escalier, en demandant une allumette à Baptiste, serait du plus mauvais goût.

LES CARTES DE VISITE.

Les cartes de visite ont été inventées pour alléger les obligations multipliées, et soulager l'infortuné condamné à des visites trop nombreuses.

En bien des cas, cet utile petit morceau de carton vous remplacera de la façon la plus avantageuse.

Il faut pourtant en savoir jouer avec convenance.

Certaines visites sont obligatoires, et ne peuvent se payer en carte.

Pour les autres, croyez que la carte venue en votre lieu et place sera la bienvenue.

* * *

Les cartes ne doivent être ni trop grandes, — alors ce sont des pancartes, — ni trop petites, ce qui marque trop de sans façon

Elles portent le nom et l'adresse, le titre si l'on en a un, la fonction administrative ou militaire, si l'on en est pourvu.

Une couronne finement gravée, et surmontant nom et titre, si titre il y a, est admise, et peut même être utile au possesseur pour provoquer certaines idées d'alliance et de mariage.

Tout autre excès de rédaction, d'illustration ou d'ornement, est d'un parfait mauvais goût.

* * *

Pour toutes les circonstances qui nécessitent une attention ou une marque d'intérêt, jouez sans hésiter de votre petit morceau de carton.

Au premier jour de l'an, envoyez-le sans crainte à tous ceux à qui vous être redevable d'une politesse quelconque. Cela, pour le plus grand nombre, ne vous évitera pas la visite de rigueur, mais dans un moment donné, l'oubli du carton pourrait avoir les plus tristes résultats.

Une petite corne faite au coin de la carte indique que votre carte a été apportée par vous-même, et que vous n'avez pas rencontré l'objet de votre visite.

Dans ce cas, la visite est considérée comme faite.

* * *

Une femme comme il faut ne met pas son adresse sur une carte.

Mais si la carte est collective, et porte le nom de Monsieur et de Madame, l'adresse occupe sa place.

Une jeune fille n'a pas de carte. Son nom se met au crayon sur la carte de sa mère.

* * *

Au premier jour de l'an, il est indispensable d'accompagner l'intelligent petit morceau de carton de sacs de bonbons, cueillis chez Boissier, pour Madame; de polichinélles de carton, de ménages de fer-blanc, de poupées qui disent *maman* et qui remuent les yeux, pour les bébés; de livres intéressants et richement reliés pour les collégiens, les jeunes filles et les jeunes gens.

Sans compter les cachemires à droite, les diamants et les bracelets à gauche, etc., etc.

N'oubliez pas non plus les domestiques, les femmes de chambre, les bedeaux, les enfants de chœur, les balayeurs, les garçons de restaurant et de café, etc.; enfin et surtout, les concierges.

Tout ceci doit être rangé dans le chapitre du budget extraordinaire. Mais, pour les derniers au moins, il est une économie à faire, celle du petit morceau de carton.

UN SOUPER A LA MAISON D'OR,

AU GRAND 16,

OU LES PARISIENS QUI NE SONT PAS DE PARIS.

ENTRÉE.

LE BARON. — Ma chère, je vous présente le comte Roublardoff, un de mes meilleurs amis.
LE COMTE. — Châmante ! châmante !

— Prenez garde, cher duc, vous marchez sur mes plates-bandes.
LE DUC. — Châmante ! châmante !

RELEVÉ.

— Prince, je vous tiens sous ma coupe.
LE PRINCE. — Châmante ! châmante !

HORS-D'OEUVRE.

— On demande Monsieur le duc.
— A demain les affaires sérieuses, comme disait un de mes ancêtres. Dites que je suis en conférence.

ENTREMETS.

HORS-D'OEUVRE.

VINS ET LIQUEURS.
Ah! verse encore!

— Tu sais que ton comte est un comte à dormir debout.
— Heureusement on peut s'asseoir.

ATTACHÉES D'AMBASSADE.

— Il y a ce petit Russe qui est bien gentil, savez-vous? il m'a dit qu'il m'adorait, et qu'on ne pourrait adorer qu'une Parisienne.
Pourvu que Boule-de-Gomme ne lui dise pas que je suis de Bruges!

DESSERT.

L'ADDITION DU MAITRE D'HÔTEL.

Eh bien ! moi, je vais vous dire la chose : le petit gros est un marquis italien, le grand sec un lord anglais, le dégingandé un Autrichien, le rouge un prince russe, le noiraud un duc espagnol, le filasse un baron allemand ; celui que ces dames appellent Fidèle, un Danois qui est comte. Tous gens chic ! Voilà pour les messieurs.

Pour les dames, ce qu'il y a de mieux. Il y a mademoiselle Cora qu'est Anglaise et jadis femme de chambre ; la petite blonde, une ancienne brunisseuse et qui est Belge ; madame de Saint-Potiphar qui vient de la passementerie et qui est Allemande ; la petite Boule-de-Gomme, et Calypso, des Bouffes, qui étaient piqueuses de bottines à Venise ; et la grande Chartreuse, que j'ai vue toute petite, et qui était la fille de mon concierge, qui est Suisse. Voilà !

LA MARCHANDE A LA TOILETTE.

Toutes ces petites dames qui ont du chic, ça crie tant que ça peut contre le pauvre monde, mais c'est encore bien aise de le trouver.

AUX ITALIENS ET A L'OPÉRA.

Posant pour les loges, les stalles d'orchestre, et même pour la galerie.

LE VALET DE PIED.

— Et si Madame croit qu'avec des mollets tournés comme ça, on restera chez elle
pour six cents francs. Eh bien, merci!

ÉDUCATION EN FAMILLE.

— Dis donc, petite sœur, tu as un chic épatant. Je t'avertis qu'on te regarde. Si on allait te prendre pour une cocotte !

— J'en ai le trac.

A L'ÉGLISE.

La première condition de la politesse est de ne choquer ni de gêner les idées, les convenances et les habitudes d'autrui.

Si ces idées, si ces convenances, si ces habitudes ont un caractère religieux, il n'y a pas plus de raison pour les choquer et les gêner, que si elles avaient un caractère tout différent.

L'homme bien élevé, quelle que soit son opinion, sait respecter l'opinion des autres, et se conduit dans une église, dans un temple, dans une synagogue, voire même dans une mosquée, où dans une pagode, avec la même réserve, la même politesse, la même observation de l'étiquette admise, que s'il était à visiter à l'étranger ou un empereur, ou un roi, ou un président d'une république quelconque, ou un sultan, ou un schah, ou bien un rajah, ou bien même encore un simple commerçant quelconque en épiceries et en denrées coloniales.

*
* *

L'idée de Dieu n'est pas une invention moderne, et il n'est pas d'exemple dans l'histoire d'une agglomération d'êtres humains qui ne se soient inclinés devant cette idée, présentée sous une forme ou sous une autre.

Si Dieu n'existait pas, il faudrait l'inventer, a écrit quelque part ce bon M. de Voltaire.

Quelques marchands de papier, il est vrai, quelques marchands de vin au détail, pour plaire à leurs clients, émeutiers en disponibilité, repris de justice ou barricadiers en chambre, — troupeau de Panurge qui suit fatalement et dont c'est le métier de suivre n'importe qui et n'importe quoi, — ont prétendu que M. de Voltaire, dont les débuts avaient été bons, devenait vieux et se ramollissait visiblement lorsqu'il s'est rendu coupable de cette phrase.

Arsène Houssaye avait commencé à le rendre quelque peu suspect en l'appelant le *roi Voltaire;* les radicaux purs l'ont fini en le présentant comme un aristocrate méconnu, un courtisan déguisé, et un déiste honteux.

En un jour de Commune, M. de Voltaire, s'il vivait encore, courrait bien risque d'être fusillé comme le premier Chaudey venu.

* * *

Ne parlons donc plus de M. de Voltaire, cet arriéré qui n'est plus dans le mouvement.

M. Prud'homme lui-même lui a retiré quelque peu de sa confiance depuis qu'on lui a signalé que M. de Voltaire avait été soudoyé par le roi de Prusse, et qu'il avait indignement *éreinté* Jeanne d'Arc, dont l'énergie avait contribué jadis, tout au moins autant que de nos jours celle de M. Thiers, à la libération du territoire.

* * *

L'idée de Dieu est donc chose innée et incontestable, par conséquent chose à considérer et à respecter.

Une idée supérieure à l'humanité, quelle qu'elle soit, mérite d'être saluée; saluons-la.

Nous ne parlons naturellement que des formes extérieures de respect et de convenance pour les sentiments d'autrui.

Nous laissons de côté la question de croyance, que nous n'avons ni à discuter ni à défendre.

Heureux ceux qui croient à quelque chose ou à quelqu'un!

***

M. Joseph Prudhomme, dont nous venons tout à l'heure de citer l'avis, ne croit pas à grand'chose. Il admet seulement ce que sa raison lui permet de comprendre.

— Comprenez-vous le blé? lui dit-on.

— Parfaitement, puisque je le vois.

— Comprenez-vous comment il pousse?

— A merveille, puisque je le vois pousser.

— Mais comment le fait-on pousser?

— En le mettant en terre.

— Mais quand on vous mettra en terre, vous ne pousserez pas, vous, Monsieur Prudhomme?

— Le blé, c'est différent; lui, il pousse : c'est une loi.

— Une loi de qui?

— De la nature.

— Mais qu'est-ce que c'est que la nature?

— Ah bien! mais ça n'en finira plus! Allez vous promener!

— Je crois au blé parce que je le vois; je crois qu'il pousse parce que je le vois pousser; je crois à la nature parce qu'il y a une nature, je ne sors pas de là; le reste, je m'en fiche.

***

M. Prudhomme a un frère, M. Paul Prudhomme, lequel est malheureusement infirme : il est aveugle de naissance.

M. Paul Prudhomme a des discussions interminables avec son frère. Ce frère est un sceptique qui ne s'en rapporte qu'à ce que lui explique sa raison. Il ne croit qu'à ce qu'il touche.

— J'aperçois l'heure qu'il est à cent mètres d'ici, dit Joseph.

— Ce n'est pas vrai, dit Paul, c'est impossible.

— Quand je te dis que oui.

— Quand je te dis que non.

— Quand je te dis que si.

— On ne me fera jamais croire que l'on puisse toucher une chose qui se trouve à cent mètres de distance, quand on a des bras et des mains pour la palper qui ont tout au plus, le tout réuni, un mètre de long.

— Mais ce n'est pas avec les mains que je vois, c'est avec les yeux.

— Les yeux! mais c'est beaucoup plus court que les mains, c'est impossible! Ma raison n'admet pas des bourdes pareilles.

— Mais, cependant, rien de plus vrai.

— C'est faux! archifaux! C'est un coup monté contre moi, on veut me faire avaler des choses absurdes. Mais on ne sait pas à qui on a affaire. Je ne coupe pas dans ces ponts-là.

— Tu n'es qu'un sot.

— Et toi qu'un intrigant et un imposteur, et tu as sans doute intérêt à me tromper. Va-t'en au diable!

Le bon Joseph Prudhomme lève les épaules et s'en va.

— Que mon pauvre frère est borné! se dit-il avec un profond sentiment de pitié.

⁂

Le cercle de la raison n'est-il pas une sorte de cercle élastique dont l'étendue varie selon les individus? Il leur permet de concevoir plus ou moins, suivant que ce cercle se rétrécit ou s'élargit lui-même plus ou moins.

Mais ce cercle étant toujours limité, donne l'idée d'un inconnu toujours inaccessible en dehors de ce cercle, inconnu que la raison n'atteint pas, ne peut atteindre, et devant lequel elle doit s'incliner.

Les aveugles de naissance n'ont pas plus l'idée de la lumière et de la couleur que les prétentieux et les sots n'ont l'idée de Dieu.

⁂

Et voilà pourquoi l'homme qui n'est ni complétement l'un, ni complétement l'autre, fait hommage à sa raison en s'inclinant devant ce qu'il ne peut comprendre;

Et salue, non-seulement dans la religion de ses pères, mais encore dans Brahma, Vischnou, ou le simple Manitou, l'idée supérieure à l'humanité.

L'homme donc qui entre dans une église ou dans un temple quel qu'il soit, doit s'y conduire avec déférence pour l'opinion des gens qui s'y trouvent rassemblés, et ne pas protester d'une façon injurieuse contre cette opinion par une attitude sans convenance et sans politesse.

Si un tel sacrifice est impossible à l'ardeur ou à l'absence de ses convictions, qu'il n'entre pas et qu'il s'abstienne.

Pour ce qui est des manifestations au dehors, émanant d'un sentiment religieux quelconque, du moment qu'elles ne sont l'occasion ni de désordres ni d'injures pour autrui, il n'y a qu'une réflexion à se faire en ce temps où règne la manie des manifestations : la liberté de chacun limite votre propre liberté et en est le gage. La liberté des manifestants est comprise dans le programme des libertés en général.

Que celui qui n'a jamais manifesté leur jette la première pierre.

AU VILLAGE.

— Tout ça, voyez-vous, c'est des manières ; parlez-moi plutôt de M. Vermesch.

— Le comte et la comtesse sont venus dans leur berlingot ; ça n'empêche pas que
c'est toujours de leur côté que le curé se tourne pour dire : *Dominus vobiscum.*

— C'est des ci-devant, si vous vou-
ez ; mais j'aime encore mieux leur-x-y
voir leur château qu'à des trompettes
comme les autres.

Les bancs de M. Poton, grand sucrier, et sa famille, sont à gauche du chœur. Venus dans deux calèches et un landau. M. Poton est
bien avec le maire, mais le comte ne regarde pas M. Poton : Laissez les petits Poton grandir, pense M. Poton, on prend plus de petits
vicomtes avec du sucre qu'avec du vinaigre.

— Faut dire que M. Gontran, le neveu du comte, ne salue pas M. Poton, mais il n'est pas fier avec le monde, et ça fait toujours plaisir dans le pays.

MM. les chantres. — Le maître d'école est bien un peu voltairien, mais quand on a une si belle voix, faut bien s'en servir. Ce n'est pas comme le grand Nicolas, le menuisier, quelle scie ! Sibien, le garde champêtre, jouait du serpent, mais le serpent a été mangé aux vers l'année dernière.

UNE OFFRANDE A M. LE CURÉ.

C'est le portrait d'une vieille tante , 1816 , jouant de la harpe au cap Misène. Rien laissé que son portrait. Avec deux sous d'ocre pour lui fabriquer une petite auréole, ça fera une délicieuse Sainte Cécile pour M. le curé.

Messieurs les marguilliers.

EN CARÉME.

CE QU'ON ENTEND AU SERMON.

— Arrivez donc vite, chère bonne amie, voici plus d'une heure que je suis là couvant mes six chaises comme une poule couve ses poussins.

— Que je vous demande donc un million de pardons, chère madame ! mais ma belle-mère, mon insupportable belle-mère, est venue chez moi, et, suivant son habitude, elle m'a fait une sortie...

— Qui a retardé la vôtre. Enfin, vous voilà, prenez vos chaises, ma toute belle ; mais je vous assure que j'ai eu toutes les peines du monde à vous les conserver. Ce vieux monsieur à droite, qui a une calotte de velours noir et des moustaches blanches, a fait des prodiges de stratégie pour m'enlever mon aile gauche. Il a saisi, pour sa razzia, le moment où le cardinal entrait dans le banc-d'œuvre, ce qui créait une diversion. Sans avoir l'air de le regarder, je le surveillais; il a été repoussé avec perte; mais il s'est vengé sur la vieille baronne de L..., qui est située deux rangs derrière nous. Profitant d'une quinte qui occupait tous les instants de la bonne dame, et plongeait frénétiquement son nez pointu dans les profondeurs de son mouchoir, il lui a cueilli délicatement les deux chaises sur lesquelles il se pavane en ce moment. La pauvre baronne n'y a vu que du feu.

— C'est pour cela sans doute que ses petits yeux gris lancent tant de flammes.

— Et comment se porte votre mari?

— A merveille, chère amie; il va venir à l'instant avec ses deux filles et sa tante, la marquise de C..., qu'il a été chercher avec la voiture après m'avoir jetée ici.

— Elle va toujours bien?

— Hélas, oui! ma bonne amie, trop bien; elle est sempiternelle, cette vieille, et notez qu'au moment de notre mariage, il y a douze ans, elle semblait tout au plus avoir six mois à vivre.

— Franchement, c'est indélicat.

— Savez-vous sur quoi va parler le Père X... aujourd'hui?

— Sur la charité chrétienne et sur la philanthropie.

— Il va nous dire de ces choses fines, profondes et sensées comme il sait les dire. Ce Père X... est charmant; quand il parle on sent se réveiller au fond du cœur un essaim de bonnes et sérieuses pensées qu'il n'a pas l'air de vous suggérer et qui semblent vous appartenir; alors...

— Oh! ma chère, regardez donc madame de P... Quelle toilette! là, vraiment, n'est-elle pas du dernier ridicule? Une robe de pou de soie gris, garnie de guipures noires, pardessus pareil, chapeau gris relevé de dentelles et de jais, des grenades sous la passe... Franchement, ce n'est pas là une toilette de sermon.

— Moi, je ne mets jamais que des robes sombres et discrètes pour venir à l'église; il y a des convenances qu'il faut savoir respecter.

— A propos de toilette, chère belle, laissez-moi vous faire compliment du délicieux costume que vous aviez l'autre jour à l'ambassade. Je ne l'ai pas vu, malheureusement, mais tous ces messieurs en raffolent. Se costumer en *Vent du soir,* c'était une idée charmante. Quelques dames m'ont dit qu'il était un peu décolleté, mais ravissant.

— Vraiment on vous a dit cela, chère amie? Notez bien que c'était *Vent du soir,* en été naturellement, et il faut être esclave de son programme.

— Le costume de la vicomtesse de M... était très-réussi, m'a-t-on dit.

— Moi, je n'ai pas trouvé; elle est un peu lourde pour un costume de fantaisie; ce n'est pourtant pas la légèreté qui lui manque; je viens de la rencontrer à la porte de l'église, elle m'a donné la main, nous avons échangé quelques paroles amicales, mais je ne la vois pas maintenant dans la nef; je parie qu'elle n'est pas entrée un seul instant; elle se créait un alibi.

— Pauvre vicomte!

— Ah! voilà votre mari et ces dames; savez-vous qu'elle est encore bien, la marquise. C'est une belle vieille femme, elle a dû être remarquable.

— Et remarquée donc! Mais, ma bonne amie, elle a rôti le balai sous la Restauration, et tellement que le manche en a pris feu, comme disait le chevalier. Le marquis en a vu de toutes les couleurs; il a fini par se séparer. Pauvre bonhomme! que Dieu ait son âme! Que n'a-t-il bientôt celle de sa tendre moitié!

Se levant et allant au-devant de la vieille dame :

— Bonjour, chère tante, vous allez bien aujourd'hui, Dieu merci! Tenez, voici ma chaise que je vous ai réservée; j'ai eu soin d'apporter pour vous un coussin, et voilà Baptiste avec une boule d'eau pour vos pieds.

— Ah! enfin, voici le Père X... qui monte en chaire, nous sommes arrivés à temps.

DEUX GARDEURS DE CHAISES.

— Voilà tout de même trois heures que je suis là à leur-z-y garder leurs places. Quinze sous la chaise, c'est pas cher; seulement on ne s'amuse pas ici en attendant, pas moyen 'de rigoler; on n'ose pas tant seulement roupiller un peu, crainte que les camarades ne vous effarouchent une chaise ou deux.

— Plaignez-vous donc, tas de modernes! moi qui ai gardé des chaises dans le temps pour les conférences du Père Lacordaire et du Père Ravignan! fallait venir à huit heures du matin pour une heure.

— Merci!

— Et l'église n'était pas plus chauffée que la place Louis XV, et il fallait travailler à dix sous par chaise.

— Parbleu! tout a bien renchéri depuis ce temps-là; alors on avait du petit bleu à quatre.

— Tiens! v'là mes bourgeois.

— Les miens aussi, quelle chance!

— Après ça, je vas encore ouvrir quelques portières à la sortie, puis j'irai chez le père Duveau, le manezingue de la rue d'Argenteuil, et d' là garder des places pour ce soir à la queue du Théâtre-Français, oùsqu'on joue le *Lion amoureux* de M. Ponsard. Là, au moins, on peut en griller une : bonsoir, ma vieille.

DEUX MESSIEURS.

— Je vous assure, mon cher ami, que cet homme est remarquable. La voix est un peu aigre, peut-être même un peu criarde au premier abord, mais bientôt on s'y fait; la pensée alors arrive à l'oreille nettement et avec clarté. Ce qu'il dit est bien écrit, la phrase a du nombre, elle est bien assise et bien pondérée, mais il se répète un peu, et les mêmes mots et les mêmes expressions reviennent trop souvent avec l'uniformité d'un battant de cloche paroissiale.

— Savez-vous, moi, ce que je trouve de plus fort? c'est de parler comme cela pendant deux heures sans le moindre verre d'eau sucrée. .

— C'est vrai.

— J'ai parlé souvent à la Chambre; j'ai fait des leçons, des conférences, eh bien! je déclare qu'il me serait impossible d'arriver à rien sans le verre d'eau sucrée. Il me semble que ce verre contienne le fil de la pensée qui vous échappe, l'heureuse expression qui vous fuit, le mouvement oratoire et décisif dont vous espérez l'éclair.

Le petit bruit que fait la cuiller contre les parois du verre me paraît réveiller un monde d'idées endormies et qui, sans cela, ne montreraient pas le petit bout de l'oreille. Jusqu'à ces petits globules qui, s'échappant du sucre pour remonter du fond à la surface, me paraissent recéler des myriades de pensées.

— Voilà donc le triomphe de l'éloquence de la chaire sur celle de la tri-

M. T..., général d'artillerie en retraite : surdité de première classe, assiste au sermon par esprit de pénitence.

René de Termadeuc, néo-chrétien, jeune homme à marier. On demande une pieuse héritière.

Louis Clappeville, de la grande maison de nouveautés des Trois-Ponts.

Philotbée]Duroc, ancien zouave pontifical, ayant fait un mariage bien pensant.

Son beau-père.

bune. L'orateur chrétien, fidèle à sa mission, sait s'imposer des privations que nos infirmités païennes ne nous permettent pas de supporter. Le Dieu qui préside à la parole veille sur lui.

— Eh bien! mon cher, ce qui m'étonne le plus, ce n'est pas l'absence du verre d'eau sucrée, mais c'est qu'on puisse tourner si longtemps cette pieuse et respectable serinette sans être ou interpellé ou interrompu. Il me faut un aiguillon, à moi : rumeurs à droite, rumeurs à gauche, adhésions, clameurs, un peu de colonel Langlois ou de Glais-Bizoin à la clef!

— Parfait! Donnez au Père X... un verre d'eau sucrée, lâchez-lui un petit Glais-Bizoin à gauche de la chaire, et vous m'en direz des nouvelles.

DEUX JEUNES GENS.

— Comment trouves-tu le sermon?

— Ma foi ! je te dirai que je n'en ai pas entendu un traître mot.

— Que diable viens-tu faire ici alors?

— Ma foi, mon bon, voilà la chose. Regarde-moi un peu, là, sur la quatrième chaise à gauche, ce petit chapeau marron avec des rubans bleus, près de la grosse dame en noir qui a des moustaches.

— Fort bien ! j'y suis; mais il y a sous ce chapeau une paire d'yeux noirs qui ne me paraissent pas piqués des hannetons.

— Eh bien ! mon cher, ces yeux noirs et les autres accessoires me seraient particulièrement destinés si la chose me convient. Madame de Z... m'a donné rendez-vous ici pour voir la demoiselle qui ne va pas dans le monde. Le nez est peut-être un peu retroussé. Qu'en dis-tu?

— Le retroussé ne me déplaît pas en général ! Et la dot?

— Quatre cent mille francs comptants, mais...

— Oh ! il y a un mais...

Il lui parle à l'oreille.

— Diable ! diable ! ...Après ça, quatre cent mille francs, c'est un chiffre !

DEUX DAMES.

— Quelle onction ! quelle profondeur !

— Je craignais encore hier qu'il ne pût parler ce soir. Je lui ai envoyé le docteur Love, qui a soigné Penco et la Patti lors de leur dernière extinction de voix. Cette homœopathie est souveraine. On y voit la main de Dieu. Hier soir, me disait l'abbé Duclos, on l'entendait à peine. Voyez aujourd'hui, jamais sa parole ne fut plus claire et plus sonore.

— C'est merveilleux.

— Ne trouvez-vous pas seulement qu'il fait bien peu de citations latines aujourd'hui? Moi, j'aime beaucoup les citations.

— Vous savez donc le latin?

— Nullement, mais je ne sais pourquoi cette langue, dont j'ignore le sens, me captive et m'impressionne. Elle me paraît posséder quelque chose de mystérieux et de vague qui me ramène aux sentiments de l'idée religieuse.

Et, du reste, je suis comme tout le monde : c'est ce que je ne comprends pas qui m'impose le plus.

— Moi de même. L'autre jour j'ai eu le bonheur d'entendre la messe dite par un prêtre arménien. Toute la messe a été dite en grec, excepté le *Kyrie, eleison*. Eh bien ! je vous assure que cela a produit sur moi un effet extraordinaire.

GARDIENS D'ENCEINTES ET LOUEUSES DE CHAISES.

— Allons ! voilà encore que tu m'as fait avoir des raisons avec la comtesse, que tu as laissé prendre sa chaise rembourrée par la grosse dame de la troisième colonne.

— Ta comtesse? merci, une panée qui chipote pour une malheureuse pièce de dix sous ! La grosse dame en a lâché quarante.

— Du reste, la recette n'est pas mauvaise aujourd'hui.

— Mauvaise ! non, mais les petites places ne donnent pas.

— C'est vrai, il y a un peu de baisse.

— Moi, je crois bien que la pluie y est pour quelque chose.

— C'est égal, si ça continuait à baisser, je pense bien que M. le curé ne ferait pas mal de changer l'affiche.

— Eh bien ! franchement, il a été bien médiocre, bien faible aujourd'hui ; son sermon de la charité, je n'en voudrais pas pour les Batignolles.

Le Père D... ne fait rien du tout à la vente. Mais quand cet excellent Père V... a parlé, on fait le double d'affaires en petits cierges.

LES BONNES ŒUVRES.

ɪʟ existe plusieurs manières de faire le bien, et, disons-le sans tarder, la plus médiocre est encore bonne : que le secours, l'aide et l'appui viennent à celui qui souffre par la charité, la philanthropie, l'amour-propre, ou la vanité ou l'ostentation, qu'importe, du moment qu'une misère est conjurée ou qu'une douleur s'apaise?

C'est l'adresse et la diplomatie particulières aux âmes tendres, accessibles aux angoisses d'autrui, de savoir faire jouer ces mobiles éternellement humains, au profit de ceux que frappe la rude main de la fatalité.

***

Il en est qui font le bien pour obéir à cette loi naturelle de l'amour et de la sympathie qui est le lien placé par la main du Créateur entre les êtres semblables.

Il en est qui font le bien par tendresse de cœur, et pour la satisfaction de leur propre conscience.

Il en est qui le font par souvenir.

Il en est qui le font par nécessité de situation.

Il en est qui le font par spéculation.

Il en est enfin qui le font pour se faire du bien à eux-mêmes.

*
* *

Depuis ce généreux étranger, qui ne devait rien à Paris, qui n'en attend rien, et qui dans les moments les plus douloureux fut comme une providence bénie, depuis sir Richard Wallace, qui se cache souvent d'une bonne action comme d'autres se cachent d'une mauvaise, et dont le nom, à Paris, est maintenant le synonyme du beau et du bien ;

Jusqu'à celui qui donne cinq francs pour une bonne œuvre, à la condition que son nom, son commerce, son adresse même, seront insérés dans le journal.

Depuis saint Martin qui partageait avec le pauvre perclus de froid la moitié de son manteau; depuis le *Petit Manteau bleu* qui vendait son manteau pour en donner tout le prix aux pauvres, jusqu'à celui qui distribue aux pauvres une partie de ce qu'il a sollicité pour eux, et garde le reste pour s'acheter un manteau neuf, il y a parmi ceux qui s'occupent d'autrui des nuances qui varient à l'infini.

*
* *

Mais enfin, quel que soit le motif, ou le prétexte, ou la forme, on s'est occupé de ceux qui souffrent, et c'est toujours cela de gagné.

Certains se disent : Faire le bien pour se payer en fracas et en ostentation, est ou un acte d'égoïsme, ou un ridicule, ou une spéculation.

Il faut, suivant l'Apôtre, que la main droite ignore ce que donne la main gauche.

Et ils profitent de cet adage pour ne rien donner du tout, ni de la gauche ni de la droite, de sorte qu'il ne peut y avoir, d'aucun côté, aucune indiscrétion de commise.

71

Quelques hommes, mais surtout nombre de femmes, s'exercent avec ardeur à déjouer les calculs de l'égoïsme, de l'avarice et de la parcimonie. Il est des gens riches autour desquels il faut faire un siége en règle, avec les lignes de circonvallation et toute l'artillerie féminine, pour arriver à lever une contribution d'une simple pièce de vingt francs.

Il en est qui ne cèdent qu'aux appâts d'un lot à gagner, qu'au plaisir de la danse, d'un dîner, ou à la crainte d'un concert.

Il en est qui ne cèdent à rien, par principe, et qui dépenseraient volontiers cent francs pour ne pas donner cent sous.

La connaissance parfaite du cœur humain est indispensable à ceux qui se livrent à cette chasse, dont, comme les véritables chasseurs, ils ne doivent pas manger le gibier.

Il en est, il est vrai, qui en mangent une petite partie, mais qu'y faire ! Ce qui reste va toujours à son but.

Et s'il existe çà et là quelques hommes ou quelques femmes qui ne font le bien que par état, pour se créer une situation et en vertu de ce proverbe bien connu :

La charité bien ordonnée commence par soi-même,
le mal n'est pas grand : la chose passe dans les frais généraux.

Les contribuables bénévoles comprennent à merveille que les gens qui se payent pour faire le bien sont plus profitables à la masse que ceux qui se font payer pour faire le mal.

* * *

A côté de ceux-là, vivent ceux qui se font un devoir, et une adorable jouissance, de rechercher les misères silencieuses et cachées, viennent prendre par la main les pauvres petits enfants abandonnés, veillent au chevet des malades, et dont la main gauche est si occupée elle-même à donner, qu'elle ignore ce que donne la main droite.

LES DAMES PATRONESSES.

— Les petits Chinois?... Si tu savais comme je m'en bats l'œil avec empressement !
— Et dire que nous allons leur allonger chacun nos dix francs... Du courage, mon ami... Voilà la maîtresse qui cingle de notre côté... et du haut de ses soixante ans le maître de la maison qui nous contemple.

PINCÉ. — Oh! madame, quelle délicieuse tapisserie !
— Enchantée qu'elle vous plaise, cher marquis : c'est pour l'œuvre des jeunes Siamois... dix francs le billet... Je vous en enverrai dix demain par mon valet de chambre.

Un louis... baron; c'est très-bien, on l'a vu... mais, je vous en prie, donnez quarante sous à la comtesse.

Moi, d'abord, je ne donne jamais qu'à l'église; deux avantages sérieux : je dors tranquillement au sermon, et ça ne me coûte que deux sous ou un bouton à la quête.

J'aurais mieux fait d'aller au Club.

Parce que tu n'as que cinq cents francs, ma chère enfant, ce n'est pas la peine de te faire du chagrin pour cela, la marquise donnerait bien cinq cents francs pour avoir ta taille et la comtesse pour avoir ton nez.

Trois cent vingt-sept francs, ma pauvre Justine, si ce n'est pas mortifiant ! — Heureusement, pas une de ces dames n'aura une aussi jolie robe que celle de madame. — On se rattrapera à la porte.

— Mon Dieu ! Monsieur le curé, je ne vous apporte que mille cinq cents francs ; je vous prierai de m'excuser ; mais j'ai été si souffrante !...
— *Chœur des dames patronesses à la cantonade :* — Pimbêche !

On donne ses petits dix francs comme un autre à madame la directrice, mais on n'est pas fâché que M. le directeur en sache quelque chose.

Un sou ! quelle horreur !... il brille comme un louis... Il y a donc préméditation ?... Je parie que c'est cet abominable M. Bronsac...

ONSIEUR Du Rand est un homme de
bien. Vous l'avez rencontré sans
doute dans quelque salon du faubourg Saint-Germain ou de la Chaussée-d'Antin ; c'est un petit homme
d'une cinquantaine d'années, encore vif et alerte; un léger embonpoint, qui rappelle celui des cha-
noines, s'épanouit sur toute sa
personne et donne plus de consis-
tance et de sérieux à sa physionomie. Sa tenue exhale un parfum
tout à fait ecclésiastique; son langage est plein d'une pieuse onction,
et quand il dit : Bonjour, madame, ou : Je voudrais bien un peu de poulet,
il semble qu'il dit : *Dominus vobiscum,* et l'on est tenté de lui répondre :
Et cum spiritu tuo.

Ses moustaches, car il porte des moustaches, détonnent seules dans cet
ensemble, qui, sans elles, emprunterait par trop son allure à la sacristie;
elles lui donnent je ne sais quel air masculin, coquet et militant, qui le
distingue de la gent purement cléricale, et lui permettent, vis-à-vis de toutes
les belles madames, une tenue plus amicale et des soins plus empressés. De
temps en temps il peut aussi glisser, non sans quelque esprit, une de ces
petites anecdotes qui, bien que dépassant rarement les saines plaisanteries
du séminaire, n'en ont pas moins le pouvoir de dérider de jolis visages.

Tous ces avantages, M. Du Rand les a consacrés à la recherche du bien;
toutes ces influences, péniblement conquises à force de visites, de compliments bien placés, de compérages adroits, il les met sans réserve à la disposition des bonnes œuvres. Car il est le promoteur, l'initiateur, le propagateur
empressé de tout ce qui se fait à Paris sous ce nom. C'est lui qui a inventé
l'œuvre des Petits Chinois, l'œuvre des Jeunes Goîtreux, l'œuvre des Petits
Balayeurs, etc., etc., et en dernier lieu l'œuvre des Petits Ébénistes, dont on
parle tant aujourd'hui.

Si la première préoccupation de M. Du Rand est de faire le bien, disons-le
tout bas, la seconde est que personne ne l'ignore; mais, je vous le demande,

dans une époque telle que la nôtre, où il existe autant de fanfarons du vice, est-il à regretter qu'il y ait quelque part un fanfaron de vertu?

Du reste, M. Du Rand est magnifique à voir lorsqu'il est lancé sur le turf d'une nouvelle œuvre. Il ne tient pas en place, il court vingt salons, il arrache les prédicateurs récalcitrants du fond des communautés, il enlève les dames patronesses, conquiert des myriades de lots et fait jaillir l'argent des goussets rebelles. Il va, vient, se multiplie, gourmande le zèle de madame de B..., encourage l'enthousiasme de madame de C... C'est un général au moment d'une bataille.

Brave homme que M. Du Rand! Il est sans fortune, il n'a rien ou bien peu de chose à lui; mais il a le génie des charitables inventions, il sait les mots magiques qui délient les cordons des bourses et forcent l'entrée des secrétaires. Mais aussi que de mal, que de mouvement, que de démarches!

Les goûts de M. Du Rand sont simples et modestes; néanmoins il s'impose le tracas de n'aller que dans les maisons où la vie est large et opulente, où les dîners éclatent en mets recherchés, vins précieux, en cristaux et argenterie, où les conviés sont riches et nombreux. C'est là seulement que la moisson peut être abondante; mais il a une mission, et pour cette mission sainte il faut savoir faire des sacrifices.

Un de ses amis avait une maison agréable et vivante où les visiteurs se pressaient en foule et où M. Du Rand avait, pendant dix ans, brillé dans tout l'épanouissement de ses charités et de ses vertus; un chagrin, un malheur ferme la porte du salon. Plus de réunions, plus de fêtes, plus de visiteurs. Mais M. Du Rand vient revoir son ami : Mon très-cher, lui dit-il de la plus pieuse voix, tu sais quelles sont les pénibles exigences des devoirs que je me suis imposés. Il me faut, à mon grand regret, vivre avec les heureux et les riches, afin que je puisse glaner sur eux pour mes pauvres. Tu n'es que malheureux, toi, je te plains du plus profond de mon cœur. Mais venir m'asseoir à ton foyer solitaire, ce serait perdre ou voler le temps que je dois à mes bonnes œuvres. Si, ce qu'à Dieu ne plaise, jamais tu deviens misérable, tu me reverras, mon pauvre ami, je t'apporterai des bons de pain.

Un homme qui peut ainsi s'arracher à ses sentiments est un homme d'élite.

Aussi chacun lui témoigne les plus affectueuses sympathies. Quand il entre dans un salon, le meilleur fauteuil est pour lui, la meilleure place au coin du feu, les dames et les jeunes filles s'empressent autour de lui, on lui prend sa canne, son chapeau; on lui apporte de petites chatteries, de petits réconfortants; il est comme une façon de directeur pour lequel toutes les dames prennent des allures de nonnes ou de visitandines.

— Ce cher M. Du Rand! Vous avez tort, mon ami, de vous fatiguer autant. Vous venez sans doute de présider à la réunion des Petits Goîtreux. J'en étais sûre; et vous avez parlé longtemps, trop longtemps. Je vous jure que vous avez tort. Tenez, mon ami, voilà que vous toussez encore! une petite toux sèche qui m'inquiète! (*Elle sonne.*) Baptiste, apportez à M. Du Rand un lait de poule comme hier.

— Mais, mon cher ami, cela n'a pas de bon sens, vous devriez vous ménager. Quand ce ne serait que dans l'intérêt de vos bonnes œuvres. Qu'est-ce que tout cela deviendrait sans vous? Il faut vous faire une raison.

M. Du Rand entend toutes ces caressantes paroles avec une affectueuse résignation, mais son pieux devoir est tout tracé, et les labeurs de toute sorte ne sauraient effrayer son courage.

— Chère madame, il est vrai que je suis quelque peu fatigué, voilà trois jours de suite que je dîne en ville; demain, je vais au bal, rue de la Chaussée-d'Antin, après-demain rue de Varennes. Le même jour, réunion musicale chez madame de C... pour l'œuvre des Petits Samoyèdes. Tout cela est pénible, c'est vrai, mais le bon Dieu ne marchande pas avec moi, il saura me donner les forces nécessaires. Merci mille fois, madame, de votre bon intérêt, mais, positivement, je vais beaucoup mieux maintenant, et, du reste, je n'ai pas le droit de me reposer. Le malheur, lui, est infatigable, et ne se repose pas.

Toutes ces dames lèvent les yeux au ciel. Quel dévouement, quelle abnégation! On le reconduit avec sollicitude jusqu'à l'antichambre, on veille à ce que son paletot soit bien fermé sur sa poitrine, à ce que son cache-nez ne puisse livrer passage à quelque perfide courant d'air.

— Cher monsieur Du Rand, bon monsieur Du Rand! Quel délicieux mari aurait fait cet homme-là, s'il avait consenti à se marier; mais cet homme-là n'a jamais pensé à lui!

Et s'il se marie jamais, ce ne sera qu'avec une femme riche, ce lui sera un moyen de plus de faire le bien.

(*Vie parisienne*, n° du 8 janvier 1865.)

L'ŒUVRE DES PETITS SAMOYÈDES.

Précautions oratoires — suivant l'axiome :
« *Non bis in idem.* »

Il est inutile de me proposer des billets,
je ne gagne jamais.

MADAME LÉONIE DE SAINT-PHAR.

— Jolie recette. On reçoit chez madame, en fait d'hommes, tout ce qu'il y a de plus « rope » à Paris ; le but sanctifie tout.

GROSSE BANQUE.

— On lit dans la *Patrie* : « Grâce au dévouement et à la charité inépuisable de madame Jules Grippart et d'autres dames patronesses, l'œuvre des Petits Ébénistes est entrée dans une voie de succès et de prospérité. »

72

Une Dame qui recevra beaucoup cet hiver. — Messieurs, je vous déclare que vous êtes tombés dans un abominable traquenard. Voici cent francs de billets, il faut vous partager cela. — On chantera vos louanges et votre générosité sur l'air du « *Petit Ébéniste.* »

QUINCAILLERIE EN GROS.

— Comme notre fille est avancée pour son âge, elle n'a pas encore quatorze ans, et elle a fait quinze cents francs! Qu'est-ce que ça sera quand elle en aura vingt-cinq?

LE JEU ET LES JEUX.

Perd ou non.

Le vin, le jeu,
Le jeu, le vin, les belles,
Voilà, voilà, voilà
Mes seules amours !

AINSI chante un opéra célèbre. De tout temps il en fut ainsi ; la phraséologie, les mots changent, les choses restent. Le vin et les belles ont eu leur croquis, il serait injuste que le jeu n'eût pas le sien.

Les hommes ont besoin d'*alea,* c'est-à-dire d'inconnu.

La vie pour certains est amère et sombre ; l'espoir du rayon de soleil, tout problématique qu'il soit, et qui peut, au gré du sort ou d'une volonté incon-. nue, éclairer et dorer les ténèbres, a peut-être, sans qu'on le sache, soutenu bien des défaillances et fait supporter bien des misères.

Ceux qui n'ont pas besoin du jeu pour réparer les injustices du sort, jouent souvent pour le jeu lui-même ; et chez eux la passion n'en est que plus implacable.

De tout temps le dieu Hasard fut considéré comme le dieu chargé de réparer à un moment donné les injustices ou les oublis des autres dieux.

Les anciens jouaient aux dés et aux osselets jetés en l'air et tombant en nombre pair ou impair sur le sol. Quelques-uns trouvaient ainsi moyen parfois de perdre ou de gagner des provinces.

Depuis le moyen âge, le génie inventif des joueurs trouva des moyens variés d'interroger le sort et de solliciter la fortune.

Le jeu de l'Oie nous semble le premier de tous les jeux à combinaison. Ne disait-on pas qu'il était renouvelé des Grecs?

Le loto, le père de la loterie, possède une origine qui se perd dans la nuit des temps; puis vinrent les cartes, introduites en France sous Charles VI.

Sur les cartes surtout s'exercèrent la verve des joueurs et la variété de leurs combinaisons, depuis le lansquenet, ce jeu des soldats et des laquais; le piquet, le jeu des cafés et des marchands de vin, jusqu'à l'écarté et la bouillotte, jeux des clubs, jusqu'au boston, au reversi et au whist, jeux des soirées et des salons.

* * *

Le jeu devient une passion, quoi qu'on dise et quoi qu'on fasse.

Un joueur s'écriait : — Ce qui m'intéresse et me passionne le plus au monde, c'est de gagner. — Et puis après? — Eh bien! et puis après..., c'est de perdre.

Les enfants débutent dans les études du jeu par jouer aux billes, pair ou non; puis ils grandissent et jouent au vingt et un, puis à l'écarté, puis au piquet, puis au lansquenet, au baccarat, au chemin de fer, à la bouillotte, puis à la Bourse, puis aux courses, puis à la rouge et à la noire, puis à la roulette.

M. de Villemessant a publié naguère sur tous ces jeux et tous ces joueurs, joueurs naïfs, convaincus, passionnés, exploiteurs ou exploités, un livre d'humour, d'observation et d'esprit, livre qu'on ne saurait recommencer, et auquel je vous renvoie.

* * *

Les gouvernements ont utilisé la passion au profit de tous, en créant toutes sortes d'impôts sur les jeux et leurs engins.

* * *

Comme à côté des joueurs s'élevait une classe dangereuse de gens qui les exploitent, les gouvernements ont créé des jeux surveillés, qui ne laissaient d'autre place qu'au hasard et à la fortune, supprimant les grecs et chevaliers d'industrie.

Je ne sais quelles théories ont supprimé ces jeux, et, puisqu'une passion même ne saurait s'éteindre par des ordonnances, ont ravivé par suite les maisons clandestines, l'industrie des grecs et des pipeurs de cartes et de dés.

Depuis l'interdiction des maisons de jeu en France, les maisons de jeu privées — de surveillance, se sont multipliées à l'infini. On n'a pas joué moins, on a joué davantage et l'on a été beaucoup plus volé.

Jamais, depuis la suppression de la roulette et de la loterie, on n'a plus joué à la Bourse et mis plus d'argent sur un cheval.

Les Allemands, satisfaits du jeu des armes, auquel on finit toujours par perdre comme aux autres jeux, ont supprimé les derniers jeux surveillés à Bade, à Hombourg, etc. Depuis ce temps, la folie des joueurs à la Bourse de Berlin et de Vienne n'a pas connu de limites, et les catastrophes ont été plus scandaleuses et plus précipitées qu'elles ne l'avaient été jamais auparavant.

Le dernier asile des jeux, le dernier autel consacré à la déesse Fortune et au dieu Hasard, est maintenant à Monaco.

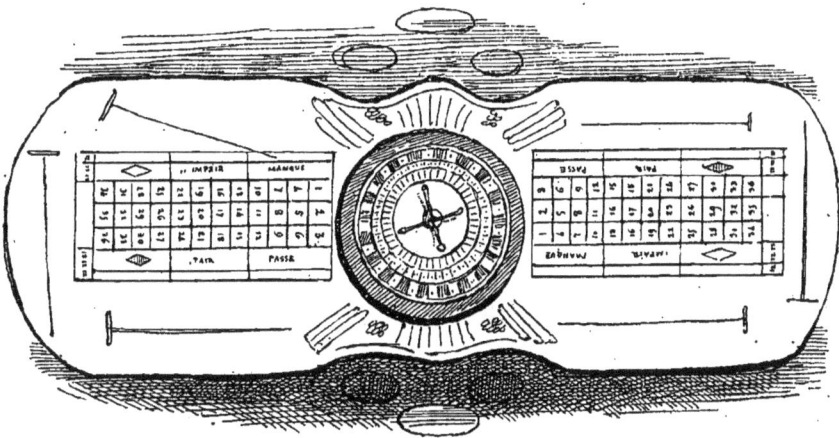

Son Altesse la Roulette.

A MONACO.

Son Altesse la Roulette, méconnue en France et en Allemagne, s'est réfugiée à Monaco. Mais quel adorable refuge pour cette reine exilée, et aussi que de courtisans empressés viennent la visiter, et quel cadre splendide pour ses réceptions !

Quittez Paris au moment où le ciel est d'un gris funèbre, où les gens pataugent au milieu des boues. Arrivez le lendemain à Nice, vous voyez briller par enchantement un soleil vigoureux et chaud au milieu d'un ciel souriant dans le bleu.

Quelle jouissance !

Mais votre satisfaction et votre joie ne se composent-elles pas fatalement et en grande partie de la comparaison entre l'état où vous avez laissé les autres et celui où vous vous trouvez aujourd'hui ; de votre épanouissement au soleil et de leur anéantissement dans les ténèbres et les tortures de l'hiver ; de votre chaleur et de leur froid ?

*   *   *

Tant il est vrai qu'en ce moment, pendant qu'on tousse et qu'on gèle à Paris, nous sommes à Nice. Le Paillon possède à son avoir quelques seaux d'eau de plus qu'il y a trois mois ; la Promenade des Anglais est couverte d'une population élégante et bariolée, les ombrelles foisonnent, les chapeaux de paille et les vestons courts se montrent à l'abri de tous les palmiers revernis et époussetés avec soin.

*   *   *

Passez le pont jeté au-dessus de l'embouchure du Paillon, à l'endroit où ce fleuve semble avoir conçu le projet de se précipiter dans la mer. Suivez la route qui borde le rivage, et après avoir doublé le petit promontoire à l'est, vous arrivez dans le port ; c'est là que le *Charles III,* le vapeur de Monaco, chauffe deux fois par jour pour transporter le voyageur bénévole dans les États de M. Blanc, si vous ne préférez aller simplement par le chemin de fer.

Une heure seulement de voyage et vous êtes arrivé. La mer est bleue, d'un beau bleu profond et azuré ; à peine si çà et là quelques petits filaments d'écume légèrement blanchie dessinent la forme et les crêtes de petites vagues. Le bâtiment glisse sur l'eau, découvrant à chaque tour de roue quelque anse adorable sur les bords de la côte.

Vous doublez un dernier promontoire sur lequel se dressent, en étages pittoresquement superposés, les maisons, l'église et le château de Monaco ; le *Charles III* décrit une courbe gracieuse, comme les chevaux de sang d'un équipage dans la vaste cour d'un hôtel du faubourg Saint-Germain, pour jeter le maître au perron. On stoppe, et les barques vous conduisent au rivage.

HOMME DE BOURSE.

LA CONNAISSANCE DES COURS.

A cinquante-deux et demi, j'ai quatre-vingt-dix mille de rente, dont deux sous pour demain.

HOMME DE COURSE.

L'ILLUSTRE CHARLEY.

Out-siders any price.

— Demandez-lui la performance de Miss-Annette.

Nous faisons connaissance avec les troupes du prince : toute la gendarmerie est sur pied pour nous recevoir. Les gendarmes sont deux, et ils nous rappellent, par leur bonhomie, ceux de *Geneviève de Brabant*.

Ici pas de conscription, pas d'impôts. Un véritable pays de Cocagne. — Où sont donc les contribuables? — Les voici qui descendent en ce moment du bateau à vapeur. Vous et moi, cher monsieur.

Un splendide omnibus attelé de quatre chevaux anglais attend sur la route ; les contribuables, hommes et femmes, sont entraînés au petit galop. En trois minutes nous arrivons sur la plate-forme de l'hôtel de Paris.

Quelques charmantes et quelques gommeux de toute provenance sont étalés à l'ombre des orangers et des citronniers fleuris. Des palmiers aux longues tiges s'élancent vers le ciel, d'un bleu pur.

Autour de nous, sur les pelouses, assise sur les bancs des promenades, s'agite une foule souriante et parée, exactement pareille à celle que l'on retrouvait à certains jours au parc de l'Exposition universelle.

* *
*

Il est bientôt deux heures, et l'on sent qu'un événement se prépare. Un orchestre merveilleux s'époumone à faire retentir la côte des motifs les plus chers au dilettante, mais ce n'est pas du côté de la salle d'orchestre que se tournent les pas.

Et nous nous empressons, comme tout le monde, du côté de la salle de jeu. C'est une salle énorme, construite avec élégance et goût, ornée de peintures d'un ton brillant et clair ; une douzaine de grandes fenêtres d'un style monumental laissent apercevoir les palmiers, les cactus, la mer toute bleue, et, dans le fond, le rocher de Monaco couvert par étages de ses vieilles maisons et couronné de son vieux château au style demi-italien, demi-moresque, un véritable décor d'opéra.

Deux gigantesques tables sont dressées au milieu de cette salle. Sur l'une, tous les journaux du monde entier; toutes les revues étalent leurs formats différents, leurs couvertures et leurs vignettes variées; des hommes et des femmes feuillettent d'un air distrait ce monde d'opuscules et de papiers; on comprend que leur esprit et leur attente sont ailleurs.

Tout à coup un mouvement se déclare, les revues se ferment comme par enchantement, les journaux sont rejetés dédaigneusement, hommes et femmes se lèvent : deux heures viennent de sonner.

Quatre domestiques en grande livrée, culotte courte, se sont approchés respectueusement de la seconde grande table et ont enlevé le tapis vert.

Il nous est enfin donné de voir ce que c'est que la table de la roulette.

Un cortége imposant s'avance, c'est la banque.

Silence, voici MM. les croupiers. Ils sont huit.

L'un tient le sac à l'or, l'autre l'argent; un autre les portefeuilles bourrés de billets; chaque banque est de cent mille francs.

Les domestiques ont garni les places des croupiers et des joueurs de longs râteaux d'ivoire destinés à ramener de loin au bercail l'or, l'argent et les billets.

Chacun prend sa place, le visage souriant, l'œil animé.

Trois tabourets de chaque côté de la table sont destinés aux croupiers qui dirigent la partie. Celui du milieu est plus haut, afin que le croupier puisse planer sur la table et surveiller les payements et les mises.

A chaque bout de la table un autre croupier, muni d'un râteau, complète le système de surveillance nécessaire pour que justice soit rendue à chacun, à la banque et au joueur.

— Faites votre jeu! dit une voix qui retentit comme le clairon au milieu de la foule devenue silencieuse.

C'est à vous maintenant, cher lecteur, de faire sauter la banque quatre ou cinq fois, plus même si vous pouvez, et si la chance vous rit aux éclats, ainsi qu'elle daigne faire pour certains dont l'histoire vous est racontée sous les orangers et les citronniers en fleurs.

Sinon, et si tout simplement vous avez payé votre contribution en vous faisant décaver de quelques louis, vous avez au moins pris un bain de soleil, de lumière et de parfums, et vous avez pu rêver pendant quelques jours un départ encombré de plusieurs centaines de mille francs.

                * *

Gouvernements, chassez tant que vous pourrez les vendeurs du temple et les joueurs des maisons de jeu, c'est une besogne à laquelle vous ne pourrez suffire: Il y a trop d'acheteurs pour que les vendeurs ne persistent point, trop de joueurs pour que le jeu ne s'obstine et ne repousse victorieusement là ou on a cru l'arracher.

Ceux qui ne jouent ni aux billes, ni aux cartes, ni à la Bourse, ni aux courses, ni à la roulette, jouent à quelque autre chose.

Il y a le jeu de la politique, dont les trônes ou les portefeuilles sont le prix ; il y a le jeu des institutions , le jeu des partis.

Quand on a joué ce jeu de la politique, la passion prend des proportions dangereuses et insensées.

L'homme qui, une fois, a tenu ces terribles cartes et a commencé à les brouiller dans ses mains, continue presque toujours à les brouiller jusqu'à son dernier soupir.

Rares sont ceux qui se retirent à temps.

Qu'importe à l'homme possédé de cette passion de jouer une partie ou une autre, pourvu qu'il joue !

Le vieux politique est un joueur qui joue jusqu'à la mort, et souvent jusqu'au suicide.

LA DROGUE.

Au moins, comme ça, il n'y a pas d'argent à perdre.

LE GUIDE DE L'ORATEUR.

LE JEU DE LA POLITIQUE.

Puisque le régime parlementaire semble reprendre certaine faveur en notre beau pays, nous croyons rendre quelque service en groupant ici des observations consciencieuses destinées à épargner des recherches et des études à ceux qui sont appelés à jouer un rôle dans nos Assemblées.

I

L'orateur habile est celui qui sait le mieux écouter et se taire à propos.
Le parfait orateur serait peut-être celui qui ne parlerait pas.

* *
*

Pour peu que l'on parle, on arrive assez facilement à dire un beau matin le contraire de ce qu'on a dit quelque temps auparavant, et les adversaires en abusent lâchement. La force des majorités semble, depuis de nombreuses années, avoir toujours consisté en ceci : Voter toujours et ne parler jamais.

Quel est l'homme capable d'assurer que, libéral aujourd'hui, il ne sera pas autoritaire demain, et réciproquement?

L'homme absurde est celui qui ne change jamais, a dit le Sage.

Sachez donc changer et varier à propos suivant les circonstances, — de même que le nautonier habile change sa voile, sa direction, et tourne la barre de son gouvernail, suivant que le vent souffle d'un coin ou de l'autre de l'horizon.

Sachez changer, mais avec calme, tranquillité, sans bruit et sans fracas.

Trop parler nuit, dit le proverbe. C'est souvent pour avoir trop parlé qu'un orateur imprudent se trouve un beau moment obligé de conserver vis-à-vis du public une opinion qu'il n'a plus et qui le gêne aux entournures.

Que diriez-vous d'un homme qui aurait juré de conserver pieusement son habit de première communion, et de le mettre dans toutes les circonstances importantes de sa vie, pour faire la cour à sa future, se marier, entrer à la Chambre, au ministère, voire même au Sénat?

* *
*

Tâchez que votre opinion soit comme ces chemises dont vous changez périodiquement et suivant les circonstances. Mais ne changez votre opinion que lorsqu'elle aura traîné, qu'elle aura perdu son lustre et sa fraîcheur. Changez-la seulement pour en remettre une autre, blanche, éclatante, bien repassée, et qui vous fera bienvoir.

Évitez de faire comme ce fameux Duclos, du Palais-Royal, qui, ayant une fois mis une chemise propre, avait juré de ne pas en mettre d'autres, et l'a trop héroïquement, hélas! conservée jusqu'à son dernier soupir.

* *
*

Pénétré de ces sages observations, ne craignez pas de prêter le serment que l'on vous demande, prêtez-le avec intérêt, réflexion et sérieux; examinez autour de vous des hommes considérables et considérés qui ont prêté trois ou quatre serments, tous différents, et qui ne s'en portent que mieux. — Un serment ne se donne point, — la sagesse de la langue française a prévu les nécessités de la vie politique.

Le triomphe des avocats dans les Assemblées parlementaires se base généralement sur la faculté qu'ont ces messieurs de changer d'opinion immédiatement, suivant la nature des causes qu'ils ont à soutenir ou à défendre.

Les magistrats ont le malheur de ne voir jamais qu'un côté des choses, ce qui explique comment ils sont toujours politiquement étranglés par MM les avocats. Il en est de même de MM. les professeurs.

*

Un homme sage et instruit, bègue de naissance du reste, assurait qu'un progrès énorme serait celui qui établirait l'incompatibilité entre la profession d'avocat et celle de député.

Plus d'éloquence! s'écriait-il, de la même façon que l'on dit : Plus d'oignons brûlés ou plus de mal de dents! L'éloquence met sa gloire à établir péremptoirement, à un moment donné, que le blanc est le noir, ou que les vessies sont des lanternes. Certes, il est parfois utile d'établir passagèrement des idées de cet ordre dans certains esprits, mais il ne faudrait pas faire de cela un abus.

Le rêve de cet honorable bègue est irréalisable, car, à tout prendre, il est impossible de ne pas conserver quelques avocats pour occuper et amuser la galerie. Si personne ne parlait, les Assemblées prendraient une véritable physionomie de tristesse. Assurément le silence est souvent éloquent, mais voici encore une éloquence dont il ne faut pas trop abuser.

* * *

En résumé, comme il faut dans une Assemblée se résigner, quelle que soit la répugnance à se montrer parfois orateur, — quand ce ne serait qu'une fois par hasard, pour dire, soit : *Rendez-nous nos libertés*, ou : *Vous nous guidez à l'abîme,* ou : *Vous nous rappelez les plus mauvais jours de notre histoire!* ou simplement : *La clôture, la clôture !* — Nous allons examiner quelle est la tenue, la manière, le geste, l'expression dont il est convenable que se serve l'homme appelé par sa destinée et par ses concitoyens à l'honneur de siéger dans une Assemblée parlementaire.

II

Le premier soin de l'orateur français doit consister à se choisir une place conforme à son opinion du moment, c'est-à-dire, celle qu'il vient de choisir pour les circonstances de son élection.

Que cette place soit disposée de telle sorte qu'elle ne l'engage pas d'une manière trop violente, et que les petites évolutions de nuances puissent se faire sans trop attirer l'attention.

Choisissez d'abord un couteau à papier léger à la fois et solide, — le maniement du couteau à papier est des plus intéressants à étudier, et joue un rôle tout à fait important dans l'attitude d'un parlementaire.

* *

Ayez dans votre pupitre des plumes, du papier à lettre avec l'entête de votre département, du papier à lettre personnel, avec chiffre ou armes, suivant votre position de famille, — papier parfumé et ambré pour les correspondances qui demandent de la recherche et de l'élégance ; un arsenal d'enveloppes de toutes façons, depuis l'enveloppe mystérieuse jusqu'à l'enveloppe à papier ministre et à décrets ; ayez un Bouillet pour vous rendre compte d'une allusion d'histoire que l'orateur du moment y aura prise cinq minutes auparavant, et ne négligez pas une excellente lorgnette qui vous permettra d'interroger la physionomie des belles dames qui trônent dans les tribunes.

* *

Étudiez votre extérieur ; c'est l'extérieur qui vous donnera votre caractère tangible et la forme plastique destinée à vous graver dans le souvenir de vos électeurs.

— *Populabundus agros,* homme des champs, protecteur de l'agriculture, cette mère nourricière de la France. *O fortunatos nimium !* Ayez une mise simple, sans prétention ; que votre redingote, verte, s'il se peut, soit longue, ample, et semble due au ciseau du tailleur du village ou de la *Belle Jardinière :* pantalon gris poussière, gilet à raies croisé sur la poitrine, faux-col naïf, cravate noire ou à pois, souliers vigoureux bien équarris, à double et forte semelle, chapeau à bords un peu larges. Tâchez que votre visage soit sainement coloré de ces teintes rurales, honneur du cultivateur et du propriétaire foncier ; parlez du pays, du sol de la patrie, de l'honnêteté de la campagne, de l'atmosphère empestée des villes.

* *

— *Ludovicus rex.* Vous êtes homme de traditions, vous avez le culte des souvenirs : laissez-les dormir dans le reposoir intime de votre cœur, mais

74

qu'on le sache. Soyez un peu chauve si vous le désirez, vous pouvez porter toute la barbe, comme le roi Henri. Que la coupe de votre jaquette soit élégante, mais fasse comprendre le grand propriétaire, l'homme attaché au sol par les racines profondes de la famille, de la propriété et de la religion, élégant malgré lui par les tyrannies de sa forme, de ses proportions et de la race ; chaussures fines, mais non étroites, faisant supposer un pied aristocratique ; linge recherché, beaucoup de politesse, ornée d'une petite gouaillerie fière et légèrement impertinente. Bonhomie avec les inférieurs, surtout avec les paysans. Parlez des grandeurs de l'histoire du pays, du sol de la patrie, de l'honnêteté de la campagne, de l'atmosphère empestée des villes.

* * *

Napoleo imperator. Vous êtes l'homme du dévouement, fidèle au culte des grandeurs passées. Portez de grosses moustaches militaires, même si vous n'avez été que marchand de vin : tenue correcte, habit ou redingote bleus, boutonnés ; bottes fortes, faux-col et cravate de général en pékin, chapeau à ailes retroussées, légèrement incliné sur la gauche ; soyez brusque dans vos paroles et dans vos gestes ; soyez à la fois rond et carré dans vos allures, parlez des frontières, des éternels ennemis de la France, du sol de la patrie, de l'honnêteté de la campagne, de l'atmosphère empestée des villes.

* * *

Respublica me juvat ou *delectat.* — Vous croyez être un homme de l'avenir. Que votre tenue soit simple, sans prétention, négligée même et comme insoucieuse du présent. Que votre chevelure soit un peu tourmentée et comme agitée, soit par le bouillonnement de votre cerveau, soit par le souffle des inspirations démocratiques.

Boutonnez votre habit, comme pour contenir les élans tumultueux de votre cœur ; laissez voir peu de linge, — barbe naturelle. Tàchez de lui donner une tournure prophétique ; ayez la chaussure large et aisée de l'homme qui doit gravir à pied les pentes escarpées ; le chapeau à grands bords et à forme haute ; un peu terni par le contact du soleil et de la pluie ; un sourire indulgent pour les victimes du présent et du passé, la sérénité du regard qui voit, au-dessus de la tête des générations actuelles, s'épanouir les générations futures. — Soyez fort, puissant dans vos gestes et votre tournure ; un peu de violence de temps à autre. Parlez du pays, du sol, des éternels ennemis de la

France et de la liberté, de la patrie, de l'honnêteté et de l'intelligence des villes, de l'ignorance empestée des campagnes.

*
* *

Auri sacra fames. — Vous représentez l'argent, ce nerf de la paix et ce muscle de la guerre. Soyez sérieux d'aspect, calme et digne. Songez que vous êtes la puissance véritable à notre époque. Pesez vos paroles. Parlez peu. Vous savez le proverbe : « La parole est d'argent, le silence est d'or. » N'affichez aucun dévouement ni aux hommes ni aux idées. Sachez faire comprendre que la politique n'est que la réunion des intérêts. Que votre tenue annonce du soin, mais seulement le soin de votre valet de chambre. Votre extérieur ne doit vous préoccuper en aucune façon. Vous êtes sûr de réussir tant qu'on vous supposera des fonds. Les considérations de personnes sont pour vous des considérations secondaires ; les chiffres seuls vous frappent. Redingote noire, pantalon et gilet gris, des favoris de légiste, cravate un peu haute et rigide. Abord froid et discret, une main sur vos poches pour que l'on ne s'avise pas d'y puiser. La seconde main dans la poche des autres, quand ce ne serait que pour savoir ce qu'elle peut contenir.

Faites du reste comme vos confrères : parlez du pays, du sol, de l'industrie, des éternels ennemis de la propriété, de la famille et de la société, de l'honnêteté des campagnes, de l'atmosphère empestée des villes.

Et si par hasard vous avez une main inoccupée, mettez-la sur votre cœur, quand vous parlez de la patrie ; mais dans le cas où cela n'est pas de nature à inspirer de crainte aux actionnaires, ou bien encore si vous êtes vendeur à découvert, et qu'il vous faut un peu de baisse

III

Quand un orateur d'un parti contraire à celui que vous avez jugé convenable de prendre est à la tribune,

Vous pouvez lui témoigner de plusieurs façons le peu de cas que vous faites de ses arguments.

Pour montrer combien ce qu'il dit est faible et sans portée, vous vous renversez gracieusement en arrière et vous souriez sensiblement, en tenant votre couteau à papier, dont vous vous frappez de temps en temps le menton.

Ce n'est pas sérieux.

Ce n'est que bouffon.

Généralement cette attitude est notée à l'*Officiel* par : (*On rit*).

Si l'orateur persiste, vous prenez votre genou dans vos mains, toujours sans quitter votre couteau à papier, et vous vous renversez plus fortement en arrière, en affectant dans votre rire une nuance accentuée de pitié. Ceci se note : (*Rire général*).

C'est trop fort!

Si la chose devient plus forte, vous vous tenez les mâchoires comme on tient ses côtes, *risum teneatis,* et vous vous laissez peu à peu aller à des éclats non contenus.

Ceci se note à l'*Officiel : (Rire universel sur tous les bancs*).

On offre peu d'intérêt.

Hilarité générale.

O mon pays! inspire-moi.

Si le rire est un rire d'assentiment ou répondant à des facéties prononcées à la tribune et dans le sens de votre parti, vous saurez facilement nuancer votre rire, afin que personne ne puisse s'y tromper.

Si vous voulez démontrer que l'orateur adverse est ennuyeux, vous le

Parfait!   Très-bien!   La question fait un bruit ronflant...
                                                          dans les bureaux.

désarçonnez facilement en bâillant avec conviction d'abord, puis en vous laissant aller à un sommeil réparateur. S'il vous arrivait de ronfler, l'argument serait irrésistible.

* * *

N'oubliez pas de temps à autre de prendre votre front, comme pour l'empêcher d'éclater sous la pression des vastes pensées qui y sont enfermées, et que l'avenir, un avenir prochain, doit révéler sans aucun doute.

Si vous apercevez dans les tribunes quelque électeur influent, prenez de temps en temps l'attitude du penseur.

Si l'orateur est le chef de votre parti, écoutez avec componction; que de

Allons donc! allons donc!   Hésitation sur plusieurs bancs.   C'est la vicomtesse de Bel-OEil.

emps en temps un *très-bien!* vigoureux semble sortir comme de lui-même et malgré vous du fond de votre conscience.

Si celui qui occupe la tribune se permet une incartade contre vos opinions du jour, prenez votre couteau à papier et livrez-vous à un petit roulement sur l'air des *Lampions*.

Si l'orateur redouble, mordez-vous les doigts avec ardeur, comme pour empêcher l'explosion d'une indignation qui commence à gronder en vous.

Variez par une attitude qui peint à la fois et votre embarras et votre mépris de voir un confrère, un compatriote, capable de se livrer à de telles turpitudes.

S'il y a persistance, tenez vigoureusement vos mains, comme si vous vouliez empêcher vos bras de tomber à l'audition de pareilles inepties.

Vous attaquez ce que nous avons de plus cher.　　　　　C'est une infamie!

Si, malgré tout, on continue, vous levez les bras au ciel et vous les brandissez avec terreur, comme pour jurer les dieux infernaux, et vous

La question.　　　　　La clôture!　　　　　C'est insensé! A l'ordre, à l'ordre!

laissez tomber votre couteau à papier, comme sous l'impression de l'indignation profonde et du découragement.

Puis vous rejoignez les mains au-dessus de votre tête, en signe d'effroi, d'épouvante et de pitié.

Ou bien, cédant à un irrésistible mouvement ou à un ressort intérieur, vous jaillissez de votre banc, et, tenant votre couteau à papier comme un glaive, vous vous écriez d'une voix étranglée par l'émotion :

« A l'ordre, à l'ordre ! la clôture, la clôture ! »

IV

L'orateur français peut quelquefois être dans la nécessité de quitter le rôle d'auditeur pour aborder résolûment celui de parleur.

Il faut prévoir le cas où quelques électeurs influents, ou un journal quelconque de votre localité, soit le *Veilleur de la Tour-Penchée,* soit l'*Impartial de Saint-Macaire,* s'aviseraient de prétendre qu'une paralysie du pharynx vous menace et serait de nature à priver à l'avenir votre circonscription de son mandataire dévoué ; ou bien encore la session est à la fin, et vous devez aller revoir prochainement l'urne qui a été votre berceau.

Franchissez les degrés avec dignité.

Alors vous ne devez plus hésiter.

Préparez-vous sérieusement. Mettez-vous en haleine par des interruptions lancées à pleine poitrine. Développez les cordes un peu hautes. Sauf quelques légères exceptions, les voix de ténor, comme celle de M. Thiers, sont celles qui s'entendent le mieux à la Chambre.

Vous commencerez par des exclamations monosyllabiques, comme : *Non ! non !* ou *Oui ! oui !* suivant les circonstances ; puis vous aborderez celles de deux mots, telles que : *Très-bien ! très-bien !* Puis de trois, quatre et même cinq mots, comme : *Vous attaquez la Constitution !* ou bien : *Voilà les résultats du système personnel !* ou bien encore : *Le pays décidera !*

Lorsque vous vous serez un peu entraîné par ces exercices phoniques, que nous ne saurions trop vous recommander ; lorsque l'émission de votre voix se fera nettement, et qu'en l'entendant vous-même sortir de votre appareil parlementaire, vous n'aurez plus cet effroi qui tout d'abord fait hérisser le cheveu sur les têtes les plus chauves, vous préparerez ce que vous pensez devoir dire pour frapper le coup nécessaire.

Une fois le sujet de votre discours bien arrêté dans votre esprit, votre premier devoir, et le plus nécessaire, doit être celui d'aller visiter avec soin le bureau des accessoires.

Les vieux parlementaires, rompus aux luttes de ces cinquante dernières années, et pour lesquels, en dehors de toute conviction, la gymnastique oratoire est une mesure tout à fait hygiénique et éminemment conservatrice des forces musculaires, vous diront combien l'usage des accessoires est d'une importance de premier ordre.

*   *   *

Le conservateur en chef des accessoires vous renseignera, du reste, avec l'affabilité la plus éprouvée. Il vous dira comme certains accessoires sont plus ou moins en faveur et sont plus ou moins influents dans tel

BUFFET DES ACCESSOIRES.
— Donnez-moi quelque chose de frais.

moment que dans tel autre. Il vous dira quelle tournure de phrase particulière sera mieux adaptée à tel ou tel engin; quel mot a vieilli; quel trope a fait son temps; si tel mouvement oratoire n'est pas usé jusqu'à la corde, et si telle fantasmagorie ne marche pas sur ses tiges.

*   *   *

Un argument pressé.

Quand vous montez à la tribune, ne montrez pas un empressement trop exagéré, à moins que les circonstances ne soient fort pressées.

Arrivez calme et comme en possession entière de vous-même. Un peu de solennité ne messiérait pas.

DÉPUTÉS.

— Je ne parlerai pas aujourd'hui, je suis trop souffrant.
— Rien qu'une petite interruption, vous ne pouvez pas me refuser.

75

DÉPUTÉS.

— Comme on écrit l'histoire !... J'ai interrompu quatre fois hier. Je me suis écrié deux fois avec force :
Non, non ! et deux fois : Oui, oui ! L'*Officiel* ne constate à mon nom qu'une seule interruption.....
C'est intolérable !

L'ÉCOLE DU SOUS-PRÉFET.

— Tant qu'on n'aura pas réglé le jeu de nos institutions...

— Je prends la rouge en dessous, et je carambole avec la blanche.

RETIRÉ DES AFFAIRES.

— Si j'avais voulu être député..... Mais je n'ai pas voulu.

Soyez sobre de gestes ; et ne frappez vigoureusement sur la tribune que s'il est question des oppresseurs des peuples, de l'hydre de l'anarchie, ou des ennemis qui voudraient envahir la France. (*Assentiment général.*)

* * *

Si la mémoire venait à vous manquer, ou que le trouble vous gagnât, n'oubliez pas que vous avez le verre d'eau sucrée sous la main. Vous puiserez dans ses flancs un peu de calme et de fraîcheur.

Si cependant les idées étaient taries en vous, remuez avec la petite cuiller

Montes avec calme.

Qu'y a-t-il au fond du verre ?

l'eau que le verre contient. Il est rare qu'au troisième tour de la cuiller la pensée ne retrouve pas son cours.

Si vous ne découvrez rien, criez : *Vive la liberté !* ou : *Vive l'ordre !* ou : *Périssent les ennemis de la patrie !*

On vous applaudira, et vous pourrez aller vous asseoir.

Général en retraite.

LES INVARIABLES.

'AI connu un brave général, un brave à trois poils, entaché quelque peu de voltairianisme et d'esprit. Mais, il l'avouait lui-même, il n'était pas sans défauts. Quand il était colonel, et que son régiment, l'étape franchie, arrivait dans l'endroit désigné par l'ordre de service, son premier soin était de se faire conduire à la maison qui lui était réservée, puis à la chambre qu'il devait occuper. Il examinait le tout en connaisseur, palpait le lit avec soin. Et lorsqu'il avait trouvé le lit moelleux, le linge fin et blanc, les couvertures abondantes : C'est bon ! disait-il, le régiment sera bien ici !

J'ai toujours fait ainsi, me confessait-il, et je ne m'en suis pas mal trouvé.

Nous sommes tous plus ou moins comme ce brave militaire.

Seulement la plupart le dissimulent de leur mieux. Mais le diable n'y perd rien, — eux non plus.

Le nombre de ceux qui se réjouissent de coucher sur des matelas rembourrés de noyaux de pêches, pourvu que le prochain dorme dans les douceurs de la plume et de l'édredon, a toujours été fort restreint.

S'il s'en trouve un par hasard, la société, surprise, s'empresse de le canoniser ou de lui donner le prix Montyon, — quand ce ne serait que pour constater et encourager l'exception.

* * *

C'est ce que pensait mon vieux général, et les exceptions n'étaient nullement de son goût, ni de son fait.

Sur ce point, son opinion était invariable, — sur ce point seulement. Je dois le dire, car il était philosophe. — Sur tous les autres points, il était fermement persuadé que l'opinion doit se transformer sans cesse et se modeler intelligemment sur le temps, le lieu et les circonstances.

— Ceux qui font autrement, disait-il, c'est qu'ils en sont empêchés. Eh bien, au fond, ils le regrettent de tout cœur.

Il avait été loyalement napoléonien sous Napoléon, légitimiste sous la Restauration, orléaniste sous Louis-Philippe, républicain sous Cavaignac, impérialiste sous Napoléon III. Il serait certainement conservateur sous Mac-Mahon.

Sous chacun de ces régimes, il avait trouvé son lit doux, moelleux, bien fait. Il s'y couchait tranquille. Le régiment sera bien ici, disait-il en souriant dans sa moustache; et il s'endormait content.

On le faisait bien rire quand on lui parlait de ces gens qui ne changent pas, dont les opinions politiques sont immuables, dont les résolutions sont invincibles et invaincues.

Laissez-moi donc tranquille! nous disait-il, les hommes ne sont jamais guidés que par leurs intérêts et leurs passions. Ceux qui ne l'avouent pas se mentent à eux-mêmes et aux autres.

Il en est qui se laissent conduire extérieurement par l'amour-propre et le respect humain, et des préjugés passés à l'état chronique; mais, au fond, ils ne demanderaient pas mieux que de pouvoir faire différemment.

Les intérêts varient, les passions changent, l'opinion seule resterait la même? allons donc!

Ce qui me paraît superbe, c'est de condamner un être humain à penser à dix-huit ans ce qu'il pensait à dix ans ; à vingt-cinq ans ce qu'il pensait à dix-huit ; à quarante ce qu'il pensait à vingt-cinq ; à soixante-dix ce qu'il pensait à quarante !

A vingt ans, j'aimais les femmes grosses, plantureuses et brunes.

A cinquante ans, je les préférais mignonnes, délicates et blondes.

A dix-huit ans, j'aimais les pommes mûres, à cinquante c'étaient les pommes vertes.

A vingt-cinq ans, je préférais la croûte, à soixante-dix je n'admets plus que la mie.

A trente ans, je ne me plaisais qu'à courir, marcher, chasser, voler de belle en belle, comme on disait en ce temps ; maintenant, c'est autre chose, — ce que j'aime, c'est à rester assis dans un bon fauteuil au coin du feu, à dîner finement et à faire ma partie de whist avec un partenaire que je puisse sabouler à mon aise.

Jadis les besoins du cœur me paraissaient être les seuls.

A partir de cinquante ans, j'ai fermé mon cœur et ouvert ma cave. Et je trouve la chose bonne.

La vérité est là.

Que diriez-vous d'un homme qui serait condamné à jouer de la toupie toute sa vie, parce que, vers l'âge de dix ans, il aurait déclaré officiellement et de bonne foi que le jeu de toupie était le premier des biens ?

Eh bien ! en politique, on n'en fait pas d'autre.

Un brave garçon déclare, vers les vingt ans, qu'il est légitimiste, le voilà voué au blanc jusqu'à la fin de ses jours, ou au bleu s'il s'est dit pour les Orléans, au violet si c'est pour les Bonaparte. S'il croit être républicain, le voilà condamné au rouge à perpétuité. S'il s'imagine être communiste, le voilà conduit à laisser fouiller le premier venu dans ses poches jusqu'à la fin de ses jours.

Si vers les trente ou quarante ans, lorsqu'il a vu, appris et comparé, qu'il a expérimenté la vie à ses dépens, il arrive à penser le contraire de ce qu'il pensait à vingt ans, tant pis pour lui, c'est un traître, un pourri ou un vendu.

Il aimait les pommes mûres, il ne saurait désormais aimer les pommes vertes, et réciproquement ; — il aimait le repos, il ne faut pas qu'il aime l'action.

Tout cela est profondément bête et injuste.

Les idées des hommes doivent se modifier comme les idées des sociétés, qui sont les hommes réunis.

On ne saurait pas plus blâmer la France de ne plus penser comme elle pensait sous Pepin le Bref, que Monsieur Ernest, qui a quarante-cinq ans, de ne plus avoir les idées qu'il avait à dix-sept.

On me dira qu'il faut laisser de côté son propre intérêt; mais on oublie que l'intérêt général n'est que la collection des intérêts particuliers, et que le jour où chaque individu ne raisonne plus suivant son intérêt, il abdique l'intérêt de tous.

Toutes ces vieilles idées d'invariabilité, d'inflexibilité, d'irréconciliabilité même, ont fait leur temps.

Vous avez une opinion, rien de mieux. Si vous en trouvez une meilleure, changez-en immédiatement. Le système de l'invariabilité en opinion a fait crucifier Jésus, condamner Galilée, enfermé Salomon de Caux, etc.

Les maîtres de poste et M. Thiers avaient une opinion vigoureusement assise et enracinée sur la supériorité des diligences et du roulage accéléré; il a fallu les forcer à changer d'opinion pour que nous puissions avoir les chemins de fer; il faudra changer d'opinion plus tard lorsqu'il s'agira des ballons et — ainsi de suite.

Les poëtes, nous disait le général, sont dans le vrai. Ils ont les impressions plus vives, plus éclatantes, et souvent plus justes.

Voilà Victor Hugo, par exemple, un grand poëte s'il en fut. Je l'ai vu légitimiste, je l'ai vu bonapartiste, je l'ai vu orléaniste, je l'ai vu républicain. Ce dernier lit lui a mieux réussi, il est plus doux, meilleur, mieux capitonné pour lui que les précédents. Il s'y complaît, et il n'a pas tort. Le jour où il trouvera mieux, il changera sans doute, — et ce n'est pas moi qui l'en blâmerai.

Les gouvernements eux-mêmes doivent changer d'opinion de temps en temps, et laisser au lendemain le soin de modifier les pensées de la veille, s'ils veulent avoir de la vie et marcher.

A propos de l'Afrique, dont on parle tant en ce moment, le général nous disait encore : — Il est temps de changer d'opinion sur l'Algérie. Notre lit est mauvais, là-bas, bourré de galets et de noyaux de dattes; quand on veut faire de la conquête, on la fait carrément ou bien on reste chez soi.

Vous avez conquis l'Algérie sur les Arabes. Ne faites pas de sensiblerie avec eux. Vous leur imposez votre conquête, imposez aussi vos mœurs, vos habitudes, vos lois, vos municipalités — et tout le tremblement. Ceux qui ne sont pas contents, à la porte ! ceux qui ne veulent pas de la porte, à la mer — ou au diable !

Les Anglais sont plus pratiques, et leurs frères les Américains aussi : les Peaux-Rouges et les habitants de l'Australie sont supprimés s'ils ne veulent pas s'habiller en Anglais et en Yankees, mettre des pantalons jaunes et des faux-cols.

Faisons de même en Algérie, — ou bien laissons tranquillement le pays à Messieurs les Arabes, et revenons chez nous.

Sachons changer rondement d'opinion, là est le salut.

Vous voilà revenus au régime parlementaire. Cette opinion a prévalu de nouveau. Au moins soyez logiques.

A quoi pourrait servir le régime parlementaire, si tout le monde avait une opinion, et une opinion invariable?

Du moment qu'il est accrédité que personne ne doit changer d'opinion, à quoi cela peut-il servir de parler et jaboter pendant des heures entières pour tâcher de faire accepter aux autres une opinion qui n'est pas la leur, qu'ils n'accepteront pas, et que vous-mêmes les blâmeriez d'accepter?

Dans ce cas, le régime parlementaire ne serait qu'une grimace et une bêtise, et il vaudrait beaucoup mieux, comme pour l'affaire de l'Algérie, rester chez soi, que de grever le budget d'une foule inutile de verres d'eau sucrée, et d'éloquences vaines.

Le général nous disait cela et bien d'autres choses encore, dont je vous fais grâce, tout en saboulant son partenaire au whist, et bourrant sa belle pipe d'écume, une vieille compagne.

Les jeunes gens le laissaient parler, n'osant faire autrement, — avec la condescendance que méritent les paroles d'une culotte de peau ou d'un vieux ramolli, comme disait lui-même le général. — Les amis à barbe grise l'écoutaient en souriant.

LE COMMISSIONNAIRE.

A mademoiselle Irma, au second, la porte à gauche.

— C'est bien ça... Un poulet de la part du baron, et il y a des truffes dedans!
Qui est-ce qui va être bien reçu?... Je me le demande.

TROISIÈME PARTIE

LES CÉRÉMONIES.

Nous avons à rendre compte ici de trois actes principaux : L'*acte du baptême*, *l'acte du mariage*, *l'acte de l'enterrement*.

Une sorte de trilogie dont la réunion forme la synthèse de notre vie contemporaine.

Le premier acte, celui du baptême, est de la part de l'acteur un acte le plus souvent inconscient ; et dans lequel sa volonté n'entre pour rien.

Le second, celui du mariage, est un acte facultatif et celui dans lequel le libre arbitre joue son rôle, ou comique, ou dramatique, — ou bien heureux.

Le troisième, celui de l'enterrement, est le seul acte réellement obligatoire, acte de dénoûment final.

Il n'est pas indifférent de savoir quels sont, pour les acteurs et les spectateurs de ces différents actes, la coutume, le costume, le ton, les manières et la civilité en usage de nos jours.

Quels sont les jeux de préparation, de mise en scène, de décors, d'accessoires et d'exécution. D'autant plus que, comme dans certains vaudevilles les spectateurs interviennent dans l'action, y prennent une part active d'intérêt, même dans le troisième acte, surtout même dans celui-là, — lorsque, bien entendu, ils n'y jouent pas le rôle principal.

LE BAPTÊME.

Nous avons tous entendu chanter le fameux chœur de la *Dame blanche* :

> Car un baptême
> Est une fête
> Pour les parents, pour les amis.

De tout temps, le baptême a été l'occasion de réjouissances, de fêtes de famille et même de toilette.

Le baptême, le mariage et l'enterrement sont naturellement pour les femmes l'occasion de robes d'un ordre particulier.

Disons-le en passant, jamais une femme qui se respecte, et qui a du monde ou de l'argent, ne négligera l'occasion d'augmenter son stock d'une nouvelle robe.

Tout, du reste, on le sait, est motif ou prétexte pour ces dames, et chaque circonstance est signalée par une robe : baptême, robes, mariage, beaucoup de robes ; enterrement, robe.

Les robes pour baptême sont de couleur claire ; pure et gaie, une entrée dans le printemps.

Les robes pour mariage se multiplient à l'infini. Les couleurs sont éclatantes et réjouissantes à l'œil, un bouquet de couleurs fait pour éblouir et égayer le regard, un bouquet allégorique cachant les chaînes sous les fleurs, comme dirait Boufflers.

Les robes pour enterrement et deuil sont uniformément noires, ce qui est doublement triste au point de vue féminin. A vrai dire, il ne devrait y avoir qu'une robe.

Heureusement ces dames se rattrapent et ont inventé des degrés dans la tristesse et dans le noir; de là plusieurs robes :

Robe de grand deuil;

Robe de deuil;

Robe de demi-deuil;

Robe de petit deuil.

La forme et l'étoffe de la robe marquent le taux précis du chagrin auquel on est arrivé par suite du temps qui passe.

Pour enlever au noir son uniformité, que l'on s'efforce de combattre avec des guipures, des rubans et dentelles lorsque la période la plus aiguë du deuil vient de s'écouler, on a inventé le violet, prétexte à une robe nouvelle et qui marque un sous-degré dans la douleur ; puis enfin le mauve, ton plus délicat, transition dernière qui vous fait passer au bleu ciel et au rose, sorte de pavillon indiquant *urbi et orbi* que la période de la tristesse est close, et que celle de la réjouissance est ouverte.

Ainsi donc, de même qu'il y a le langage des fleurs, il y a le langage des robes, et le véritable observateur ne s'y trompe pas.

Le célibataire intelligent qui voit arborer le mauve sur la jupe ou le corsage d'une jeune, riche et jolie veuve, sait que la place devient attaquable, et que l'on peut commencer à tracer les lignes de circonvallation.

* *

Les hommes n'ont pas tant de ressources, l'habit noir se prête à toutes les cérémonies, à celles du mariage comme à celles de l'enterrement, à toutes les fêtes, comme à celles des réceptions, des bals et des baptêmes.

Le chœur de la *Dame blanche*, nous l'avons entendu chanter ainsi :

Car un baptème
Est une fête
Pour les parents qui ont des habits !

Les gens du peuple et les ouvriers qui ont des habits, les arborent aux jours de baptême. « C'est aujourd'hui le baptême du petit ébéniste, disent-ils, il faut mettre son *sifflet* », et ils mettent leur habit.

⁂

Le baptême est une cérémonie d'un ordre purement religieux, dont les trois quarts de l'importance passent dans l'ordre civil.

Le baptême est l'entrée dans l'Église, du poupon qui vient récemment de faire son entrée dans le monde.

Le parrain et la marraine sont les introducteurs de la nouvelle recrue.

Jadis le parrain et la marraine assumaient une sorte de responsabilité quasi paternelle, et acceptaient à la fois une charge matérielle et morale.

Maintenant la besogne est moins dure, et s'il en est qui ne reculent pas devant les obligations généreuses et fécondes que l'on prenait jadis, la plupart des parrains se contentent d'une avalanche de dragées tout d'abord, et de quelques sacs de fondants au premier jour de l'an par la suite.

Les marraines, de deux ou trois bonnets, de quelques petites robes, et de quelques nécessaires à ouvrage, au renouvellement annuel du calendrier.

Ce léger tribut payé, parrain et marraine se soucient du filleul ou de la filleule comme des vieilles lunes.

⁂

Malgré cette simplification apportée aux obligations du parrainage par une de ces fâcheuses désuétudes apportées dans les habitudes de nos pères, la situation de parrain est généralement considérée comme une corvée et une sorte de dîme prélevée sur la fortune et la générosité du patient.

Il s'agit donc pour les parents d'étudier avec soin les dispositions environnantes pour établir leur choix avec discernement et certitude.

Assurer aux enfants des protecteurs riches et puissants qui les combleront de cadeaux d'abord, et ensuite s'intéresseront à leur carrière et à leur avenir, est certainement chose utile et précieuse; mais tout le monde n'est pas riche, n'est pas puissant, c'est un fait indiscutable.

Il faut donc se contenter la plupart du temps de braves gens doués de cœur et d'un jugement sain et droit, dont l'affection saura, dans bien des cas, être aussi profitable que la protection problématique des autres.

Règle générale : Assurez-vous de la marraine avant de vous préoccuper du parrain.

Le choix de la marraine a grande chance de déterminer le parrain et de vaincre les scrupules qui l'aident à resserrer les cordons de sa bourse.

Une marraine qui possède de beaux yeux, un joli visage, une tournure élégante, une situation classée, un nom convenable, est comme une sorte de miroir aux alouettes qui parvient à attirer les parrains au lieu de les écarter.

Peu d'hommes résistent au plaisir de l'intimité passagère créée par le parrainage avec une femme élégante et gracieuse, intimité grâce à laquelle vous pouvez, en souriant finement, l'appeler *ma commère,* suivant la mode du bon vieux temps, et lui offrir quelque superfluité de haut goût, dont le souvenir, si vous êtes intelligent, laissera de vous aussi quelque trace dans son esprit.

Mais ces sortes de marraines étant rares, il s'ensuit que les parrains se font rares aussi ; et dans les familles où les enfants naissent fréquemment, le voyage des parents à la recherche des parrains indispensables est souvent un voyage au long cours.

En ce cas, on fait la chose uniquement en famille, ce qui évite les embarras et les refus.

Un de mes amis avait jadis une sœur qu'il aimait beaucoup, et qui faisait beaucoup d'enfants. Trouver des parrains bénévoles chaque année pour chaque nouveau venu, devenait une difficulté insurmontable. La sœur fit part de son embarras au frère, qui fut nommé à l'unanimité parrain inamovible et à jet continu. Le cumul des fonctions d'oncle et de celles de parrain ne figure pas encore parmi les cumuls interdits.

La sœur, rassurée, continua le cours de ses travaux d'intérieur, et mon ami fut cinq fois parrain.

La proposition d'être parrain et marraine est un honneur, du reste, que l'on peut décliner sans s'exposer à blesser les parents.

Il s'agit simplement de trouver une excuse d'une apparence bonne et suffisamment valable, qu'il sera impossible de récuser.

— Mon ami, dira l'un, vous connaissez mes principes, le parrainage est une sorte de paternité morale que je prends tout à fait au sérieux. J'ai un filleul auquel j'ai voué toute ma sollicitude, et je croirais l'amoindrir en la partageant; je n'en ai donc pas le droit. Désolé, mon cher ami.

Ou bien : Un malheureux enfant, le fils d'un ami bien cher à moi, était mon filleul; ce pauvre petit est mort d'une maladie cruelle. Est-ce superstition, est-ce un autre sentiment, je l'ignore, mais il me semble que mon intervention a été fâcheuse dans la vie de cet enfant, qui m'était devenu bien cher; et je me suis fait à moi-même le serment de ne plus être parrain. Désolé, mon cher ami.

Les motifs peuvent se varier et se broder au plumetis de mille manières différentes, il ne s'agit que d'avoir un peu de tact pour les choisir.

Si vos convictions, si votre affection pour la famille, ou votre intérêt, ou votre vanité, ou votre coquetterie, ou un sentiment de quelque ordre que ce soit, vous ont conduit à accepter d'être parrain ou d'être marraine, alors n'hésitez pas à faire convenablement les choses.

***

On aura beau supprimer les Saints du calendrier comme les Jacobins dans la première Révolution, et appeler les citoyens Endive, Houlette ou Panais, au lieu de Pierre, Louis ou Victor, on ne supprimera pas les réjouissances et les fêtes de baptême, même parmi les gens des nouvelles couches sociales.

Il est vrai que toutes ces cérémonies, même celles de l'enterrement, étant une occasion de boire, c'est un motif sérieux de plus de ne point les laisser tomber en désuétude.

Tout ce qu'on pourrait faire, ce serait de les appeler baptêmes civils, comme on a fait pour les enterrements.

***

Toutes les cérémonies que nous ont léguées nos pères, lesquels nous valaient bien, j'imagine, ont laissé tant de traces dans les mondes même les plus *intransigeants*, s'il nous est permis d'employer cette expression née sous les orangers espagnols, qu'ils ne parviendront que bien difficilement à s'en défaire.

Je n'ai pas vu sans surprise, pendant le temps de la Commune, alors qu'on arrêtait les archevêques et fusillait les prêtres, nombre de communards couronner leurs fusils de buis bénit et en orner leurs képis, le jour du dimanche des Rameaux.

La marraine offre simplement au bébé, son filleul ou sa filleule, le bonnet et la robe de baptême; les rubans roses si c'est un garçon, bleus si c'est une fille. Toutes les autres dépenses sont à la charge du parrain.

Il doit à la jeune mère un souvenir élégant et de bon goût, accompagné de plusieurs boîtes de dragées.

A la marraine, jadis, on donnait une boîte de gants. Cet usage de donner quelque chose de trop utile est devenu vulgaire.

On peut offrir un bouquet et un objet de fantaisie d'une légère valeur intrinsèque, mais d'une aussi grande valeur artistique ou de goût que l'on voudra, ou que l'on pourra.

Une quantité de boîtes de bonbons, qui varient de six douzaines à douze douzaines de boîtes, pour les parents, les amis, la garde, la nourrice, les domestiques.

Un présent pour l'ecclésiastique qui administre le baptême.

Ce présent se compose, suivant l'habitude des départements, soit de pièces d'or ou d'argent, placées dans une boîte de bonbons, soit d'un objet utile. A Paris, la boîte est de rigueur.

Il y a encore à donner quelques menues pièces d'argent au suisse, au bedeau, aux enfants de chœur.

Des aumônes aux pauvres qui se pressent à l'entrée de l'église.

De l'argent à la garde, à la nourrice. Enfin, se préoccuper des voitures, si l'on n'en a pas soi-même, amener les siennes si l'on en a.

La marche se règle ainsi : Le parrain et la marraine précèdent l'enfant, qui les suit immédiatement, porté par sa nourrice, ou par la garde, si la mère peut accomplir jusqu'au bout sa tâche maternelle.

Puis vient le père, puis les grands parents et les personnes invitées à la cérémonie.

Le parrain et la marraine récitent le *Credo* et prennent les engagements chrétiens pour le compte du bébé.

De là leur obligation de se préoccuper plus tard de la façon dont il est élevé, et de le suivre dans le développement graduel de sa vie.

Le parrain et la marraine doivent reconduire l'enfant nouvellement baptisé à la jeune mère, et recevoir ses remercîments en échange de leurs félicitations.

Généralement, un déjeuner et un dîner traditionnels se rattachent à la cérémonie. A moins de circonstances particulières, on attend le rétablissement de la mère, afin qu'elle puisse y participer et en faire les honneurs.

LE MARIAGE.

On a beaucoup médit du mariage.

Il n'en est pas moins vrai que, jusqu'alors, on a eu beau chercher, on n'a pu rien trouver de mieux.

Léguons à nos arrière-neveux le soin de résoudre le problème, et contentons-nous de le représenter tel qu'il est encore de nos jours, c'est-à-dire comme la base de la famille, l'aiguillon du travail, de la prévoyance et de l'économie, l'origine du respect, de l'obéissance, sans lesquels il n'y a de possible ni réunion d'hommes ni société.

Condamner le mariage sous prétexte que certains en méconnaissent les principes; que les coups de canif lacèrent les contrats; que plusieurs maris assassinent leurs femmes ou que plusieurs femmes empoisonnent leurs maris, c'est condamner les dîners sous prétexte que certains s'indigèrent, ou le vin parce que d'autres s'enivrent, ou le feu qui réchauffe parce que d'aucuns s'y brûlent.

La génération sceptique et dévoyée qui a produit les incendiaires, les massacreurs et les communards, n'est-elle point la fille de celle qui a produit les œuvres dirigées contre le mariage, la famille et les vieilles conventions religieuses et sociales, détruisant dans l'esprit du lecteur le respect de ce qu'il avait respecté jusqu'alors, sans lui donner autre chose en pâture que des aspirations vagues et indéterminées?

OEuvres malsaines qui ont eu leur vogue, mais que ceux ou celles qui les ont commises regrettent ou désavouent quand le temps a dessillé leurs yeux, et que le sang des passions, mauvaises conseillères, a cessé d'être incandescent dans leurs veines.

* *

Je me souviendrai toujours de l'étonnement d'un étranger qui, après être venu plusieurs fois à Paris, qu'il croyait connaître pour avoir couru les théâtres, les restaurants à sensation, les bals publics, avoir lu les feuilletons et les livres, se trouvait tout à coup transporté et introduit dans le milieu tranquille et honnête, qui est celui de la plupart des familles, où il n'a pu observer d'autres drames que celui de la lutte du travail contre la difficulté matérielle de la vie, d'autre passion que celle du devoir, d'autre feu que celui du foyer.

Où les pères et mères étaient entourés de tendresse et de respect, où l'on avait le culte des ancêtres et la sollicitude des enfants.

Il ne pouvait revenir de sa stupéfaction.

— Mais expliquez-moi donc ce que tout cela veut dire, nous disait-il, je ne saurais rien comprendre maintenant à tout ce qui s'est passé devant mes yeux?

Tenez, ajoutait-il, je dois vous l'avouer, je suis aussi confondu que je suis indigné.

Comment! voici la vie que mène ici, dites-vous, le plus grand nombre, et ceux d'entre vous qui prétendent vous dépeindre, et que naturellement nous croyons sur parole, passent leur temps et fatiguent leur plume à vous représenter sous les couleurs les plus criardes, les plus aiguës et les plus différentes de celles que je constate maintenant! Je lis vos livres, et j'y vois les femmes corrompues, les hommes avides de jouissance et rebelles au devoir comme au travail, les fils et les filles odieux et dévergondés avant l'âge. Je vais à vos théâtres, et je n'y vois qu'adultères, tromperies, trahisons, crimes de toutes sortes; on s'y tue, on s'y massacre, on s'y empoisonne à plaisir, on s'y moque de tout ce qui est sacré, de ce qui est légendaire, de ce qui est sentiment et respect. Tout cela sous prétexte de peinture de mœurs et de couleur locale.

Comment diable voulez-vous que nous n'acceptions pas ce que vous dites vous-mêmes de vous? D'autant plus que vous lisez vous-mêmes ces choses, que vous allez les voir, et que vous ne protestez pas, et que vous ne vous indignez pas, que vous applaudissez même. Voilà où je cesse de comprendre.

Mais si votre société était telle que vous vous plaisez à la dépeindre dans vos théâtres et dans vos livres, trouvez-vous hors de justice que de tous les coins de l'Europe on crie haro contre vous et qu'on vous appelle la grande Babylone, la ville qu'il faut détruire : *Delenda Carthago?*

Vous vous plaisez à laisser trôner dans toutes vos œuvres, ou des impossibilités, ou des aberrations, ou des anomalies, et vous vous étonnez que vos auteurs soient crus dans leurs dires.

— Mais enfin, répondions-nous, ceci est affaire de spéculation, rien autre. Il faut aiguiser la curiosité, si l'on veut attirer un public avide d'émotions; il faut bien l'entraîner à soi par des spectacles ou des lectures qui le sortent de l'ordinaire et qui lui montrent le contraire de ce qu'il voit chaque jour Un mouton à cinq pattes l'intéressera, un mouton à quatre pattes le laissera parfaitement indifférent; le veau à deux têtes le passionnera peut-être, un veau à une seule tête, comme il en voit chaque jour, ne saura le déranger d'une semelle.

Nos auteurs en sont maintenant, jusqu'à ce que le goût change, au mouton à six pattes; ils vont prochainement arriver au veau à trois têtes. Avec beaucoup de poivre et toutes les épices connues, quel succès!

— Oui, mais quel empoisonnement et quel suicide!

Vous ne voyez pas que les masses se modèlent sur ce que vous leur mettez

BONS CONSEILS.

PENSÉES INTIMES DU JEUNE ERNEST.

— Pourvu que cette bonne et chère grand'mère ne me rase pas trop longtemps! Je ne peux pourtant pas lui dire que la petite Chose m'attend à Mabille.

POUR LES PAUVRES.

ENDURCI.

— Tant que je n'aurai pas trouvé une femme belle, qui soit riche et qui me plaise,
je resterai garçon.

N'a jamais eu le temps de se marier.

sous les yeux. Vous avez vu que votre Balzac a créé la génération qui l'a
suivi. Vous êtes en train de créer une génération qui va suivre votre théâtre
et vos écrits du jour. Le récit des causes célèbres et des crimes étranges et
bizarres dont vous inondez vos journaux, a fait éclore une légion de filous,
d'assassins et d'escarpes, qui puisent dans cette lecture des recettes, des enseignements et des *trucs*. Le danger est là peut-être autant que dans la fausse
idée que vous laissez onner de vous au monde entier.

Si vous étiez tels que vous vous laissez représenter, je m'indignerais peut-
être, mais comme vous tolérez d'être représentés sous des couleurs odieuses
qui ne sont pas les vôtres, je vous plains.

***

Mon étranger, dans sa naïveté, ne paraît-il pas avoir quelque peu raison?

***

Pour en revenir au sujet qui nous occupe, insistons de nouveau sur ce
point, le théâtre vit uniquement sur un mariage et une famille de convention.

Quand Arthur a épousé Caroline, ce qui se fait généralement à la fin de
tout vaudeville qui se respecte, la série de ses déboires
commence. Arrive Ernest, puis le poison, les épées, le
pistolet et le fusil. Tout cela, pendant un espace de trois
à cinq actes, se mêle, se démêle, se retourne et se déroule,
avec accompagnement de robes à quinze cents francs,
de pêches à quinze sous, et de détonations dans la coulisse. Voilà le drame.

Si au milieu de ce fouillis apparaît par hasard la vieille femme, n'espérez
pas y rencontrer celle qui est la gardienne du foyer dans la vie usuelle de la
famille, la femme dépositaire des traditions, de l'honneur et du respect du
passé, cette femme n'existe pas au théâtre. Celle qui la remplace et circule
dans l'action n'est plus que l'horrible duègne, âpre, fantasque, repoussante et
ridicule.

Et pourtant, quoi de plus aimable, de plus attendrissant que la vieille
femme qui, sachant prendre son parti des années, se consacre à remplir une
mission importante et tutélaire pour tous les âges?

Qui ne songe à sa mère qu'il aime ou qu'il a perdue, en voyant et en
écoutant une femme dont le cœur est sans orage, dont le visage a été flétri

par les douleurs et par les soins de la maternité, dont la parole est grave et douce, l'entretien léger et instructif, l'observation fine et juste?

La famille dans laquelle se trouve une de ces adorables vieilles comme celles dont nous parlons, est une famille bénie. Quel vide cruel lorsqu'elle disparaît!

Ce sont les hommes qui font les lois, ce sont les femmes qui font les mœurs, a dit un sage. Les jeunes les rédigent, les vieilles les imposent.

Au théâtre, on semble ignorer tout cela. Est-ce parce que la toile baisse toujours au moment où le séduisant Roger épouse la gracieuse Emma? Emma n'a pas le temps de vieillir.

* ** *

En dehors de la scène, heureux les salons qui possèdent quelques-unes de ces vieilles femmes distinguées, chez lesquelles il ne reste plus de la femme que la mère; soucieuses de l'esprit, de la science, du talent et de la vertu, sachant faire graviter autour d'elles tout ce qui reste de bon, de bien, d'honorable et d'élevé par le temps où nous vivons.

Ces salons ne sont-ils pas une sorte de conservatoire précieux, où se perpétuent avec autorité les traditions du beau langage, de la politesse, de l'esprit, et les plus nobles aspirations qui distinguent l'être civilisé de celui qui ne l'est pas?

* ** *

Une jeune femme, quels que soient sa beauté ou son esprit, est inhabile à remplir ce rôle; elle ne semble pas assez désintéressée dans la lutte et ne saurait avoir l'autorité nécessaire pour donner un avis prépondérant sur les hommes, sur les femmes et sur les choses.

* ** *

Un plaisant disait un jour : Il y a trois sexes, le sexe masculin, le sexe féminin, et le sexagénaire.

Les sexagénaires, ces femmes d'un sexe pour ainsi dire neutre, qui ne gardent des premières années que la grâce et l'habitude de plaire, en y ajou-

tant l'expérience mise avec indulgence au service des jeunes et des inexpé-
rimentés, sont les arbitres des manières et du goût; la jeunesse les accepte
comme juges et les respecte.

Une jeune femme doit se faire présenter dans un salon par une de ces fées
protectrices.

Quant au jeune homme, s'il n'a pas su se mettre sous la tutelle et sous
l'égide d'une de ces femmes qui disposent à leur gré de la bonne opinion de
tous, il est perdu.

***

Mais les vieilles femmes ont une manie dont on se gare facilement quand
on est marié, et qu'il faut redouter lorsqu'on est garçon, elles se plaisent à
faire les mariages.

***

Pour une femme, le mariage est un commencement.
Pour un homme, le mariage est une fin.

***

Tel est du moins le préjugé qui a cours en France et de nos jours. Une
sorte d'affranchissement pour la jeune fille, une sorte de servage accepté par
le futur. Les intérêts semblent donc diamétralement opposés.

N'est-ce point pour cela que toutes les jeunes filles brûlent de se marier,
tandis que tant de jeunes gens hésitent toute leur vie, et finissent par mourir
vieux garçons, si, de guerre lasse et devenus trop mûrs, ils ne se sont pas,
vers la fin, décidés à épouser leur cuisinière?

***

Il est cependant des unions qui ne sont pour aucun des conjoints ni une
défaite ni une conquête, où la vie intime chante la poésie de la tendresse et
de l'amour.

Où l'on partage sans compter les bonheurs et les angoisses de la famille,
où les devoirs et les droits se confondent, où la séparation dernière est une
suprême et inconsolable douleur.

Il en est certainement, et les enfants nés de pareilles unions sont ceux parmi lesquels on aurait joie, sécurité, à choisir un mari si l'on est jeune fille, une femme si l'on est de l'étoffe à faire des maris.

Mais... mais ! la vie a de telles exigences, les dépenses sont si lourdes, et ceux qui ont expérimenté l'existence savent si bien ceci : Rien ne coûte plus cher que de ne pas avoir d'argent !

Aussi, pour décider les jeunes gens à accepter le rôle et les charges de mari, il faut ouvrir largement le chapitre des compensations.

La question de dot devient donc et tout d'abord la question nécessaire. Il faut que le petit dieu malin soupèse les papiers, les écus, les contrats, feuillette les grimoires et les chartes, fasse les additions, les soustractions et les balances.

Les autres considérations passent, le plus souvent, en deuxième ou en troisième ligne.

Aussi, plus tard, bien des canifs se promènent sans façon au milieu des contrats ; ce qui, en bonne conscience, pourrait, par suite des considérations premières, être prévu dans le cahier des charges.

CÉRÉMONIE DU MARIAGE.

LE mariage une fois décidé, le contrat rédigé et adopté par les parties, le sacrifice est fait : soit d'un côté, soit de l'autre, il n'y a plus à y revenir.

Les papiers nécessaires au mariage sont : pour la mairie, les extraits de naissance des conjoints, les consentements des père et mère pour tous deux; pour le mari, l'acte de libération du service militaire ou permission de mariage; pour l'église, les mêmes actes, plus les actes de baptême.

La publication des bans du mariage se fait à l'église, en même temps que le mariage est affiché à la mairie.

La veille du jour fixé pour la cérémonie à l'église, on se rend à la mairie.

La mariée est en toilette de ville, couleur claire, chapeau.

Le marié, habit noir, gants blancs, tenue de cérémonie.

Le père et la mère de la mariée,

Le père et la mère du marié,

Accompagnent chacun leur fils ou leur fille.

Deux témoins pour chacun des conjoints.

***

Le maire ou son adjoint lisent la loi aux deux futurs, et leur font prononcer à chacun le oui sacramentel.

Et il déclare alors les deux futurs unis devant la loi.

Après cette cérémonie, chacun s'en retourne chez soi.

Et la cérémonie de l'église a lieu le lendemain.

Dans le cas où cette combinaison ne saurait avoir lieu, la jeune fille vient à la mairie en costume de mariée, et l'on se dirige immédiatement en sortan de la mairie, pour procéder à la cérémonie de l'église.

***

Le règlement pour les frais de la cérémonie est fait à l'avance entre le clergé et le futur ou celui qui le représente.

Les mariages de première classe comportent le maître autel, des fleurs, des tapis jusqu'à la descente de la voiture, le maître des cérémonies, le suisse en grand costume, le bedeau, les enfants de chœur et la maîtrise, le curé et deux assesseurs, le grand orgue et des chanteurs d'opéra.

Plus les fauteuils dorés, garnis de velours, et les coussins.

— Chaque degré enlève une de ces fioritures, jusqu'à la dernière classe, qui n'exige pas de messe et ne réclame que la présence du prêtre de garde et d'un enfant de chœur.

En allant à l'autel, le père de la mariée, ou son remplaçant, donne le bras la jeune fille,

Et le marié donne le bras à la belle-mère.

Après l'office, le marié donne le bras à sa femme, et la ramène lui-même à la sacristie. C'est la prise de possession.

— A la sacristie, chacun vient faire ses salutations, politesses et compliments aux deux conjoints et à leurs parents.

Puis, après avoir signé sur le livre de l'église à la suite des mariés, de leurs témoins et de leurs parents, chacun s'en retourne chez soi.

Après l'église ordinairement, il y a déjeuner des témoins et de la famille,

puis les jeunes époux revêtent des costumes ordinaires, et prennent la clef des champs. Ainsi l'on évite la représentation embarrassante du bal et de la soirée, et du coucher de la mariée.

L'Italie, la Suisse, sont généralement réservés au premier quartier de la lune de miel, pour les Parisiens à leur aise.

Le premier quartier pour les gens de province ou de l'étranger se fait souvent à Paris.

Le dernier quartier, où l'on veut.

Quand la lune de miel a fini de décrire son cycle, commence la lune rousse, qui se fait partout.

MESSIEURS LES FUTURS.

— Décidément, mon très-cher, il n'est que temps; les cheveux déménagent et ne poussent plus; le ventre pousse; il faut te marier.

— La petite n'est pas précisément belle, mais la dot est aimable, et les espérances se présentent bien.... Trois oncles garçons; un goutteux, l'autre anémique, et le troisième avec promesse d'apoplexie.

— Cher ami, je me marie, je t'invite à venir avec nous enterrer ma vie de garçon.
— Ce sera un enterrement civil?
— De première classe.

M. LE DUC. N'a plus rien, c'est vrai, que sa perruque, mais n'est pas duchesse qui veut.

M. LE COMTE. Un homme qui est charmant; il ramène un peu, mais il est impossible d'être sans le sou avec de plus belles manières.

Voici le marquis de Y..., étoffe d'ambassadeur, et le baron de Z..., pâte de maréchal de France.

Madame la comtesse est servie! cela ferait bien; mais : Madame la duchesse est servie! cela ferait encore mieux.

En avant le bouquet de rigueur, c'est le commencement de la fin.

MESDEMOISELLES LES FUTURES

PROFILS D'HÉRITIÈRES.
On n'est pas ce qu'on peut appeler jolies, mais la beauté n'est que le provisoire et la dot le définitif.

— Se promener ainsi, flanquée d'une institutrice qui bougonne toujours et qui a le nez rouge, ce n'est pas une existence.

Et comme c'est amusant d'être toujours assise sur le devant de la voiture, et de s'entendre dire à chaque instant : Marie, tiens-toi droite. Il faut en finir.

— Quelle charmante petite baronne ferait votre Henriette !
— C'est vrai, mais vraiment le pauvre baron est si bêbête.
— Eh bien !

— D'abord, mon cher vicomte, si vous croyez que lorsque nous serons mariés je continuerai à m'exterminer à étudier mon piano !
— Je l'espère bien.

— Le mari de Julie est agent de change; je le ferai venir le matin au moment du déjeuner... pour lui donner des ordres.

— Ce pauvre marquis n'est pas bien beau, et n'est plus jeune du tout. Ma foi, tant pis, je le prends. Ça m'amusera de voir la tête de Fanny, qui a épousé un notaire.

LES BONNES AMIES.
— Cette petite Louise comtesse, la fille d'un marchand de savon ! Franchement, ce serait trop fort !

LE POELE.

— Surtout, Fernand, prenez garde de me décoiffer.

Pauvre Emma! le blanc
ne lui va pas... On dirait
une mouche dans du lait.

J'ose le dire, il n'y a pas un
autre suisse à Paris pour avoir
un pareil coup de canne.

J'aperçois ton cousin
le général; il a mis sa
brochette.

Pourvu que maman ne
marche pas sur la queue
de ma robe...

Ah! si ma bottine gauche
ne me faisait pas si mal!...

Le mari de mon Emma a une
autre tournure que celle de ce
petit laideron de Marguerite.

A L'ÉGLISE.

MESSIEURS LES GARÇONS D'HONNEUR.

On ne sait pas, on trouverait peut-être quelque jolie petite
héritière dans le tas.

EXPERTS.

— Hé! bé! mais c'est qu'elle est très-bien !
c'est qu'elle n'est pas mal du tout, cette petite !

M. LE MAÎTRE DES CÉRÉMONIES.

— Un mariage au grand autel !
Soignons les contours.

LES ENFANTS DE CHŒUR,

— Comme c'est amusant ! Je pa-
rierais cinq billes que nous en avons
au moins pour trois quarts d'heure.

OPINION DU SACRISTAIN.

— Joli mariage ! rien que des petites pièces.

DÎNER DE L'AUTEL.

Les chantres le matin :
— Ve e e e ni i i i Cren a a a tor...
. . . .

SOUPER DU THÉÂTRE.

Les chantres le soir :
Le roi barbu
Qui s'avance bu
Qui s'avance bu.
. . . .

A L'ÉGLISE.

— Ma fille, c'est la dernière fois que je te dis : Tiens-toi droite. Après, ça ne me regarde plus.

UN ONCLE SÉRIEUX. SOIXANTE-QUINZE ANS.
— Soixante-quinze mille livres de rente. Pourvu qu'on ne le mette pas dans un courant d'air !

— Emma s'est levée la première à l'évangile. C'est elle qui sera la maîtresse dans le ménage.

LE REGISTRE DE LA SACRISTIE.
La marquise de Sainte-Terrine de Nérac, née de Fortembeck.
— Je ne sais pas ce que j'écris, j'ai oublié mes lunettes. Ce sera toujours assez bon pour la fille d'un marchand de savon.

CRITIQUES.
— Il me dit : Il faut que tout le monde soit heureux aujourd'hui, et v'là ce que ça donne. Cinq patards ! Ah ! malheur !

Il y a deux sortes de billets de faire part pour le mariage. La première, qui s'adresse la veille ou l'avant-veille, comprend l'invitation d'assister à la cérémonie religieuse. Elle s'envoie aux parents, amis et connaissances.

La seconde est l'avertissement officiel du mariage déjà contracté; on l'envoie quelques jours après la célébration.

Ceux qui ont reçu l'une ou l'autre de ces invitations, doivent des cartes dans la huitaine au domicile des nouveaux mariés, ou chez leurs parents.

Les nouveaux mariés, à leur tour, doivent une visite, dans le courant du mois qui suit leur retour, aux parents éloignés, connaissances et amis.

Voilà quelles sont les règles générales pour les mariages accomplis suivant les habitudes de politesse et de convenances à la mode de notre temps.

Dans certains milieux, on a conservé l'habitude ancienne de faire ce qu'on appelle une noce.

A ces noces, on boit, on rit, et le garçon d'honneur va chercher sous la table la jarretière de la mariée.

Au dessert, les messieurs à lunettes d'or récitent des épithalames en vers, ou chantent quelques couplets égrillards.

On danse après le dîner, et vers minuit, on procède au coucher de la mariée.

Vers les trois heures du matin, on va frapper à la porte des nouveaux époux, et on leur porte en cérémonie une rôtie au vin.

Mais ces anciennes coutumes tendent chaque jour de plus en plus à sparaître.

※
※   ※

Dans le monde petit marchand ou bien ouvrier, on va dîner dans quelque bon endroit, hors barrière, où l'on fait noces et festins.

On boit, on rit, on mange, on danse jusqu'au matin. Vers le milieu de la nuit le marié a emmené la mariée. C'est à peine si l'on s'en est aperçu, tant chacun est affairé pour son propre compte.

Le lendemain, on a encore bien un peu *mal aux cheveux,* suivant le dicton usité en pareille circonstance, mais on s'en console facilement. On ne fait pas la noce tous les jours.

Et si une fois par hasard on *se pique le nez,* la santé ne s'en trouve pas mal, au contraire.

Bonum est inebriari semel in uno mense.

Il est bon de s'enivrer une fois par mois, a dit jadis un ami *de la dive bouteille*.

C'est peut-être encore une chose saine et profitable à la santé, mais, il faut le dire, ce moyen hygiénique n'est plus admis, et les règles de la civilité ne le comportent en aucune façon.

PRÉCEPTES RAMASSÉS.

— Mariez-vous, vous ferez bien; ne vous mariez pas, vous ferez encore mieux.

— Mariez-vous le plus rarement que vous pourrez.

— Mariez-vous bien, — si vous pouvez.

— Prenez une belle femme si vous lui plaisez.

— Prenez une femme qui ne soit pas belle si elle ne vous déplaît pas.

— Souvenez-vous que la beauté passe et que la laideur reste.

— Quand il n'y a pas de foin au moulin, les ânes se battent.

— Il faut que le mari apporte la soupe, mais la femme doit apporter le rôti.

Choisissez dans tous ces proverbes ceux qui vous gênent le moins, et finissez comme les contes de Perrault :

> Ils furent très-heureux et eurent beaucoup d'enfants.

De nos jours, il est vrai, avoir beaucoup d'enfants n'est pas le moyen le plus certain pour être très-heureux, au moins au point de vue de l'argent.

Mais enfin on s'arrange du moins mal possible, et l'on est heureux si l'on peut.

> Soyez heureux, c'est là le vrai bonheur !

a dit le profond philosophe M. Prudhomme. Jusqu'ici l'on ne connaît point de meilleure recette.

LES ENTERREMENTS.

Je ne vais jamais aux enterrements, disait un homme connu; je ne serais même pas fâché de me dispenser d'aller au mien.

Ce monsieur avait tort. Les cérémonies de l'enterrement sont les dernières politesses faites à celui qui s'en va. L'homme poli, lui, ne saurait se dispenser d'assister à une cérémonie funèbre à laquelle il a été invité par une lettre spéciale.

A l'heure annoncée, vous vous rendez à la maison du défunt dans une tenue sombre et sévère.

Là vous êtes reçu par des parents auxquels vous adressez quelques mots de condoléance.

Et vous vous dirigez vers l'église ou le temple, suivant la croyance religieuse qu'avait le défunt.

On doit assister au service avec gravité et le plus de silence possible.

Si le défunt était un ami ou un supérieur, on le conduit jusqu'au cimetière.

Il n'est pas nécessaire de faire un discours.

En quittant le cimetière, la coutume est d'aller saluer les héritiers du défunt ou de leur serrer silencieusement la main.

Dans les classes les plus infimes et les plus en opposition contre tout ce qui est tradition et respect, un dernier respect cependant a surnagé au naufrage de tous les autres : le respect de la mort.

Et devant le cadavre qui passe, devant le convoi riche ou pauvre qui conduit le défunt à sa dernière demeure, chapeaux et casquettes de toute provenance se lèvent, tous les fronts se découvrent.

Hommage inconscient, même du plus ignorant ou du plus perverti, à ce grand inconnu qui fait la vie et qui fait la mort.

81

Il y a plusieurs sortes d'enterrements :
Enterrement politique ;
Enterrement littéraire ;
Enterrement scientifique ;
Enterrement privé.

ENTERREMENT DE PREMIÈRE CLASSE.

La porte de l'hôtel est tendue de noir : les armoiries du défunt ou sa lettre initiale sont placées en chef au-dessus de la porte.

Sous la porte, le défunt dans sa bière, au milieu d'une sorte de chapelle ardente.

Devant la porte stationne un corbillard velours noir et argent couronné de panaches, attelé de quatre chevaux empanachés comme le corbillard, habillés comme lui de velours et argent.

Le cocher porte le chapeau à cornes, l'habit noir à la française, les aiguillettes et les galons d'argent, les grandes bottes à l'écuyère. Les cochers des voitures de deuil sont vêtus comme le cocher du corbillard.

Au milieu de tout ce monde s'agite M. l'ordonnateur, correctement vêtu de noir, cravaté de blanc ; un petit rabat s'étage sur son gilet ; il est couvert d'un manteau de deuil, coiffé d'un chapeau à cornes, et porte une épée.

Les voitures et les équipages arrivent de tous côtés.

Le billet de faire part a annoncé la cérémonie pour onze heures ; il est midi, c'est prévu.

* ** *

Les invités, cravatés de blanc, gants noirs, se pressent dans le salon, où les reçoivent les membres de la famille.

— J'ai bien pris part...

— J'ai pris une part bien grande...

— Ah ! c'était un vieil ami !...

— Croyez à ma plus profonde sympathie.

— Je ne veux pas être le dernier..., etc.

Ceux qui ne se sentent pas suffisamment orateurs se contentent de serrer la main ou les mains de la famille, et se perdent immédiatement dans la foule des autres habits noirs.

Midi vient de sonner.

Entre l'ordonnateur, il s'incline à la porte et prononce d'une voix forte ces simples mots :

— Quand il sera agréable à ces messieurs.

Les membres de la famille sont couverts de manteaux de deuil, et l'on descend à leur suite, pendant que le corps est porté dans le corbillard.

Derrière la voiture, qui se met en marche, un maître des cérémonies porte les insignes du défunt; suit toute la domesticité en grand deuil.

*
*   *

Puis la famille silencieuse et le front découvert, les amis et les proches, quelques-uns les yeux rougis de larmes.

Vers le dixième rang, le silence est moins complet.

— Quel malheur !

— Ah ! c'est cruel !

— Un vrai coup de foudre.

— Qui aurait pu s'y attendre ?

— Cependant l'âge y était.

— Oui, mais rien ne pouvait faire craindre...

— Quand je pense qu'il y a huit jours, je lui parlais comme je vous parle à vous en ce moment.

— Quel vide !

Quinzième rang. (Quelques-uns n'ont pas la tête découverte.)

— Je n'aurais jamais cru ça.

— Ni moi; il y a six semaines environ, le pauvre garçon était d'un gai !..

— Voilà, mon cher, ce que c'est que de nous.

— Allez-vous au cimetière ?

— Et vous ?

— Moi, il le faut bien.

— Moi, je ne pense pas faire autrement. C'est bien gênant.

Vingtième rang. (Les trois quarts ont remis leur chapeau.)

— C'est triste pour lui, c'est vrai.

— Mais enfin, il a bien vécu !

— Raison de plus pour regretter.

— Ah bien ! que voulez-vous ! Le fait est qu'il doit laisser quelque chose de coquet.

— Deux cent bonnes mille livres de rente au soleil !

— Soleil ou non, du moment que les deux cent bonnes mille livres y sont.

— Allez-vous au cimetière ?

— Impossible, une affaire qui ne saurait être remise.

— Moi je suis obligé d'aller jusque-là, à cause de Gontran ; je tiens à ce que Gontran me voie, et puis je suis son notaire.

— Oh ! alors.

— Venez donc avec moi jusque là-bas, je vous ramènerai en voiture.

— A condition qu'au retour vous me jetterez chez la petite baronne.

Vingt-cinquième rang. (Quelques chapeaux encore à la main.)

— Ça a été rondement.

— Ah bien ! tant pis ! il a eu la vie douce, il ne se refusait rien.

— Et il n'avait pas tort.

— Le fait est qu'on ne vit qu'une fois.

— Regardez-moi donc la tête que font les héritiers.

— La chose en vaut la peine.

— Il y a le petit Gontran qui va faire joliment sauter les billets de mille.

— Ma foi, on le tenait assez rudement pour qu'il se rattrape.

— On l'aidera. C'est la petite Irma qui va être contente !

— Je lui fais une visite dès ce soir.

— Tu vas au cimetière ?

— A cause de Gontran, je ne peux pas m'en dispenser.

— Moi, je n'y vais pas. Ce soir aux Français, rendez-vous à neuf heures.

Trentième rang. (On remet graduellement son chapeau.)

— En voilà un qui a été rondement enlevé.

— Vlan ! plus personne.

— Ça fait réfléchir, ces choses-là.

— Il n'y a pas trois semaines que je l'avais vu à la *Mère Angot.*

— C'était un vieux farceur.

— Un peu canaille. On dit qu'il laisse trois cent mille francs de rente, tout cela volé un peu de toutes manières, à droite et à gauche.

— A droite, surtout.

— Ses héritiers vont faire sauter tout ça.

— Tant mieux ! ça reviendra au bon public.

— Vous n'allez pas au cimetière?

— Ah ! bien merci !

— Moi, je vais chercher des places à la *Quenouille,* ce soir, aux Bouffes, c'est pour la femme de mon chef de bureau.

— Vil intrigant !

Quarantième rang. (Tout le monde a son chapeau.)

— Il n'y a pas à dire, on a beau avoir de l'argent, des voitures, et tout, il faut laisser tout à la porte quand on se retire au cimetière.

— C'est trop juste.

UN ENTERREMENT DE DERNIÈRE CLASSE.

Un petit corbillard sec et nu, pas de voiture de deuil, la bière recouverte d'une serge noire est sous la porte de l'allée, un rameau de buis dans une assiette; on jette de l'eau bénite en passant, les femmes font le signe de la croix.

On monte, le petit logement est plein, la femme sanglote dans un coin, le fils a les yeux rouges et gonflés.

L'ordonnateur a suivi l'un des derniers arrivés.

— Quand il plaira à ces messieurs...

On enlève la bière, et le cortége suit; il y a des ouvriers et des voisins en costume de travail.

Le fils est cruellement pâle. Les oncles et cousins l'accompagnent sans rien dire.

Cinquième rang.

— Pauvre vieux, il s'est éreinté de travail, et voilà.

— Son patron est là. C'est ce gros qui a le nez rouge.

— C'est bien à lui d'être venu. Fera-t-il quelque chose ?

— On dit que oui. Quinze ans d'atelier chez lui, c'est un bail.

— Heureusement aussi que son garçon reste pour la mère.

Dixième rang. — Voilà ce que c'est, ce qui l'a mené là, c'est la boisson.

— Fallait pas qu'il y aille.

— Bonhomme, tout de même.

— Mais pochard !

— Avec ça que tu n'aimes pas à te rincer le goulot.

— Dame !

Quinzième rang. — Faut dire qu'il a vite lâché la rampe.

Derniers rangs. — Qui c'est-y qu'on enterre ?

— Un vieux qui est mort de je ne sais pas quoi.

— D'où est-il ?

— De l'atelier en face, je crois. On dit que c'est la boisson.

— Pas du tout, c'est le travail. Il faut que ce soit le travail. Les classes déshéritées, l'abus des forces humaines. Je vas te leur dire ça sans le mâcher.

— Moi j'ai lâché l'atelier, j'avais un poil dans la main : c'est la troisième fois de la semaine.

— Oùs qu'on va après le cimetière ?

— Le rendez-vous est chez le mannezingue à gauche.

— Le frère du vieux, un de notre atelier, nous y a donné rendez-vous.

— On rigolera un peu, j'en suis.

— Et ce soir, tu sais, à l'Élysée-Montmartre.

⁂

Ainsi les enterrements sont de plusieurs classes, depuis la première à panaches et à chevaux richement costumés, cochers splendides à visages enluminés, l'église tout habillée de noir, le clergé splendide et nombreux, du monde à l'orchestre, des barytons, des basses, des ténors, et l'orgue qui pleure.

Jusqu'à la dernière classe, où les chevaux sont tristes et nus, les planches de la voiture, sèches ; les cochers, maigres et gringalets ; les tréteaux pour poser la bière, efflanqués; un pauvre vieux prêtre pour dire les prières avec un porte-croix grognon et un enfant de chœur fripé.

*
*   *

Les prières seules sont les mêmes.
L'égalité, la véritable égalité commence

*
*   *

Cette dernière classe comprend le convoi du pauvre.
Trois sortes de convois du pauvre :
Celui où il y a des amis;
Celui où il y a un chien;
Celui où il n'y a pas un chat.

*
*   *

Quelle que soit la classe, la comédie est finie; l'acteur ou l'actrice ont terminé leur rôle; ils sont applaudis ou sifflés, loués ou blâmés, placés dans le souvenir ou jetés dans l'oubli, — l'oubli surtout.
La farce est jouée, a dit un sceptique.
L'homme s'agite et Dieu le mène, a dit un sage.

*
*   *

Où ? — Le but suprême, le but officiel, est le même pour tous.

*
*   *

Il y a encore l'enterrement civil, protestation et réclamation dernière de la vanité humaine, obstinée à ne pas reconnaître le principe maître et souverain qui lui a prêté la vie et qui la reprend.
L'enterrement civil, nous n'en parlons ici que pour mémoire, celui-là jusqu'ici ne rentrant pas dans la civilité.

Il est certains hommes désireux du néant, qui, sur les tombes entr'ouvertes, ont proscrit le mot Adieu

Et pourtant la dernière et touchante marque de civilité à donner à ceux qu'on aime et qui s'en vont, c'est de leur dire adieu, ce qui est leur dire : Au revoir.

TABLE DES MATIÈRES

82

DEUXIÈME PARTIE.

TROISIÈME PARTIE.

PARIS. TYPOGRAPHIE E. PLON ET Cⁱᵉ, 8, RUE GARANCIÈRE.

www.ingramcontent.com/pod-product-compliance
Lightning Source LLC
Chambersburg PA
CBHW071135270326
41929CB00012B/1763